助力中国发展

——外商直接投资对中国的影响

[美] 米高·恩莱特 /著
Michael J. Enright

闫雪莲　张朝辉/译

中国财经出版传媒集团
中国财政经济出版社

图书在版编目（CIP）数据

助力中国发展：外商直接投资对中国的影响／（美）米高·恩莱特著；闫雪莲等译．—北京：中国财政经济出版社，2017.6

书名原文：Developing China：The Remarkable Impact of Foreign Direct Investment

ISBN 978-7-5095-7498-0

Ⅰ.①助… Ⅱ.①米… ②闫… Ⅲ.①外商直接投资-影响-中国经济-经济发展-研究 Ⅳ.①F124

中国版本图书馆 CIP 数据核字（2017）第 116345 号

责任编辑：吴　敏　　　　　责任校对：杨瑞琦
封面设计：孙俪铭　　　　　版式设计：录文通

中国财政经济出版社 出版

URL：http://www.cfeph.cn

E-mail：cfeph@cfeph.cn

（版权所有　翻印必究）

社址：北京市海淀区阜成路甲 28 号　邮政编码：100142
营销中心电话：88190406　北京财经书店电话：64033436　84041336
北京财经印刷厂印刷　各地新华书店经销
787×1092 毫米　16 开　15 印张　280 000 字
2017 年 6 月第 1 版　2017 年 6 月北京第 1 次印刷
定价：55.00 元
ISBN 978-7-5095-7498-0
图字：01-2017-2416
（图书出现印装问题，本社负责调换）
本社质量投诉电话：010-88190744
打击盗版举报热线：010-88190414　　QQ：447268889

作者简介

米高·恩莱特（Michael J. Enright）教授是竞争力、区域经济发展和国际商业策略方面的资深专家，曾在哈佛商学院任教六年，自1996年起担任香港大学商学院教授。同时，他还是恩莱特·司各特咨询公司（Enright, Scott & Associates）的董事和竞争力研究所（The Competitiveness Institute）的创始人。多年来，恩莱特教授为六大洲30多个国家的企业、政府和多边机构提供专业咨询，涉及国际化经营战略、竞争力、区域集群、技术政策和经济发展等诸多领域。此外，恩莱特教授还作为特邀嘉宾在40多个国家发表过演说，并出版了多部有关国际竞争力和中国发展的书籍及专题著作。

译者简介

闫雪莲，1980年生。2002年毕业于北京林业大学英语系，获学士学位；2008年毕业于北京大学外国语学院世界文学研究所，获硕士学位。现就职于商务部国际贸易经济合作研究院，任中国商务年鉴社英文责任编辑，长期从事中英双语笔译及译审工作。主持或参与的重大翻译项目包括《中国商务年鉴》英文版（2008~2016年）、《中国对外贸易形势报告》英文版（2014~2016年）、《中国服务贸易发展报告》英文版（2014~2015年）、联合国各类会议记录文件（2006~2010年）等。已出版六部个人译作，包括《黄金投资：财富保险的最佳策略》（中信出版社，2011年）、《记得那些甜蜜的事》（南海出版社，2011年）《寻找时间的人》（江苏凤凰文艺出版社，2017年）等。

张朝辉，恩莱特·司各特咨询公司的高级顾问。加入公司近十年来，主要负责公司中国相关项目的研究工作、经济计量分析工作以及公司英文报告的中文翻译和审阅工作。曾先后获得经济学学士、硕士学位和商业经济学博士学位。

目 录

序	vii
致谢	ix
第一章　中国与外商投资	**1**
引言	1
项目	1
预述	2
关于本书	6
第二章　中国对外商投资所采取的策略	**8**
引言	8
早期的外商投资	9
新中国时期的外商投资	10
中国的对外开放和外资监管	11
外商投资所带来的成果	19
本章小结	26
第三章　外资企业对中国的经济影响	**30**
引言	30
外商直接投资在中国总投资中的重要性	31
外商投资企业对中国产业的重要性	32
外商投资企业对中国贸易的重要性	34
经济影响分析简介	37
外资和外资企业的经济影响	38
本章小结	46
附录	48
第四章　外资企业带来的催化影响和溢出效应	**52**
引言	52

促进中国产业和企业的现代化	52
培育中国供应商和分销商	54
为中国带来研发与技术开发	56
开展研发、建立本地联系及促进企业衍生	59
帮助改善商业做法与标准	60
促进中国金融体系的完善	61
促进管理、培训和教育的现代化	64
将区域和全球化管理引入中国	65
推动法律与监管制度改革	67
促进中国的环境保护与可持续发展	69
通过企业社会责任活动做贡献	71
提供政策建议	73
负面影响	75
本章小结	77

第五章　外商投资对中国城市的影响　　86

引言	86
深圳	88
天津	99
上海	109
重庆	118
本章小结	130

第六章　企业案例研究　　136

引言	136
中国香港先驱企业	137
宝洁公司	145
马士基	153
三星	160
本章小结	169

第七章　外商在中国投资的计量分析　　178

引言	178
背景	179
经济增长	180
生产率	183

创新 188
　　贸易 191
　　国内投资 193
　　就业和工资 197
　　不均衡性 201
　　环境 203
　　本章小结 207

第八章　外商在中国投资的前景 217
　　引言 217
　　中国对外资的态度与策略 217
　　外商投资对中国经济的影响 218
　　问题 219
　　外商在中国投资的未来 220
　　意义 221

附录　正文引用中部分译名对照表 223

图目录

图 3.1　投入产出矩阵原理图　　　　　　　　　　　　　50
图 5.1　深圳的外商投资与总投资　　　　　　　　　　　94
图 5.2　深圳外资企业的贸易表现　　　　　　　　　　　97
图 5.3　天津的外商投资与总投资　　　　　　　　　　　105
图 5.4　天津外资企业的贸易表现　　　　　　　　　　　106
图 5.5　上海的外商投资与总投资　　　　　　　　　　　116
图 5.6　上海外资企业的贸易表现　　　　　　　　　　　117
图 5.7　重庆的外商投资与总投资　　　　　　　　　　　125
图 5.8　重庆外资企业的贸易表现　　　　　　　　　　　128

表目录

表 2.1	1979—2014 年中国外商直接投资流入量	19
表 2.2	1985—2014 年中国前 20 位外资来源地	21
表 2.3	1997—2014 年中国利用外商直接外资的行业分布	23
表 2.4	1979—2013 年中国利用外商直接投资的省市分布（百万美元）	25
表 3.1	外商直接投资在中国投资中的重要性	31
表 3.2	2013 年外商投资企业在各产业中的重要性	33
表 3.3	外商投资企业的贸易表现	36
表 3.4	在中国的外资（投资阶段）的经济影响	38
表 3.5	各产业外资企业的直接收入和增值，供经济影响分析用	40
表 3.6	从事采矿业、制造业和公用事业的外资企业的运营对中国经济的总体影响	42
表 3.7	从事采矿业、制造业和公用事业的外资企业的总体经济影响，按产业划分，1995—2013 年累计影响以及 2013 年当年影响	43
表 3.8	外资和外资企业运营的总体经济影响，及与全国数据的比较	47
表 5.1	深圳吸收外商直接投资的情况	92
表 5.2	2013 年深圳不同行业的外商投资工业企业	95
表 5.3	2013 年深圳从事采矿业、制造业和公用事业的外资企业的运营对不同行业的影响	98
表 5.4	天津吸收外商直接投资的情况	103
表 5.5	2011 年天津不同行业的外商投资工业企业	105
表 5.6	2011 年天津从事采矿业、制造业和公用事业的外资企业的运营对不同行业的影响	108
表 5.7	上海吸收外商直接投资的情况	114
表 5.8	重庆吸收外商直接投资的情况	123
表 5.9	2013 年重庆不同行业的外商投资工业企业	126
表 5.10	2013 年重庆从事采矿业、制造业和公用事业的外资企业的运营对不同行业的影响	129

序

20世纪中叶以来，随着国际贸易和投资的发展，国际经济交流趋向紧密，全球化深入发展，资本的国际流动更加频繁，直接投资成为发展中国家利用外部资本生产要素的重要方式，外商投资和外商投资企业成为促进一国经济发展的重要力量。

外商投资和外商投资企业在中国经济社会发展的过程中发挥了重要作用。自2008年以来，中国吸引外资规模一直居全球前三位。联合国贸发会议报告显示，2016年中国吸引外资达1,390亿美元，创历史新高。据商务部发布的统计数据，近四年来，全国累计实际引进外资4,894.2亿美元，高技术行业引进外资年均增长11.7%。外商投资企业以不足全国各类企业总量的3%，创造了中国近一半的对外贸易、五分之一左右的财政税收、七分之一左右的城镇就业。这既得益于中国积极融入全球化发展浪潮，顺应了国际产业转移趋势，迎合了国际资本和国际企业发展需要，也得益于中国积极的开放态度、相对低廉的要素成本、宽松的政策环境、巨大的发展空间和庞大的市场。当然，也应看到外资在中国的发展在某些方面也有负面作用，如曾经的"逆向歧视"的外资优惠政策部分影响了内资企业的竞争力，部分外商通过污染性投资给中国的环境质量造成负面影响等。

当前，外商投资和外商投资企业在中国站在新起点，面临新机遇。吸引外资是中国对外开放国策的重要内容。2016年12月，在北京召开的中央经济工作会议强调，"要建设法制化市场营销环境，加强引进外资工作，更好地发挥外资企业对促进实体经济发展的重要作用。"21世纪以来，中国正在从贸易大国向贸易强国迈进、积极推进"走出去"战略的同时，深入推进供给侧结构改革，以激活更大的国内市场潜力以及贯彻落实国务院《关于扩大对外开放积极利用外资若干措施》等，这些战略和措施均为外商投资和外商企业在中国的深入发展提供了新的机遇。同时也要看到，中国利用外资正处于优势转换和结构调整的关键时期，要素成本会有所上升、内外资同享"国民待遇"等政策调整也会使得吸引外资的传统优势有所降低，但制度优势、市场优势、共同走出去等新优势也正在形成。

在此背景下，客观分析、总结和评价外商投资和外商投资企业对中国的全局影响，有重要的理论和现实意义。

米高·恩莱特（Michael J. Enright）教授对中国利用外商投资所持的态度与

策略及外商投资对中国经济的影响等进行了深入研究，并与商务部研究院合作进行评议并用中文翻译出版该研究成果，具有鲜明的时代背景和现实考量。本书在回顾在中国的外资与外资企业有关研究文献的基础上，对中国外商投资法律和监管制度、中国吸引外资数据、外资与外资企业对中国国内生产总值与就业的影响等进行了深入研究，并总结了外资企业带来的一系列催化影响和溢出效应，更就特定外资企业对中国经济产生影响展开了一系列案例研究，取得积极成果，特别是对中国利用外资优势转换和结构调整而言，有重大的现实意义。当然，有些方法和观点还是可以进一步探讨的，如"加上通过供应链所产生的涟漪效应，近年来外资企业对中国GDP的贡献率约为33%，对中国就业的影响约为27%（基于2013年的数据以及2009—2013年五年间的平均数据）"等。

我相信，《助力中国发展——外商直接投资对中国的影响》一书的翻译和出版，将会让更多的人对中国利用外资有更全面的了解，对中国利用外资优势转换和结构调整的发展规律有更深入的认识，也会对中国对外投资健康发展、中国企业"走出去"有一定的参考和借鉴意义。

是为序。

李京文

中国工程院院士、中国社科院学部委员

2017年4月7日

致　谢

我要深深感谢韩礼士基金会，特别是基金会主席韩礼士先生、首席执行官迪佳慧女士和研究员斯蒂芬·奥尔森先生。韩礼士先生发起了该研究项目。这项研究历时长达一年，他在项目的每一阶段都贡献了自己对国际贸易和投资的热忱、深厚的知识积累和丰富的实践经验。迪佳慧女士成功地管理了整个过程，并提出无数颇有建树的见解。斯蒂芬·奥尔森先生提供了大量极具价值的评论和建议，并慷慨地分享了他在研究投资中国跨国公司中的大量经验。韩礼士基金会不仅提供了资金支持，其主要负责人还自始至终以极大的热情投入到这项工作中。能够和韩礼士基金会合作是我的荣幸。

我要感谢恩莱特·司各特咨询公司的同事们。他们承担了本书的大量研究工作。在此我需要特别感谢的是：我的合伙人伊迪芙·司各特，她参与了中国外资政策和外商投资对中国的催化和溢出影响两部分的研究工作；山德森大卫，他参与了外商投资在全国和地区范围内对中国经济影响的分析工作；张朝辉，她参与了计量经济文献回顾和我们自己的计量分析工作；董梅，她参与了中国吸收外资的统计分析和城市案例研究工作；林宝仪对我们内部的整个流程进行了管理，让我们的工作能够顺利进行。据我们所知，这部著作中的一些分析类型前所未有。如果没有恩莱特·司各特咨询公司同事的鼎力相助，这些分析和这部著作都无法呈现在大家面前。

本书得益于我们与中华人民共和国商务部（商务部）和商务部国际贸易经济合作研究院（商务部研究院）各位同仁的相关讨论。他们的评论充实了本书的内容。我要特别感谢商务部政策研究室沈丹阳主任、陈霖处长、吴伟华副处长、赵煜副处长；商务部投资促进事务局沈青主任和李鹏飞先生；商务部研究院李钢副院长；国际市场研究所白明副所长、张小瑜副主任、许英明副研究员；外国投资研究所聂平香副主任、张菲副主任、李洪涛博士。商务部研究院中国商务年鉴社英文责任编辑闫雪莲女士带领的翻译团队是我们出色的中文翻译合作者。恩莱特·司各特咨询公司张朝辉博士也参与了翻译的审阅工作。

本书还得益于我们在众多研讨会上的讨论。这些研讨会分别由韩礼士基金会、哈佛肯尼迪政治学院、战略与国际研究中心、美国—亚洲学院、美国—东盟商业理事会、亚洲协会、北京和上海美国商会、北京和上海欧盟商会、约翰·斯霍普金斯上海论坛、IMA－Asia（香港、上海、新加坡）、加中贸易理事会、荣鼎咨询、长江商学院和香港中文大学举办。此外，我们与美中贸易全国理事会、亚洲协会政策学院、欧洲理事会、联合国贸发会议的同仁，以及与美国、澳大利亚、加拿大、芬兰和新西兰政府官员的相关会谈也让我们受益良多。

最后，我要感谢我们的客户、经理人、政府官员、研究人员、分析师和多位朋友，他们多年来慷慨分享自己对外商投资和在中国的外资企业的心得和见解，为本书知识基础的形成作出了巨大贡献。

本书的看法和结论仅属作者个人观点。

米高·恩莱特
2017 年于香港

第一章

中国与外商投资

引　言

自20世纪70年代末实行改革开放以来，中国经济突飞猛进，取得了举世瞩目的成就。在这一过程中，外商投资和外商投资企业发挥了重要作用。论述外商投资与外商投资企业在中国的情况的专著、专论和文章可谓数不胜数。这些作品基本分为两类。第一类是学术著作，多采用统计方法分析较窄范围内的问题，涵盖面有限，结果通常不具有决定性且较难诠释，大多仅在学者之间流传，普通大众很少触及。第二类主要是叙事性作品，讲述外资企业在中国开拓业务时所经历的考验和曲折。这类作品虽然生动有趣，可读性强，但所述案例各不相同，缺乏共性，反映的问题比较片面。因此，对于中国的外商投资环境及外商投资对中国经济的影响，这两类作品均未给出全局性的分析与介绍。

全面看待外资对中国影响的观点正变得越来越重要。因为虽然中国政府和研究人员的主流观点认为外商投资对中国大有裨益，但随着中国的不断发展与中国企业的持续壮大，经常能听到这样一种观点，即外商投资与外资企业对中国发展的贡献微不足道。而且还存在一种担心，那就是外国投资者会不会带来在意识形态方面的不利影响。与此同时，由于市场、监管和竞争状况的变化，外资企业在中国面临越来越大的压力。因此，对于外资企业来说，"证明自己有用"，即充分说明它们对中国发展所作的贡献就显得愈加重要。发展中世界的许多国家都密切关注着中国的发展，看它如何处理与外商投资及外资企业的关系，以便指导自己的政策和实践。倘若不能准确把握中国对外商投资和外资企业所持的态度与策略，不能深入理解这些投资和企业对中国所产生的真实影响，那么后果所波及的范围除了中国本身外，还有其他很多发展中国家。

项　目

本书之所以能面世，是源于一个项目，而该项目则源于韩礼士基金会的韩礼士（Merle Hinrich）、迪佳慧（Kathryn Dioth）及斯蒂芬·奥尔森（Stephen

Olson）与恩莱特·司各特咨询公司（Enright, Scott & Associates, ESA）的米高·恩莱特（Michael Enright）教授之间的讨论。韩礼士基金会的使命是促进可持续的全球贸易，具体方式包括鼓励国际贸易与投资政策研究，支持贸易相关的教育和培训以及增加出口带动的就业机会。基金会多年来致力于国际贸易与投资相关问题的广泛研究。恩莱特·司各特咨询公司是一家基于亚洲的一流的经济和战略咨询公司，长期致力于为政府、多边机构和知名企业提供经济发展、贸易与投资及国际商业战略方面的咨询，公司专长于面向亚洲，特别是面向中国的研究与咨询。在为政府提供投资促进项目咨询及指导跨国公司如何与东道国及东道国政府打交道方面，恩莱特·司各特咨询公司多年来积累了丰富的经验。

双方在讨论中发现：一方面，经济学家、多边机构和跨国公司坚称国际贸易与投资具有诸多优势；而另一方面，当前很多国家和地区都在采取限制贸易与投资的做法，这两者之间存在着明显的脱节。双方的讨论很快就集中在这一点上，他们认为之所以会有这种脱节是因为在研究外资与外资企业对东道国经济的影响方面，尚缺乏一种全局性的分析与介绍。于是，双方决定开展一个项目，尝试采用更加全面的方法来评估外资与外资企业对东道国的影响，先对某一特定国家进行评估，然后再推广至对更多国家的研究。中国当仁不让成为首选，首先是因为中国在全球经济中具有举足轻重的地位，其次是因为中国的经济改革计划有着清晰可测的时间框架，再次是因为在其他发展中国家的眼里，中国正日益承担着试金石的作用。

最终，项目包括以下几个部分：回顾与在中国的外资与外资企业有关的研究文献；研究中国外商投资法律和监管制度的历史沿革；梳理中国吸引外资的相关事实和数据；运用经济影响分析技术，就外资与外资企业对中国国内生产总值与就业的影响进行评估；总结外资企业带来的一系列催化影响和溢出效应；就外资与外资企业对中国几个重要城市的影响，展开一系列案例研究；就特定外资企业对中国经济产生影响，展开一系列案例研究；就学术界研究的几个主题展开独立的计量分析。我们的目标是突破现有文献的局限性，综合多种分析方法，引入新的工具和方法进行分析研究，但不受任何特定工具的限制，从而勾勒出一幅详尽丰富、具有多层次与多维度的图画，以全面反映中国对外商投资所持的态度与策略及外商投资对中国发展所带来的影响。对我们所作出的分析和所得出的结论，本书进行了重点介绍。

预 述

本书将介绍我们的研究项目所取得的诸多结论。

我们在此预述其中几个结论。

- 大多数外国观察家，甚至在中国工作的外国管理者，都未能真正理解中国对外资与外资企业所持的态度与策略。向外国投资和外资企业开放并不是目的，而是手段。中国希望利用这种特别的手段，确保中国和中国企业赶上世界其他国家或地区的水平，同时促进经济发展，提高消费者福利。值得一提的是，19世纪40年代到20世纪40年代中国与外国列强和外国公司交往的经验，以及对西方思想可能过多影响中国的担心，都在很大程度上影响着这一策略。

- 纵观过去35年间中国对外资开放的历史，我们看到的是一段审慎的、管控性的开放历程。伴随这一历程的是这样的思路：既要确保外国资本、知识、技术、管理经验能够应用于中国，促进中国的经济发展，又要防止外资企业的影响力过大。这个过程是渐进发展的，一方面是出于控制进程的需要，另一方面是出于建设非公有制经济法律与监管体制的需要，因为此前中国在该领域的经验几乎为零。很多迹象表明这一开放进程还在继续进行中，例如，2017年1月中国国务院发布了"吸引外资20条"（《关于扩大对外开放积极利用外资若干措施的通知》）。

- 中国对"国际标准与规范"的认识经历了一个过程。符合"国际标准与规范"并非外国公司和政府强加给中国的条件，而是在国际范围内逐渐发展起来的应对挑战的解决方案，这种做法既能维护国家主权与控制力，又能为投资者的风险投资提供确定性和必要的保护。

- 尽管中国吸收的外国直接投资已经超过了每年1000亿美元的水平，累计吸收外国直接投资也达到近1.6万亿美元，但目前外商直接投资流入量却只占中国资本形成总额和固定资产投资的几个百分点。然而，当我们运用经济影响分析工具来分析外资与外资企业的运营活动时，我们发现，加上通过供应链所产生的涟漪效应，近年来外资企业对中国GDP的贡献率约为33%，对中国就业的影响约为27%（基于2013年的数据以及2009—2013年五年间的平均数据）。这还不包括对下游分销部门的影响以及对技术、管理、商业做法和其他领域所产生的催化与溢出效应。

- 在中国崛起为世界最大贸易国的过程中，外商投资企业发挥了重要作用。近年来外资企业在中国贸易总额中的占比有所下降，但仍然保持着将近一半的份额。此外，外资企业通过利用中国的生产性资源进入世界市场，提供与贸易相关的物质与金融基础设施，促进了中国贸易的发展。在这一过程中，外国公司从其在中国的出口基地获益颇丰。

- 外商投资企业还对中国许多主导产业的发展起到了至关重要的作用，比如对地方经济有大量溢出效应的产业、出口导向型产业和为中国其他经济部门提供重要投入品的产业。得益于中外合资的发展，中国汽车工业实现了现代化，中国不仅成为世界最大的汽车生产国，更成为重要的汽车和汽车零部件出口国。没有外商投资企业，中国的计算机产业不会实现大规模发展，化工、服装、会计、咨询和其他众多行业也不可能如此多元化和现代化。在这一过程中，外资企业为许多中国公司的运营提供了范例。

- 除了上面列出的影响之外，在中国的外资还有很多其他催化影响和溢出效应，它们很难或不可能被量化。具体包括促进中国工业的现代化（一些工业在改革初期落后了几十年）；帮助培育中国的供应商和分销商；为中国带来先进的技术和研发；促进企业分拆与衍生；提高商业做法和标准（包括会计、工程和质量控制标准）；完善中国的金融体系；实现管理、培训和教育的现代化；将区域和全球化管理引入中国；推动法律和制度改革；改善环境，帮助中国提高可持续发展水平；承担企业社会责任，为中国社会作出贡献；为经济和商业相关政策提供咨询与建议。外资企业在上述领域均产生了巨大影响。外资企业提出的问题也激励中国的中央和地方政府通过各种措施改善整体商业环境，如积极了解商业需要，适应国际标准或采用国际标准，建立健全政策以及增强政府治理能力。外资企业也提高了中国对社会资本价值、知识产权和创新重要性的认识。

- 研究结果表明，尽管有人认为，如果中国经济开放得更早或更全面，中国将会受益更多，但就我们看到的情况而言，中国在吸引外资方面已经取得了巨大成功，外资与外资企业对中国的国民经济产生了重大影响。

- 针对深圳、天津、上海和重庆的案例研究说明了两点，一是中国的外商投资策略与经济改革总体战略如何随时间演进；二是中国的快速发展如何改变了经济格局。位于中国香港以北的深圳是中国经济开放的第一块实验田。深圳先是在轻工业品出口方面取得了成功，接着加快了进一步改革开放的步伐。今天，深圳已成为华南地区领先的高科技中心和现代服务中心。天津位于华北地区，毗邻北京，是大规模制造业投资的重要目的地，服务于中国的国内市场及其出口需求，目前正在进行服务型经济的多元化和产业升级。上海在外资与外资企业的帮助下，重新确立了其中国领先商业城市的地位，并成为重要的国际性总部、金融、服务、运输和制造业中心。重庆开放相对较晚，但其发展可以说明吸引外资在中国西部大开发中的作用，包括外资如何推动了重庆的城市建设及经济发展，如何使这个曾经落后的城市一跃成为与全球经济接轨的现代都市。

- 还需注意的一个情况是，促进上述四个城市发展为中国领先经济城市的大多数举措都与吸引外资有关。即使在今天，在推动这些城市进一步发展的重要举措中，依然包含吸引更多外资和增加外资类型的内容。对外资企业的进一步开放，仍然是这四个案例城市未来发展的重要组成部分。这四个城市不一定能够全面代表中国所有城市吸引和利用外资、发展经济的能力，但是它们能够提供一些例子，说明在基础设施、人力资本和商业环境方面的地方投资如何与其他地方投资以及国际资本相结合，从而取得丰硕成果。

- 在中国的外资企业案例研究的对象包括中国香港先驱企业、宝洁公司、马士基和三星。这些案例研究展示了外资对中国发展的广泛影响。中国香港的公司是轻工制造业、港口、道路、公用事业、酒店、房地产和服务业的早期投资者,对中国整体和地方局部而言都是如此,中国香港投资者的足迹几乎遍及中国所有重要的省份和城市。中国香港公司积累了多方面的开拓经验,为随后进入中国的外资公司提供了基础商业设施及可资借鉴的样本。

- 宝洁公司帮助中国建立起完整的产品类别,它发展的本地供应商和经销商今天服务于整个中国;它带来的现代化的广告和营销实践填补了中国在这个领域的空白。它投资公共健康和教育项目,培训中国员工,使宝洁中国成为宝洁公司管理人才的净输出者。此外,它还把全球领先的环境与企业社会责任实践带到了中国。马士基投资中国后,帮助中国的造船厂(现已具备世界领先水平)成为国际市场上成功的船舶生产商。马士基的投资让中国与世界相连,推动中国成为全球最大的贸易国,提高了中国的港口效率与环保绩效,解决了制约中国经济发展的物流难题。三星是中国最大的外国投资者之一,它在中国建立了包括先进组件在内的完整生产链,并创建了几家先进的研发中心。然而,由于在中国的成本增加以及出于对其在中国所处地位的担忧,三星将部分投资重点转移到了越南,目前三星在越南的投资规模可与其在中国的投资匹敌。尽管这四个案例不能够代表所有公司对中国产生的影响,但是它们可以表明外国公司如何从其在中国的投资中受益,同时如何为中国的经济作出贡献。

- 与外资在中国的情况有关的学术研究主要集中在外商投资对中国的影响方面,包括外资对中国国内生产总值及其增长、生产率、技术能力、国内投资、就业与工资、贸易、环境以及其他方面的影响。这些学术文献的结果大多符合预期,如外资对中国的经济发展、贸易、工资和环境绩效产生了积极影响。研究结果还表明,外商直接投资的影响亦取决于行业、投资来源国和投资所在地。也有一些研究结果与人们的预期相悖,可能是由于变量选取、统计方法和时间段选择不同造成的。

- 学术文献,特别是中文文献,还有另一个值得注意的特点,即这些文献的关注点主要是外资对中国企业的影响以及中国政府强调的重点问题,如外资对产业和贸易升级的影响,而不是外资对中国整体经济的影响。因此,这类文献,特别是中文文献的结论,为质疑外资贡献的观点提供了依据。对公司、分析师和外国政府而言,了解这一点非常重要,因为这类文献影响了中国对外资所持的政策立场。

- 恩莱特·司各特咨询公司进行了独立的计量分析,重点是已有学术文献中关注的几大问题。与很多研究相比,恩莱特·司各特咨询公司所选取的时间段更长,变量的定义更清晰,并更多地采用了现代统计技术。计量分析的大部分结果与其他研究一致,即外国投资对中国的国内生产总值增长、生产率、创新、国内投资、收入、贸易和环境绩效（外国公司的表现优于国内企业）有着积极的影响。但也有一些结果否定了以前的负面结果，尤其是在外资对中国国内投资的影响方面。研究结果还显示，外资对中国经济的影响存在地域差异和时间段差异。总体而言，就外商直接投资对中国发展的影响而言，我们的研究结果要比之前的一些文献结论更为积极和正面。

- 外资企业在中国的活动及其对中国经济的影响远未结束。经济增长放缓，成本上升，经济转型艰难，加上认为中国可能不再那么欢迎外资企业的观点，导致许多外国公司重新评估其在中国的定位。中国的外商投资管理制度正在从事前审批转向事后监管，这是促进外商投资的积极因素，但一切都取决于中国如何运用其法律和监管工具，以及中国领导人希望外国投资发挥什么样的作用。

- 最后，我们为本书所做的研究表明，中国如何可以通过制定规划和政策来实现吸引和利用外资的目标。地方对基础设施、教育、技术和政府能力的投资对吸引和利用外资至关重要。这些投资帮助外国企业进入中国，建立起双向发展的道路，极大地促进了外国企业的发展，同时也促进了中国的发展。

关于本书

本书研究的对象是中国对外商投资所持的态度与策略以及外商投资对中国经济的影响，我们的目标是提供比之前研究更为全面与细致的观点。在把大型项目的研究结果总结成本书时，我们考虑了三类主要受众读者。

第一类受众读者是国内外的政策制定者，希望本书提供的论述、评估和工具能让他们更全面地了解外资对中国发展的影响，可成为他们决策时的参考。第二类是外商投资企业在中国或别处的管理者，以及代表外商投资企业的商会和政府部门，他们可以利用本书的结论和工具证明其在东道国的存在自有其意义。最后一类是分析师和研究人员，他们在评估外资与外资企业在中国或别处的影响时，或可将本书内容纳入其知识与分析工具包。

本书余下部分的结构如下：第二章追溯了自改革开放以来，中国对外国投资所持的态度与策略，重点分析了管理外来投资的法律法规框架以及中国吸收外资的基本统计数据。第三章着眼于外商投资在中国总投资中的重要性，应用经济影响分析工具评估外资企业通过投资、运营和供应链对中国产生的影响。就我们所知，这种分析方法还是第一次被运用于针对整个国家经济的研究中。第四章聚焦于前一章所述影响之外的其他催化影响和溢出效益，并阐释它们对中国发展所起的作用。第五章是城市案例研究，着重分析外商投资对深圳、天津、上海和重庆四大城市的影响，这四个城市在经济发展水平、地理位置、对外开放时间、吸引外资的目的及外资结构方面都不尽相同。每个案例都表明外资对城市的发展至关重要。第六章是四个公司案例研究，对象包括中国香港先驱企业、宝洁、马士基和三星，重点展示了不同类型外资企业对中国发展的不同程度的影响，希望能为外资企业未来在中国投资提供一些注意事项。第七章简要总结了现有的学术文献，综合介绍了我们自己所做的计量分析的结果，指出了外商投资对中国经济的积极影响。第八章总结了我们从研究中得出的一些经验教训，提出了我们对未来中国外商投资的看法。

我们希望本书所采用的多重分析方法能够在中国对待外国投资所持的态度及策略方面，以及在外商投资对中国发展的影响方面，提供比其他研究更为全面详尽的分析。我们希望政府官员、商界人士、分析师和其他人士能够借鉴中国的经验，并将这些经验教训运用到他们在中国或别处的事业中。

第二章

中国对外商投资所采取的策略[1]

引　言

近几十年来，中国经济的快速增长是全球经济一个最重要的特征。中国经济改革开放始于20世纪70年代末，其中一个重要部分就是中国经济对外商直接投资的逐步开放。中国希望对外资的开放不仅带来资本，还可以带来专业知识、技术和管理经验。中国还希望外国企业能发挥纽带作用，促进中国的出口与对外投资，向中国示范世界级企业的运营方式，并通过可控范围内的竞争来激励中国企业进行改善和提高。在改革开放向前推进的过程中，这些动因持续存在，同时又出现了一些新的动因。例如，在加入世界贸易组织（WTO）时，中国就以进一步向外国企业开放众多行业为条件，换取进入国际市场的机会。

近年来中国对外国投资开放的领域越来越多，但依旧未达到一些国家的开放程度。虽然鼓励或允许外商投资产业的数目有所扩大，但限制或禁止外商投资产业的目录仍然很长。这种情况表明，中国一直将开放作为达到目的的手段，而不是将其视为目的本身。在中国希望达到的目的中，非常重要的一点是中国变得富强，中国企业更加强大，能成功立足于国内与国际市场，而非由外国企业主导本国经济。因为没有任何国家可以完全开放，每一个国家对外资开放时都会根据自己国家的体制和历史情况有所限制和禁忌。然而，中国的开放进程自始至终都令人十分瞩目。

从改革开始到现在，中国的外商投资政策有了很大发展。这反映在很多方面，包括政策和法律制度的完善、鼓励或限制外资产业目录的变化、对外资开放地区的扩大以及与外资有关的行政法规的调整。改革开放以来，中国领导人追求的目标一直都是既能获得外商投资的优势，又能确保中国政府能够控制局面、外资企业不会主导中国经济，同时外商投资能对中国企业产生积极的影响。毕竟，从中国以往与外国投资打交道的历史来看，外国投资只能让人心怀戒意。中国所采取的策略里包含了各种权衡，这些权衡随着时间的推移而改变，由此产生了一个动态的环境。一方面，外国企业试图从它们在中国的商业存在中获取利润；另一方面，中国试图最大化其获益并尽量减少外资可能带来的不利因素。

这种渐进式开放带来了外商直接投资的大幅上升。1980 年时外商投资几乎为零，而到 2008 年则增加到每年超过 1,000 亿美元；到 2014 年，累计外商直接投资更是达到了近 1.6 万亿美元。中国渐进策略的成果不仅体现在外商投资的增长上，还体现在外资的产业和省市分布格局上，这符合中国的政策调整和经济机遇变化。通过这种谨慎的做法，中国努力掌控着史上最伟大的经济变革，避免了社会混乱，绕开了以往的外资陷阱。

早期的外商投资

19 世纪时，迫于列强的压力，中国开始对外资开放。1842 年，由于在中英第一次鸦片战争中战败，清政府被迫与英国签订了《南京条约》。根据该条约，中国开放了五个通商口岸，以便于中国与西方之间进行贸易。为了方便开展贸易活动，外国航运公司、贸易公司和银行在港口设立了由外国控制的飞地*。除了贸易活动，外商还在飞地之内的作坊和工厂里生产各种商品，但原本的条约并不允许这么做。1895 年，在中日甲午战争中战败后，清政府又被迫与日本签署了《马关条约》。根据该条约的优惠条款，日本公司获得了在口岸进行生产的权利（当时清政府通过条约或法令开放的港口，通常都是迫于外国压力而开放的）。[2]来自其他条约国家的公司通过相关条约中的"最惠国条款"，获得了与日本相同的权利。[3]

以条约口岸为初步基础，外商直接投资延伸到了中国的其他地区。外国资本很快就投资建设了中国许多重大基础设施项目。例如，到 1911 年，外资在中国投资的所有产业中，铁路方面的投资是最多的。1902 年，外国公司通过直接投资在中国拥有的资产总额估计为 5.03 亿美元，1914 年为 10.67 亿美元，1931 年为 24.93 亿美元，1936 年为 26.82 亿美元（Hou，1964，第 13 页）。如果以 2016 年美元计算，最后一年（1936 年）的总额达到 460 亿美元左右[4]。从 19 世纪中期到 20 世纪 30 年代早期，英国一直是中国最大的外国投资者和外国贸易商，但到 1936 年，日本成为中国最大的外国投资者（占包括贷款在内的外来投资的 40%），其次是英国（35%）、美国（8.6%）、法国（6.7%）和德国（4.3%）（Hou，1964，第 16—17 页）。

到 20 世纪 30 年代中期，外资修建了铁路；通过船舶与航运，将中国与世界经济相连；发展了采矿和金属业；占中国制造业总产值的 35%，或"现代"制造业总产值的 50% 或 50% 以上。外资的影响十分广泛。一位分析师表示，外国

---

* 飞地，一种特殊的人文地理现象，指隶属于某一行政区管辖但不与本区毗连的土地。通俗地讲，如果某一行政主体拥有一块飞地，那么它无法取道自己的行政区域到达该地，只能"飞"过其他行政主体的属地，才能到达自己的飞地。——译者注

资本"在很大程度上造就了1937年之前中国经济各方面的现代化发展"（Hou，1964，第130页）。另一方面，各种因素导致中国的怨恨情绪不断上涨，如治外法权的存在、经济领域受到的不良影响、外资公司在某些关键行业的统治地位、对外资公司征税的困难以及外国高管和当地工人在收入和生活方式之间的巨大差异。这些外在表现让大多数中国人民将外国投资与剥削联系在一起。

新中国时期的外商投资

随着第二次世界大战结束及1949年中华人民共和国成立，在中国的外国公司的地位发生了重大改变。太平洋战争之后，《旧金山和约》签署。根据该合约，中国对日本之前在中国的所有资产拥有权利（英国外交及联邦事务大臣，1952年；Levi，1953年）。来自其他国家的外国公司继续在中国经营，甚至在1949年10月中华人民共和国成立后，这些公司仍有经营活动。当时中国受到战争重创，这些公司普遍经营困难。起初，他们被告知新政权将保护他们（《解放日报》，1950年6月，Thompson引用，1979，第21页）。

然而，新政府发布了命令，禁止企业未经许可关闭或解雇工人，在制定工资方面也受到诸多限制。根据这些命令，外国公司必须保持经营活动、向政府纳税，而且在业务量减少的情况下，也要继续按照政府确定的水平雇用和支付工人工资。外国公司的高级管理人员不允许离开中国。朝鲜战争爆发以后，中国受到禁运，再加上中国共产党对私营企业态度的改变，外资公司面临越来越大的压力。1952年，许多外资公司已决定退出中国，但让中国考虑他们的退出申请及讨论退出条款都很艰难。1953年7月朝鲜停战，1954年4月日内瓦会议召开，在此期间中国政府正开展将经济完全社会化的运动，这一切使事态陷于危机。在旷日持久的谈判之后，最终外国公司的资产和经营都转交中国控制。1957年时，基本所有的西方公司都退出了中国（Thompson，1979和Shai，1993）。

与此同时，中国转向与苏联和东欧国家寻求合作，建立合资企业，如中苏中长铁路、中苏新疆有色金属集团公司、大连中苏造船公司以及与波兰和捷克斯洛伐克建立的航运合资企业。然而，1960年中苏关系的冷却导致苏联终止经济合作，并要求中国偿还贷款。中苏合资企业以及中捷企业被关闭，只有中波航运公司还在继续运行。20世纪60年代，中国只建立了两家中外合资企业，即1962年建立的中国阿尔巴尼亚航运股份公司（1978年关闭）和1967年建立的中国坦桑尼亚联合海运公司（Wei和Liu，2001，第9页）。

考虑到中国与外商投资往来的历史经验，中国经济的社会主义化以及艰难的国际关系，20世纪60年代到70年代间在中国的外资大幅度萎缩并不足为奇。中美关系正常化以后，这种状况才得到了初步改善。1972年，时任美国总统的理查德·尼克松访华，与中华人民共和国主席毛泽东进行了会晤，两国政府发表了《中美上海联合公报》。不过，直到 1976 年中国"文化大革命"结束，邓小平复出并进入领导层后，中国才开始重新审视其对外国投资的立场。

中国的对外开放和外资监管

1978 年，中国共产党召开十一届三中全会，标志着中国改革开放进程的开始。十一届三中全会提出了"四个现代化"，即农业、工业、科技和国防的现代化，其目的是促进经济发展，提高人民生活水平，加强国家安全（Wei 和 Liu，2001）。实现现代化的途径之一是对外资开放。当时，中国的大部分工业部门滞后于世界最佳做法二三十年，因此，中国领导人希望实现工业化，使工业部门走向现代化。作为"一揽子交易"的外商直接投资对中国领导人有着莫大的吸引力，因为它能提供技术、管理经验和进入国外市场的通道（Chen，2011，第 34 页）。在接下来的十年中，中国领导层一步一个脚印，逐渐建立起外商直接投资法律法规的初步框架。

法律与监管制度

外资三法，即《中华人民共和国中外合资经营企业法》（简称《中外合资经营企业法》，1979 年）、《中华人民共和国外资企业法》（简称《外资企业法》，1986 年）和《中华人民共和国中外合作经营企业法》（简称《中外合作经营企业法》，1988 年），形成了中国外商投资方面的法律依据。这三大法律的实施条例分别于 1983 年、1990 年和 1995 年颁布。改革初期的其他主要法规还包括《广东省经济特区条例》（简称《特区条例》，1980 年）和《中华人民共和国国务院关于鼓励外商投资的规定》（简称《鼓励规定》，1986 年）。

《中外合资经营企业法》是在中国的外资的首个法律依据，确定了外资在中国建立、经营和关闭合营企业的原则。此后，中国出台了更多管理外资企业经营和税收的法律。这一阶段，对外商投资合资企业的要求是创收外汇，因此对其进入中国国内市场有着严格的限制。此外，对合营企业有期限要求，一旦合资结束，企业的控制权就要交给中方且合营企业的董事长必须由中国人担任。对外商投资实施逐案审批管理模式，由多个国家级机构进行审批（美国国务院，2015，第 4 页）。1983 年的《实施条例》以细则填补了《中外合资经营企业法》的空白，减少了能做与不能做之间的混乱，大大改善了投资环境（Wang，1997，第 3 页）。

当时外资面临的一个问题是，在中国的社会主义经济体制下，私营企业没有法律地位。另一个问题是，很多外国企业不愿投资合营企业。1984 年，中国政府正式承认了私营经济的合法性，并开始了在中国建立外商独资企业的讨论。决定宣布之后，跨国公司 3M（2002 年以前称为明尼苏达矿业与制造公司）于

1984年在上海成立了第一家外商独资企业。在随后出台的1986年《外资企业法》中，外资成立独资企业的权利得以确认。从这部法律及同年出台的《鼓励规定》可以看出中国对外资态度的转变，之前是严格控制，结果导致投资十分有限，现在则更多表现为欢迎外资的态度。《鼓励规定》包括各种优惠政策，如降低土地使用费、提供劳务补贴、给予税收优惠，并为出口导向型企业和先进技术企业提供优先接入水电的优惠（Kundra，2009，第187—188页）。

1992年1月，邓小平发表了具有里程碑意义的南方谈话，鼓励进一步开展国内改革开放和国际经济交流；这篇讲话发出了明确的讯息，要为外国公司提供更加开放的环境。1990年，合营企业必须由中国人担任董事长且必须在规定时限内终止的要求取消了。中国政府还宣布，在正常情况下，国家不会没收外国投资，并发布了多项法律法规，涉及外国企业所得税、版权、软件保护、专利和商标保护、银行业务、证券和外汇管制等。1994年出台的《中华人民共和国公司法》（简称《公司法》）引入了有限责任公司和股份有限公司。该法还规定，外商投资的有限责任公司适用该法，若有关外商投资的法律另有规定，则从其规定。从1995年起，在遵守一定条件的情况下，外国控股公司可以获准成立。20世纪90年代的十年间，门类齐全的外商投资法律和监管框架构建起来，同时，中国发展私营部门的总体框架也在这十年中形成。

2001年中国加入世贸组织，让中国对外资企业的监管发生了实质性改变。根据世贸组织对成员之间国际贸易的规定，同意新成员加入需要现有成员的一致同意。每个现有成员都有权与新来者协商优惠条件，最后合并为一个加入协议。因此，虽然名义上是一个贸易协议，但实则上中国加入世贸组织的协议中包括了各种与外商投资有关的让步。为了遵守协议，中国修改了其所有与外商投资相关的法律，更多产业开始对外资开放。之前对外资企业在外汇余额、当地含量、出口业绩等方面的要求也取消了。外资企业首次获准从银行购买外国货币，无需动用自己的内部外币账户。此外，在中国的跨国企业不再需要向政府部门报备生产与经营计划（Chen，2011，第55—56页）。

2005年，中国修改了《公司法》，新增内容包括加强股东权利，允许股东通过行动和请愿解散公司，保护有限责任公司的少数股东，引入独立董事，要求审计人员具有独立性，还规定了"揭开公司面纱"制度。在其他法律没有另作规定的情况下，这些规定适用于所有在中国的内外资企业。2006年，中国颁布了第一部综合性的跨国并购法规——《关于外国投资者并购境内企业的规定》。该法以国际惯例为基准，允许外国公司购买中国企业的股权（中国商务部，2006年）。该法还包括了提高收购关联公司透明度的措施，中国企业进行"返程投资"（即资本从中国境内流到海外后再返回中国）的难度加大了。该法还规定了跨境并购的筛选要求，即外国投资者购买某一中国公司的控制权，涉及重点行业、国家经济安全、驰名商标或中华老字号的，需要申报（Cheng和Ma，

2009；Chen，2011，第 58 页）。

2007 年，中国颁布了第一部《反垄断法》，目的是预防和制止垄断行为，促进公平市场竞争，提高经济运行效率，维护消费者利益和社会公共利益。该法的通过符合国际惯例及中国加入世贸时的承诺，其中很多规定参考了美国、欧盟和日本的做法。表面上看，该法适用于外国和国内企业，对所有企业一视同仁，但实际上该法特别豁免了国有垄断和寡头企业；为了"促进社会主义市场经济健康发展"，要求执法机构"考虑产业政策建议"（Shek，2015）。该法还包括了对外国投资者进行国家安全审查的相关规定。2011 年，中国发布了一项通知，要求建立外国投资者并购境内企业国家安全审查制度，审查范围为外国投资者并购境内军工及军工配套企业，重点、敏感军事设施周边企业，以及关系国防安全的其他单位。通知还单独列出了其他需要审查的领域，如外国投资者并购境内关系国家安全的重要农产品、重要能源和资源、重要基础设施、重要运输服务、关键技术、重大装备制造等企业（Davies，2013，第 26—27 页）。

2015 年 1 月，中国商务部公布了《中华人民共和国外国投资法（草案征求意见稿）》，向社会公开征求意见。原来关于外国投资的法律将由一部统一的《外国投资法》取代。外商独资企业、中外合资经营企业和中外合作经营企业将不再由单独的法规约束。相反，外资企业也适用中国的《公司法》（Betts 等，2015）。外国投资与国内投资一样，不受审批或行业限制，除非法律另有规定。这反映了中国国内逐渐达成的共识，即除个别例外，对中外企业应该一视同仁。一旦新法施行，除了列于"负面清单"上的行业或金额超过国务院规定水平的投资，大多数外国投资将不再需要事先审批，只要在投资时向当地政府提交一份信息报告即可，此后则只需提交年报。从理论上讲，这种模式将大大减轻与外商投资相关的管理负担。拟出台的法律还为对危害或可能危害中国国家安全的外国投资进行国家安全审查提供了法律依据。2016 年 3 月，中国商务部宣布要加快修改"外资三法"，制定外国投资法，争取在 2016 年报送全国人大审议。《外国投资法》草案表明，中国一直努力统一利用外资的各项法律，使这一法律更加系统化、规范化。

基于行业的投资政策

1978 年以来，在中国的整体工业发展政策中，既有鼓励外资或优先考虑外资进入的产业、行业、活动，又有限制或禁止外资进入的敏感行业。中国的外资政策从一开始就希望引导投资进入目标行业，同时保护战略利益，此后的政策也随着产业政策的重点而改变。反过来，国家的产业政策服务于包括政治稳定在内的更高的目标，这一目标经常被归结为促进"经济和社会发展"。于是，尽管在入世前后，中国加大了经济开放力度，但是以行业为基础的外资政策仍然对中国最高领导层的政治方向非常敏感，这一点可以从中国的国家五年规划中体现出来。

第一批"引导"外商直接投资进入中国特定产业的法规条例于1995年颁布，包括《指导外商投资方向暂行规定》和《外商投资产业指导目录》（简称"目录"）。经多次修改的"目录"是外国投资者考虑投资中国的第一关。根据《指导外商投资方向规定》（这是又一部因入世需要而通过的规定），2002年以后中国将外商投资项目分为"鼓励"、"允许"、"限制"和"禁止"四类。[5] "鼓励类"项目允许外商独资企业、中外合资企业和合作企业进行投资。若其他法律和法规未明令禁止，则未列出的项目为允许类项目，一般对外资开放，并且对公司组织形式不做要求。属"限制类"的外商直接投资项目要受到严格的逐案审批，并且在公司组织形式和外方控制方面都有一些潜在要求。"禁止类"行业不允许外资进入。另外，还有针对特定部门和特定地域的特定目录。目录所列的限制要求并非全部，在"鼓励类"和"允许类"里，也经常出现一些附加要求，而且监管部门可以在不说明原因的情况下限制投资（美国国务院，2015，第7页）。此外，这些目录还包括一些附加条件，如规定某些投资必须采取某种特定形式（如中外合资企业）和/或设定国外股东投资比例的股权上限。

"2007年目录"则标志着在中国的外资的几个转折点。由于担心低附加值出口加工会导致中国贸易顺差不断扩大，"鼓励类"中删掉了投资项目产品全部出口的要求。为了推动外资在高新技术产业方面的投入，500多个高新技术行业加入了"鼓励类"项目。出于对环境的重视，导致资源高消耗或高污染的几个行业被列入"限制类"和"禁止类"项目中。另一方面，资源节约和替代能源投资项目被划入"鼓励类"项目。为了促进服务业发展，服务外包和现代物流进入"鼓励类"投资行业。出版传媒仍属"禁止类"行业，各种基于互联网的业务也被添加到"禁止类"项目中。

"2011年目录"变动不大，主要是鼓励环保行业投资，并根据最新产业政策对几个子行业做了调整。"2015年目录"删掉了制造业等几个行业对外资的限制要求，同时对服务业、农业和基础设施业做了微调（Kaja等，2015）。根据国家发展和改革委员会（发改委）的意见，"2015年目录"把"限制类"行业的数目从79个减到38个；把限于合资、中方控股的行业数目从44个减到35个；把限于与中方合资但允许外方控股的行业数目从43个减到15。该目录规定增值电信业务的外资比例不得超过50%，但电子商务除外。传统上限制外资进入的行业仍然保留着各种限制，如银行业、电信业和文化产业（美国国务院，2015，第8—9页）。

《国民经济和社会发展五年规划纲要》中涉及外资的部分也体现了这种基于行业的外资策略。例如，在2006年发布的《利用外资"十一五"规划》中，中国利用外资的态度从重视数量转变为重视质量，重点放在产业结构的升级上。

传统制造业不再属于鼓励类行业，因为中国企业已掌握了技术并具备了强大的生产能力。鼓励目标转向了高端设备高科技制造业、新材料、基础设施和现代农业。2011年发布的《"十二五"利用外资和境外投资规划》呼吁外资进入特定的"战略"和"新兴"产业：节能与环保技术、新一代信息技术、生物技术、先进装备制造、新能源、新材料和新能源汽车。该规划还鼓励外国跨国公司在中国建立地区总部和研发中心，鼓励外资进入"生产性服务业"，包括现代物流、软件开发、工程设计、职业技能培训、信息咨询、技术和知识产权服务。银行、证券、保险、电信、燃料和物流行业将有序开放，教育和体育业也将逐步开放。

基于地域的投资政策

对于中国而言，允许外资进入相当于一项实验，因此中国领导人在地域开放方面也采取了谨慎的方式，最初只允许投资进入特定地区，获得成功后，再将该地区作为整体经济改革的实验田。以韩国、中国台湾和亚洲其他发展中国家以往的实验为基础，中国的第一批经济特区结合了自由贸易区和出口加工区的功能。第一批经济特区包括深圳、珠海、厦门和汕头，分别坐落在广东和福建省的沿海地区，其位置具有战略意义。如此安排，一则可以通过这些地区与海外华侨所建立的国际贸易网络相联；二则能使政治和军事风险降到最低，因为这些城市远离内地的主要城市和军事设施。经济特区在特殊监管制度下运营，旨在向外国企业提供优惠条件和良好环境，包括各种收入税减征，对用于生产出口产品的进口产品免税、出口关税免征及为出入境手续提供便利。四个经济特区及其各自的省级政府还获得了财政和外汇特权，其创收资金可以用来发展当地经济（Wang，1997，第28—29页）。

1984年，中国政府宣布再开放14个沿海城市和海南岛，鼓励新开放地区建立经济技术开发区（经开区），并为其提供与特区相同的优惠条件。沿海开发战略在20世纪80年代中期得以扩大，长江三角洲（包括上海）、珠江三角洲（中国香港附近）和闽南三角洲（包括福建省厦门市）地区于1985年被划为沿海经济开放区，享受大部分与沿海开放城市相同的优惠政策。1988年，辽东半岛和山东半岛也成为沿海经济开放区。同年，中国政府决定从整体上扩大沿海地区外资开放政策的范围，于是中国基本"开放"了所有沿海市县，总共涉及2.8亿人口。海南岛也于1988年成为经济特区。

1992年，在邓小平的领导下，中国决定进一步发展市场导向型经济，外资政策有了新的变化。外资鼓励措施增多；政府开始把外资政策与国家和地方产业的发展重点结合起来。任何符合国家或地方产业政策目标，并且保证有足够技术含量的投资项目，不论其位置，都可获得与经开区同等的优惠待遇。在各种外资优惠安排的刺激下，中国境内向外资开放的城市达到52个，新设的"边境开放城市"达到15个。此外，还开放了某些特定地区的某些服务业。到1992年9月底时，全国各地有近2000个经开区，大部分位于内陆地区（Chen，2011，第25页）。在这一轮经开区扩围之后，1993年政府将所有新经开区的审批权归于中央。

2000年，国务院制定了《实施西部大开发的若干政策措施》，以加快中国中西部地区发展，重点任务包括基础设施、科技和教育、工业结构调整、经济改革和对外资开放。中央政府出台了一系列吸引外资进入西部地区的优惠政策，包括进口技术和设备享受免关税和免增值税待遇。已经在沿海地区投资设厂的外资企业，享受与中西部地区外资相同的优惠待遇。此后，中国发布了《中西部地区外商投资优势产业目录》，介绍了吸引投资进入上述地区目标行业的优惠政策及后续的各种优惠措施，继续鼓励外资企业在中西部地区和东北地区开展业务（Hung等，2010）。

基于地域的最新外资政策主要是设立自由贸易试验区和新区。2013年9月中国（上海）自由贸易试验区（上海自贸区）正式成立，成为实行外商投资和市场准入改革（包括"负面清单"）的试验田。设立上海自贸区的主要目的是推动经济朝着既定的产业政策方向发展。还有一个目的是把上海自贸区作为监管创新的试验田，如果获得成功的话，就把这些做法推广到更大范围。继上海自贸区之后，又有天津、福建和广东加入了自由贸易试验区的行列。

上海自贸区推出了一系列实验性改革，重点是促进贸易、投资、资本和人才的流动，推动创新。上海自贸区具备典型的自由贸易区功能，对货物进口、加工和出口免征关税；综合保税片区内的程序简便快捷，物流和航运中心的功能得以高效发挥；金桥出口加工区聚焦于先进制造业和生产性服务业，提供便利的出口加工安排制度；陆家嘴金融片区政策灵活，能让自贸区充分发挥其金融、航运、贸易中心的作用。金融业改革包括利率自由化、人民币自由兑换和放宽对外国参与金融服务及离岸银行业的限制。2013年上海自贸区引入外商直接投资"负面清单"管理模式，首次有效取代了禁止、限制和鼓励类目录（Deloitte Touche Tohmatsu，2015，第3页）。

中国（天津）自由贸易试验区（天津自贸区）的改革旨在加快高价值服务业和制造业的发展，促进相关的价值链活动。这与政府预先设定的方向一致，即使天津自贸区成为华北主要的金融、运输物流、研发及先进产业的枢纽。总体而言，发展天津自贸区的目标是促进京津冀协同发展，全面释放华北地区的经济增长潜力。鼓励性行业反映了该地区的产业结构，包括高科技制造业、航空航天、装备制造业、金融服务、金融租赁、航运、物流服务、电子信息和医药（Dezan Shire & Associates，2015）。

广东和福建自由贸易试验区的主要定位是成为推动粤港澳经济一体化和深

化两岸经济关系的试验田，发展其各自经济特色。在福建自贸区，厦门片区的改革重点是建设两岸区域性金融服务中心。在广东自贸区，南沙片区改革的目标是将南沙建设为一个航运、物流、贸易和高端制造业中心；前海蛇口片区则重点推动粤港深度合作，培育国内经济增长所需的各类金融和其他高端服务业；横琴片区的改革措施也与其定位一致，重点是发展服务业，如旅游、休闲、健康和教育等（Dezan Shire & Associates, 2016）。

2015年，在上海自贸区"负面清单"外资管理模式的基础上，四个自由贸易试验区都引入了修订后的"负面清单"。虽然这份清单仍然繁琐复杂，但整体是朝着更加开放的趋势发展。不在负面清单范围内的外资无需遵循传统的审批流程，只需在自贸区内备案办理，程序简便了很多。

外商投资企业税收政策

中国外资策略的发展变化也体现在其税务政策的调整上。经济开放以来，中国利用税收优惠来引导外资进入不同地区、行业和产业。这种策略起初涉及面较小，只有在经济特区、沿海城市和其他受鼓励地方经营的外国企业才能享受到全面的税收减免，后来发展为更加统一的、全国性的策略，以为内外资提供公平竞争条件为主，以给特定地区和行业提供有限税收优惠为辅，以支持这些地区和行业的发展。

20世纪80年代，各种旨在吸引外资的税收优惠政策相继推出。与这些税收优惠有关的主要法律是《中外合资经营企业所得税法》、《外国企业所得税法》和《关于中外合作开采海洋石油进出口货物免征关税和工商统一税的规定》（Zhang，2008）。同样重要的文件还包括《中外合资经营企业所得税法实施细则》、《外国企业所得税法实施细则》以及国务院发布的《关于经济特区和沿海十四个港口城市减征、免征企业所得税和工商统一税的暂行规定》。这些实施细则对法律实施中的各项问题作出全面规定，其意义和作用不亚于法律本身。

《中外合资经营企业所得税法》适用于经济特区，重点内容包括合营企业的合营期在十年以上的，从开始获利的年度起，第一年和第二年免征所得税，第三年至第五年减半征收所得税；关于亏损结转的规定；在经济不发达的边远地区开办的合营企业，按前款规定免税、减税期满后，还可以在以后的十年内继续享受减征所得税待遇；鼓励合营企业利用企业分得的利润再投资。《外国企业所得税法》对从事农业、林业和其他诸如矿山深部开采等低利润业务的企业提供了类似的激励措施，包括免税。该法还授权地方政府制定本地的免税和减税政策。《关于中外合作开采海洋石油进出口货物免征关税和工商统一税的规定》主要涉及对海洋石油勘探和开采合营企业所使用的进口机器设备予以免税（Chen，2011，第69页）。

从 1986 年到 1990 年，对外资企业的税收政策的重点是通过税收优惠政策吸引外资，对国家扶持的行业和活动给予优惠；鼓励技术引进；推动出口。国家、省级和其他地方各级地方政府出台了大量税收优惠政策，争相鼓励外国投资。最后中央政府叫停了这种"税收优惠战"，要求地方政府废除未经国家立法授权的税收规定（Chen，2011，第 70 页）。1991 年，中国颁布《外商投资企业和外国企业所得税法》，使税收激励制度变得更加合理。按照这部法律的规定，大部分行业都能享受到税收优惠，如制造业、基础设施和农业，属于鼓励类行业和地区范围内的各类外资企业也能享受这些优惠。该法采用新的转让定价标准来控制偷税漏税。该法还规定，所有在中国的外国企业都享有免征企业所得税的优惠。与原先法律制度相比，这是一个重大改变，过去只有经济特区和经开区的企业才能享受这种优惠（Yin 和 An，1998，第 211—215 页）。

1994 年，中国建立了包括企业和个人所得税、增值税、消费税在内的全面税收制度。根据新规定，内外资企业统一适用 33% 的企业所得税税率和 17% 的增值税税率。此举意在逐步减少给予外国企业的税收优惠，使国内企业和跨国公司处于公平竞争的条件之下。然而，亚洲危机之后，外资继续享受优惠税收待遇（Yin 和 An，1998，第 211—215 页）；税收优惠仍然作为一种刺激手段，鼓励外资进入产业政策和地方政府确定的重点领域。

2008 年 1 月 1 日起施行的《中华人民共和国企业所得税法》（简称《企业所得税法》）将内外资企业所得税率统一为 25%，（国务院，2007；毕马威，2013，第 46—47 页）。以前税收制度下给予外国投资者的许多税收优惠和免税期被削减。这种优惠削减是逐步实施的，2008 年外资企业所得税率被提高为 18%，2009 年为 20%，2010 年为 22%，2011 年为 24%，2012 年达到 25%。此外，自 2010 年 12 月起，中国决定对外资企业征收城市维护建设税和教育费附加，而此前这两项税费是免征的。《人民日报》报道了这条规定，称外资企业在中国的"超国民待遇"终结，"内外资企业完全统一的国家税收制度"开始了（《人民日报》，2010）。

2008 年《企业所得税法》所体现的观点是，中国不再为外国投资者提供以往那样的优惠，而是借鉴经合组织国家的经验，通过营商环境的不断提高而不是税收优惠来吸引外商投资。而且，国家产业政策目标已经转向高附加值的服务、技术和国内企业的发展。这些新方向体现在这部法律的优惠条款中，重点优惠领域包括环境保护、现代农业、节能节水、安全生产、高新技术、公共福利。一些政策偏好地区，如经济特区和中国西部地区，仍可获得一定的税收优惠。现在中国的政策制定者认识到，税收优惠吸引的往往都是外国企业的低价值活动，而非其高价值活动。

截至 2016 年，中国仍然为企业提供一些税收优惠政策，目的是实现特定产业和区域的发展目标，自由贸易区内外都是如此。给予外资企业的主要税收优惠包括：高新技术企业享受15%的优惠税率，某些研发费用享受50%的加计扣除。在特定地区经营的此类公司还可额外享受两年的免税期，在21个指定城市经营的符合条件的"高新技术"服务企业以及在指定地区（包括西部地区）开展的"鼓励性业务"，也可享受15%的优惠税率。免税还适用于以下行业：农林牧渔业、软件和集成电路、某些基础设施和环境保护项目、技术转让（德勤全球，2015，第4页）。

外商投资所带来的成果

中国对外商投资所采取的渐进策略产生了丰硕的成果，这些成果体现在改革期间外商直接投资的快速增长中，也体现在具体行业和地区的增长中。这些成果还表明，中国在吸引外国投资方面取得了成功，而且这些成功经验还在传播到新的行业和新的地区。

外商直接投资项目的数量与金额

如前文所述，经济开放初期，法律和监管制度的不确定性以及中国相对落后的基础设施和经济制约了外商投资的发展。随着外资形势逐渐明朗、激励措施到位及开放行业增多，外商投资开始飞速发展。1979年至1984年间，实际利用外资额仅为41.04亿美元，而1990年当年的实际利用外资额就高达34.87亿美元，2000年达到407.15亿美元，2010年达到1,147.34亿美元，2014年达到1,195.62亿美元（见表2.1）[6]。最近几年外资增长率有所放缓，但规模仍然庞大，2014年中国成为全球最大的外商直接投资目的地。还有一点值得注意，中国的大多数外资为绿地投资。绿地投资是指在东道国新建资产设施的投资活动，明显不同于合并或收购当地现有资产的投资活动。中国的外商直接投资大多为绿地投资，其比例高达90%，甚至更多。相比之下，大多数发达经济体的外商直接投资都属于并购活动，绿地投资极少（Naudé等，2015和Long，2005）。

表2.1　　　　　1979—2014年中国外商直接投资流入量

年份	年流入量			累计流入量		
	项目数	合同额（百万美元）	实际利用外资额（百万美元）	项目数	合同额（百万美元）	实际利用外资额（百万美元）
1979—1984				3,724	9,750	4,104
1985	3,073	6,330	1,960	6,797	16,080	6,064
1986	1,498	3,330	2,240	8,295	19,410	8,304
1987	2,233	3,709	2,314	10,528	23,119	10,618

续表

年份	年流入量			累计流入量		
	项目数	合同额（百万美元）	实际利用外资额（百万美元）	项目数	合同额（百万美元）	实际利用外资额（百万美元）
1988	5,945	5,297	3,194	16,473	28,416	13,812
1989	5,779	5,600	3,392	22,252	34,016	17,204
1990	7,273	6,596	3,487	29,525	40,612	20,691
1991	12,978	11,977	4,366	42,503	52,589	25,057
1992	48,764	58,124	11,007	91,267	110,713	36,064
1993	83,437	111,436	27,515	174,704	222,149	63,579
1994	47,549	82,680	33,767	222,253	304,829	97,346
1995	37,223	91,282	37,521	259,476	396,111	134,867
1996	24,556	73,276	41,726	284,032	469,387	176,593
1997	21,046	51,004	45,257	305,078	520,391	221,850
1998	19,799	52,102	45,463	324,877	572,493	267,313
1999	16,918	41,223	40,319	341,795	613,716	307,632
2000	22,347	62,380	40,715	364,142	676,096	348,347
2001	26,140	69,195	46,878	390,282	745,291	395,225
2002	34,171	82,768	52,743	424,453	828,059	447,968
2003	41,081	115,070	53,505	465,534	943,129	501,473
2004	43,664	153,479	60,630	509,198	1,096,608	562,103
2005	44,019	189,065	72,406	553,217	1,285,673	634,509
2006	41,485	200,174	72,715	594,702	1,485,847	707,224
2007	37,888	不适用	83,521	632,590	不适用	790,745
2008	27,537	不适用	108,312	660,127	不适用	899,057
2009	23,442	不适用	94,065	683,569	不适用	993,122
2010	27,406	不适用	114,734	710,975	不适用	1,107,856
2011	27,712	不适用	123,985	738,687	不适用	1,231,841
2012	24,925	不适用	121,073	763,612	不适用	1,352,914
2013	22,773	不适用	117,586	786,385	不适用	1,470,500
2014	23,778	不适用	119,562	810,163	不适用	1,590,062

注：2006年后中国政府停止发布对外直接投资合同额。年流入量代表某一特定年份的项目和投资量。累计数据是从1979年至文中讨论年度相关流量的总和。所有金额都按外资流入当年的美元计价，即没有根据通货膨胀率进行调整。

资料来源：中国经济数据库（CEIC）；《中国统计年鉴—2014》。

2014年，中国是世界上最大的外商直接投资目的地，有23,778个外商直接投资项目，利用外资额达到1,195.62亿美元。1979—2014年，中国的外商直接投资项目合计达到 810,163 个，累计利用外资额达到 15,900.62 亿美元。[7]在 30 年之内，中国从一个外资几乎为零的国家发展为全球领先的投资目的地。

投资来源

根据中国统计，中国香港是中国第一大外商直接投资来源地（表 2.2）。从 1985 年到 2014 年，中国香港对大陆的投资高达 7,448.27 亿美元，相当于中国吸收外资总额的 47%。英属维尔京群岛位列第二，其次是日本、美国、新加坡和韩国。中国前 30 大外资来源地中有 8 个是避税港（英属维尔京群岛、西萨摩亚群岛、开曼群岛、毛里求斯、百慕大群岛、卢森堡、巴巴多斯和文莱），这些地方通常是来自别处的投资的中转地，而非投资的真实来源。这八个地方的投资合计占到中国吸收外资总额的 13%，若加上中国香港的话，这一比例高达 60%。

表 2.2　　1985—2014 年中国前 20 位外资来源地

来源地	1985—2014 年累计值（百万美元）	占比
中国香港	744,827	47.0%
维尔京群岛	*132,104*	*8.3%*
日本	98,049	6.2%
美国	74,809	4.7%
新加坡	72,106	4.5%
中国台湾	60,690	3.8%
韩国	59,825	3.8%
开曼群岛	*28,684*	*1.8%*
德国	23,877	1.5%
西萨摩亚	*23,106*	*1.5%*
英国	19,055	1.2%
荷兰	14,712	0.9%
法国	13,359	0.8%
毛里求斯	*12,304*	*0.8%*
澳门	11,716	0.7%
加拿大	9,668	0.6%
澳大利亚	7,725	0.5%
马来西亚	6,707	0.4%
百慕大群岛	*6,466*	*0.4%*
意大利	6,398	0.4%

注：斜体部分的经济体为避税港，投资往往经由这些地方中转，以享受税收优惠或其他优惠待遇。
资料来源：《中国统计年鉴》（多个年份）；恩莱特·司各特咨询公司的分析。

根据中国官方统计，在 1985 年到 2014 年期间的各个阶段，中国香港都是在中国大陆居于主导地位的投资者。1985—1990 年，中国香港投资的占比为 60%；2001—2005 年为 31%，2011—2014 年又回到 60%。自 1991 年以来的每个阶段，日本、美国、韩国、中国台湾和新加坡保持着前六名的位置（在不统计避税港投资的情况下），不过它们的排名顺序在不同阶段略有变化。值得一提的是，近些年来美国排名下降，而新加坡排名上升。

中国香港统计部门的数据无法让我们追溯有多少进入中国香港的外国投资转投中国大陆。但是我们注意到，1998—2013 年，英属维尔京群岛（避税港，许多来自中国香港的公司在此注册）和中国大陆各自占了约 34% 的中国香港外商直接投资。百慕大群岛（另一个颇受中国香港公司青睐的注册之地）占了 8%（香港政府统计处，不同年份）。无法追踪来自中国香港和各类避税港的投资的来源地，意味着很大一部分在中国的外资的最终来源不明。据推测，20 世纪 90 年代和 21 世纪初有大量外资是从中国大陆"返程"而来，以获取外资优惠待遇，得到更好的产权保护和金融服务。[8]在 21 世纪头 20 年里，内外资企业所处的环境趋于平等，单从税收目的来看，返程投资的动力应该大为减弱。另一方面，越来越多的大陆企业在中国香港证券交易所上市，并把筹集的资金调回大陆。此外，从其他地方来的公司可以选择成立香港公司的方式对大陆投资，因为在《关于建立更紧密经贸关系的安排》（CEPA）框架下，香港公司可以享受包括税收在内的各种优惠政策。

中国香港公司是中国轻工制造业、房地产、基础设施和其他行业的主要投资者，但如前文所述，尽管有很多投资在注册时声称自己来自香港，但其最终来源很可能不是香港。

外商投资的行业分布

在中国对外开放初期，绝大部分外资集中在制造业。这种情况并不奇怪，因为中国最初只是把对外资开放作为一种方式，目的是发展出口导向型的制造业，进而提高制造经济的其他部分。服务业被视为更为敏感的行业，开放较晚且开放程度没有制造业那么高。而且，在中国对外开放初期，其产业结构也更适合出口导向型制造业外资的发展，因为当时劳动成本低，国内市场有限，国内的物流和分销体系也不尽完善。相比之下，当时服务业则在国民经济中的占比很低，发展程度也很低，因此比较难于吸引和利用外资。

从较近时期的数据可看出，1997—2014 年制造业只占中国利用外资的 50%（表 2.3），利用外资靠前的制造行业包括通信、计算机和其他电子设备（占总投资的 8.2%），其次是化工材料和化工产品、通用机械、纺织品、专用设备、医疗医药产品，其他制造行业合计占到 29.4%。这说明外资形式多样，且广泛分布于制造业。同期,服务业约占利用外资总额的48%,主要分布在房地产业(占总投资的17.6%)、银行保险业、租赁及商业服务业、批发零售业。

表2.3　1997—2014年中国利用外商直接外资的行业分布

行业	1997—2014年利用外商直接投资额（百万美元）	所有行业占比
制造业	705,922	49.9%
—通信、计算机和其他电子设备	115,531	8.2%
—化工材料和产品	51,666	3.7%
—通用机械	41,059	2.9%
—纺织	33,408	2.4%
—专用设备	33,164	2.3%
—医疗医药产品	13,483	1.0%
—其他制造业	417,611	29.4%
服务业	676,403	47.9%
—房地产	248,350	17.6%
—银行保险业	90,974	6.4%
—租赁和商业服务	72,519	5.1%
—批发零售业	69,147	4.9%
—运输、仓储和邮政服务	38,590	2.7%
—电力、燃气和水的生产与供应	35,270	2.5%
—信息传输、计算机服务和软件	23,688	1.7%
—科学研究、技术服务和地质勘探	18,759	1.3%
—建筑	17,638	1.2%
—居民及其他服务	10,276	0.7%
—住宿与餐饮业	8,954	0.6%
—水利、环境和公共设施管理	5,965	0.4%
—文化、体育和娱乐	5,273	0.4%
—医疗保健,社会保障和福利	589	0.0%
—教育	254	0.0%
—公共管理与社会组织	23	0.0%
—其他服务	30,134	2.1%
第一产业	31,144	2.2%
农业	20,846	1.5%
矿业	10,298	0.7%
合计	1,413,469	100.0%

注：制造业中仅前六名行业列入表中。2004年之前部分行业没有单独数据。"其他服务"表示因报告规则的变化而不能划分到其他类别里的投资。

资料来源：中国经济数据库（CEIC）；恩莱特·司各特咨询公司的分析。

这些总数据很难反映出各时期投资的重大区别。1997—2000年，制造业外商直接投资的比例不到60%，2001—2005年达到66%以上，2006—2010年下降至48%，2011—2014年进一步降至39%。在通信、计算机和其他电子设备行业，外资比例上升源于多重因素：行业的全球性扩张；21世纪初大量产能从中国台湾转移到大陆；以及中国很快成为全球领先的电子消费产品组装基地。在化工领域，外资带来了世界级公司的大规模投资项目，改进了原本低效的设施，甚至还取代了一些原有设施。在纺织业，因为中国低成本的劳动力和2005年结束的美国《多种纤维协定》服装配额制度，该领域的外资呈逐渐上升趋势。后来，由于其他行业吸收外资的比例提高，中国的产能增加，加上成本上升导致竞争力减弱，纺织业吸收外资的比例逐渐减少。

同期服务业外资所占外资比例的变化如下：1997—2000年为38%；2001—2005年超过31%；2006—2010年为50%；2011—2014年为59%。服务业中吸收外资较多的行业包括房地产业（2011—2014年期间占到吸收外资总额的24%）、租赁和商业服务业、批发零售业、银行保险业。服务业外资增长与下述因素有关：中国经济的发展；整体经济从制造业到服务业的转移；中国发展服务业的努力；特定行业的开放、全球经济趋势。例如，1997—2000年期间，银行保险业并不开放，外资比例为零，而在2006—2010年期间，该行业开始开放，许多外国金融机构进入中国金融机构，或持有其股份，或两者兼而有之，在这种情况下，该行业的外资占比达到近11%。[9]

外资的行业分布受以下因素影响：全球经济力量、中国经济发展、中国基于行业的外资策略、本土和外国公司的相对竞争力以及特定时期游资选择投资的行业（投资不受东道国市场制约）。这种布局变化说明经济的快速发展：起初外资的行业分布与较不发达国家的布局模式相近，后来则接近于更加先进经济体的布局模式。

外商投资的省市分布

中国的外商投资不仅有行业分布差别，还有地域分布差别。地方经济的规模与发展程度、基础设施状况和开放次序都影响着外资的省市分布。表2.4显示了1979—2013年间外资在中国27个省份和自治区及四个省级直辖市（北京、重庆、上海、天津）的情况。在这一时期，江苏省（吸收外资3,160.7亿美元，占吸收外资总额的15.3%）和广东省（吸收外资3,116.79亿，占总额的15.1%）一直是吸引外商直接投资的佼佼者。紧随其后的是辽宁省、上海市、山东省、浙江省、天津市、福建省、北京市、河南省。十个外商投资目的地中有九个是沿海省市，覆盖了中国东部大部分海岸线。吸收外资前十名的省份中只有一个地处内陆，即紧临浙江和江苏的内陆地区的河南省，该省排名第十。

沿海省市占主导地位并不奇怪。沿海地区一直是中国经济的引领者。在中国对外资开放的过程中，首先开放的就是沿海省份，原因有三：一是其经济较为发达；二是其靠近大海，更易到达；三是一般认为其能更好地吸收外国投资者的经验，从而可以提高本土产业竞争力。

表2.4还显示了外资地域分布随时间的推移而变化。位于中国香港以北的广东省，作为中国第一个对外资开放的省份，吸收了大部分的早期外资。另一个较早开放的省份福建以及中国两大领先经济城市北京和上海，在早期吸收外资方面亦有突出表现。接下来是其他沿海省市，如江苏省、辽宁省、浙江省、山东省和天津市，这些省市于20世纪80年代和90年代初开始对外资开放。再往后，随着西部大开发政策的实施，外资也相应进入中西部地区，如河南省、四川省、安徽省和重庆市。

表2.4　1979—2013年中国利用外商直接投资的省市分布（百万美元）

省/市	1979—2013年	%	1979—1990年	%	1991—2000年	%	2001—2010年	%	2011—2013年	%
江苏省	316,070	15.3	429	3.0	43,237	13.2	171,254	17.0	101,151	14.1
广东省	311,679	15.1	6,574	45.5	90,743	27.6	144,064	14.3	70,299	9.8
辽宁省	175,693	8.5	568	3.9	13,981	4.3	81,044	8.1	80,100	11.1
上海市	148,912	7.2	1,381	9.6	28,772	8.8	74,193	7.4	44,566	6.2
山东省	136,927	6.6	371	2.6	20,655	6.3	78,335	7.8	37,566	5.2
浙江省	125,033	6.0	192	1.3	11,008	3.3	74,939	7.5	38,894	5.4
天津市	105,964	5.1	352	2.4	12,963	3.9	47,748	4.7	44,901	6.2
福建省	95,094	4.6	1,050	7.3	32,623	9.9	42,204	4.2	19,218	2.7
北京市	78,700	3.8	1,520	10.5	13,082	4.0	40,478	4.0	23,620	3.3
河南省	63,594	3.1	137	0.9	4,311	1.3	23,489	2.3	35,657	5.0
湖南省	53,226	2.6	58	0.4	5,168	1.6	25,870	2.6	22,130	3.1
四川省	52,281	2.5	97	0.7	2,896	0.9	18,641	1.9	30,647	4.3
江西省	49,332	2.4	32	0.2	2,665	0.8	26,200	2.6	20,434	2.8
湖北省	48,246	2.3	111	0.8	6,319	1.9	24,608	2.4	17,209	2.4
安徽省	48,066	2.3	33	0.2	2,968	0.9	19,105	1.9	25,960	3.6
河北省	45,672	2.2	104	0.7	7,404	2.3	21,228	2.1	16,936	2.4
重庆市	44,495	2.2	63	0.4	2,720	0.8	16,505	1.6	25,206	3.5
黑龙江省	30,531	1.5	136	0.9	3,568	1.1	15,067	1.5	11,760	1.6
内蒙古自治区	28,227	1.4	7	0.0	699	0.2	15,095	1.5	12,426	1.7
陕西省	21,043	1.0	393	2.7	2,663	0.8	9,019	0.9	8,969	1.2
海南省	20,435	1.0	398	2.8	6,733	2.0	8,330	0.8	4,975	0.7
吉林省	14,867	0.7	32	0.2	2,940	0.9	6,946	0.7	4,949	0.7

续表

省/市	1979—2013年	%	1979—1990年	%	1991—2000年	%	2001—2010年	%	2011—2013年	%
广西壮族自治区	14,831	0.7	256	1.8	6,168	1.9	5,944	0.6	2,463	0.3
山西省	14,492	0.7	19	0.1	1,488	0.5	5,601	0.6	7,383	1.0
云南省	12,073	0.6	23	0.2	1,324	0.4	4,288	0.4	6,437	0.9
贵州省	4,731	0.2	20	0.1	383	0.1	1,083	0.1	3,245	0.5
新疆维吾尔自治区	2,631	0.1	50	0.3	338	0.1	1,019	0.1	1,224	0.2
青海省	2,466	0.1	6	0.0	152	0.0	1,839	0.2	469	0.1
甘肃省	1,465	0.1	26	0.1	469	0.1	759	0.1	211	0.0
宁夏回族自治区	1,357	0.1	4	0.0	220	0.1	565	0.1	568	0.1
西藏自治区	569	0.0	1	0.0	36	0.0	192	0.0	340	0.0

注：报告的省市数据总和大于全国总和。

资料来源：中国数据在线；中国商业外经统计资料（1952—1988）；中国对外经济贸易统计年鉴；各省市统计年鉴。

本章小结

以上论述阐明了中国改革进程总体上的渐进性质，并重点说明了中国对外国投资所采取的策略。渐进法之所以必需，是因为在改革开放初期，国际投资，甚至私营部门，对中国来说亦是"外国"概念。中国此前并没有适用于外国投资者的市场经济法律、监管、税收和行政制度，但这并不是一个问题。相反，这些制度必须创建，很多时候必须从零开始创建。渐进法能够让中国一步一步建立这些制度，而不是试图一蹴而就。

渐进法还能让中国领导人确保外国公司不会给中国带来太大影响。可能很多外国人觉得这种担心毫无必要，但在中国这是一个非常现实的问题。此外，我们要记住，对新中国及其领导层而言，政府不去直接控制企业的理念还是个新事物。所以不难理解，建立制度体系去管理经济，而非直接控制所有重大决策，在中国是极其敏感的事情。渐进法可以让过渡变得相对平稳，通过这种方法，一个控制型的、没有外国投资者的经济顺利过渡为市场导向型的、包容外国投资者及国内私营部门的经济。

基于地域和行业的分步开放能让中国政府从容试验，对实验进行观察和监测，然后根据实验结果制定适用全国的法律法规。通过这种渐进的方式，中国领导层引导投资先进入最有能力吸收和管理外资的地区，然后再进入相对贫困的地区。同理，中国领导层还可以引导投资先进入有助于扩大出口和创汇的行业，然后再进入有助于产业发展的行业。

渐进法还反映了两种愿望之间的动态交互影响。一方面，中国希望控制和引导投资，另一方面又希望外国企业能带来利润，为其提供一个规则利好、便于投资且具有足够确定性的环境。在逐渐适应外资存在、与外国投资者打交道更有经验及对外资影响力有更充分认识的情况下，中国向外资开放的领域变得越来越广。由于中国的法律、监管和税收制度越来越清晰，越来越多的外资企业开始了解中国，也有更多的公司愿意到中国投资。渐进法带来了外商投资的大幅增长，20世纪70年代中国的外商投资还几乎为零，但到2010年，中国在这方面已经处于世界领先地位。从外来投资的发展变化可以看出中国实施地域和产业渐进开放的方法所起的作用，也可以看到投资流动随时间推移而发生的变化。

在后面的章节中，我们将深入探讨在一般统计数据表象之外，外商投资和外商投资企业对中国的广泛影响。

注　释

1　恩莱特·司各特咨询公司的伊迪芙·司各特（Edith Scott）承担了本章的辅助工作。
2　1842—1930年，中国共建立了105个开放口岸（Hou，1964年，第106页）。
3　"最惠国"条款意味着给予某一签署国的优惠必须给予其他所有签署国。
4　恩莱特·司各特咨询公司根据美国政府历史通胀图表的估计。
5　《入世议定书》还扩大了对外国投资者开放的产业。例如，多个服务行业（如金融服务、分销、商业服务、通信、旅行旅游、医疗保健、环境服务和教育）逐步向外国投资者开放，同时关于地区、经营范围和所有权方面的限制也基本取消了。
6　在中国，外商直接投资是指来自于其他国家或地区的对中国大陆某一实体的投资，至少有25%的资本由外国实体提供。外商投资企业是指拥有至少25%所有权的外国实体。就外商投资而言，来自中国香港、中国澳门和中国台湾的实体，也被视为外国企业。
7　中国统计数据的累计值是项目数量和投资流量从1979年到文中讨论之年的简单总和。官方的统计数字并未估计外国投资在中国的资本存量，也没有根据通货膨胀率进行调整。
8　2007年联合国贸易和发展会议估计，在20世纪90年代末和21世纪初，中国所吸收的外商直接投资中可能有25%属于返程投资。然而，我们注意到这个数据跟早期估计值相同，可能在2007年之前就过时了。
9　外国直接投资进入金融服务业受到中国加入世界贸易组织议定书的影响，该协议推动了保险业和银行业的开放，在有限的基础上开放了保险业。2002年年初，外资银行获准入股中资银行。2000—2005年，16家中资银行接受了外资。2006年年底，中国对外资银行开放了银行业，放宽了地域或客户限制。2006—2010年，投资大量涌入，说明外资在此期间建立或扩大了中国业务。随后较低的投资水平则说明，2006—2010年提供给某些外资项目的机会是外资进入或投资中国金融机构的一次性机会。

参考文献

Betts, C. W., W. H. Cai, Z. J. Gao, and G. G. H. Miao, 2015, 'China's MOFCOM Aims to Fundamentally Change the Legal Landscape on Foreign Investments', Skadden Insights, February 2015.

Chen, C., 2011, Foreign Direct Investment in China, Location Determinants, Investor Differences and Economic Impacts, Cheltenham, Edward Elgar.

Cheng, C. B. and M. Ma, 2009, 'China', in Global Legal Group, Mergers & Acquisitions 2009, London.

Davies, K., 2013, 'China Investment Policy: An Update', OECD Working Papers on International Investment 2013/01, Paris, OECD Publishing.

Deloitte Touche Tohmatsu Limited, 2015, Taxation and Investment in China 2015.

Dezan Shira & Associates, 2015, 'The New Free Trade Zones Explained, Part III: Tianjin', China Briefing News, 39 (486).

Dezan Shira & Associates, 2016, 'A Guide to China's Free Trade Zones', China Briefing, 162.

HKCSD, various years, Hong Kong Census and Statistics Department, Inward Investment Statistics.

Hou, C. M., 1964, Foreign Investment in China 1840 – 1937, Cambridge, Harvard University Press.

Huang, N., J. Ma, and K. Sullivan, 2010, 'Economic Development Policies for Central and Western China', China Business Review, 37 (6), pp. 24 – 28.

Kaja, A., N. Lu, and T. P. Stratford, 2015, 'The Chinese Government Issues 2015 Foreign Investment Catalogue – Effective April 10, 2015', Global Policy Watch, Covington & Burling, 24 March 2015.

KPMG, 2013, Investment in the People's Republic of China. KPMGAdvisory (China) Limited

Kundra, A., 2009, India – China, A Comparative Analysis of FDI Policy and Performance, New Delhi, Academic Foundation.

Levi, W., 1953, Modern China's Foreign Policy, St. Paul, University of Minnesota Press.

Long, G., 2005, 'China's Policies on FDI: Review and Evaluation', in T. H. Moran, E. M. Graham, and M. Blomström, eds, Does FDI Promote Development?, Washington DC, Institute for International Economics, p. 315 – 36.

Ministry of Commerce, People's Republic of China, 2006, Regulations for Merger with and Acquisition of Domestic Enterprises by Foreign Investors, 17 October 2006.

Naudé, W., A. Szirmai, and A. Lavapa, 2015, 'Industrialization and Technological Change in the BRICS: The Role of Foreign and Domestic Investment', in W. Naudé, A. Szirmai, and N. Haraguchi, eds, Structural Change and Industrial Development in the BRICs, Oxford, Oxford University Press, p. 324 – 51.

People's Daily, 2010, 'China ends foreign firms' "super – national treatment"', People's Daily, 1 December.

Shai, A., 1993, 'Hostage Capitalism and French Companies in China: A Hidden Element in Sino – French Relations', Études chinoises, XII (1).

Shek, C. , 2015, 'Understanding China's Anti – Monopoly Law', CKGSB Knowledge, 18, p. 36 – 40.

Thompson, T. M. , 1979, China's Nationalization of Foreign Firms: The Politics of Hostage Capitalism, 1949 – 57, Baltimore, School of Law University of Maryland.

State Council, 2007, Regulations of the People's Republic of China on the Implementation of the Enterprise Income Tax Law, Decree of the State Council of the People's Republic of China No. 512.

UNCTAD, 2007, 'Rising FDI into China: The FactsBehind the Numbers', UNCTAD Investment Brief, No. 2, Geneva, UNCTAD.

U. K. Secretary of State for Foreign Affairs, 1952, Treaty of peace with Japan, San Francisco, 8th September, 1951, London, H. M. Stationary Office.

U. S. State Department, 2015, China Investment Climate Statement, Washington DC.

Wang, Y. , 1997, Investment in China: A Question and Answer Guide on How to Do Business, New York, American Management Association.

Wei, Y. , and X. Liu, 2001, Foreign Investment in China: Determinants and Impact, Cheltenham, UK, Edward Elgar.

Yin, J. S. and Y. An, 1998, 'Strategic Response to the Income Tax Reform for Enterprises in China', in T. Fulton, J. Li, and D. Xu, eds, China's Tax Reform Options, Singapore, World Scientific, p. 211 – 5.

Zhang, X. , 2008, Study on Tax System Reform in China, February 2008, www. econ. hit – c. ac. jp/ ~ Koky/sympo – feb08/PDF/tax%20reform%20in%20china. pdf.

第三章

外资企业对中国的经济影响[1]

引 言

外商直接投资和外商投资企业对中国经济产生了重大影响。在本章中，我们首先论述了外商投资在中国总投资、特定行业和贸易中所发挥的作用。我们看到，除了在贸易领域，外商直接投资在中国经济总量中的相对重要性较低，而且呈下降趋势。

然后我们运用经济影响分析工具评估了外资和外资企业*对中国的产出、增值（GDP）和就业的影响。经济影响分析是一种评估方法，用以评估一项投资对其相关经济所产生的或将要产生的影响。这种分析方法常用于评估大型基础设施投资，如港口和机场；或者评估与旅游有关的投资，如主题公园和展览中心。在这种分析方法中，一般先评估与实体建设或初始资本投资相关的影响，然后再评估与投资建成的商业设施后续运营相关的影响。这种分析方法的理念是，投资及其运营通过供应链、分销渠道及不易识别归类的溢出影响，对周围经济产生涟漪效应。

经济影响分析表明，当我们把投资的直接影响以及外资企业的运营活动、供应链和员工的消费支出都包含在内，则 1995—2013 年期间，外资和外资企业对中国 GDP 的贡献率约为 16%—34%，对中国就业的贡献率约为 11%—29%。而且，外资的影响力并没有随时间有明显下降，因为在我们分析数据的截止年份（2013 年），外资和外资企业占中国 GDP 的比重是 33%，占中国就业总人数的比重则为 27%。这一年的影响水平仍接近 2009—2013 年这五年的平均水平。

虽然这些数字看起来很大，但我们要注意，它们既不包括外资企业对下游分销和货物零售的影响，也不包括外资企业对中国经济产生的技术、管理等溢出效应（下一章将详细阐述这些效应）。因此，这些估值可以说是大大低估了外资和外资企业对中国经济的影响。

---

* 如无特殊说明，本章所提到的外资与外资企业均代指外商直接投资（FDI）与外商投资企业（FIEs）。——译者注

外商直接投资在中国总投资中的重要性

中国已成为外商投资的主要目的地,评估外商投资在中国总投资中的重要性很有意义。从表3.1可以看出,在中国经济开放初期,外商投资在资本形成总额和固定资产投资中的比例增长显著。具体而言,在20世纪90年代初期至中期,外商投资在资本形成总额中的比例最高达到了14.3%;在固定资产投资中的比例最高达到了11.8%。在21世纪头20年,按照同一衡量标准,外商投资在资本形成总额和固定资产投资中的比例下降到不足3%或不足1%。这种变化与中国发展的三个时期相吻合:改革开放初期;配置国内资本困难的20世纪90年代;大量使用国内各类资本时期。在最后这一时期,由于国内资本的增长,每年流入的外资额在总体经济中的占比变得非常小。

表 3.1　　外商直接投资在中国投资中的重要性

年份	利用外商直接投资流量（百万美元）	资本形成总额（百万美元）	外商直接投资/资本形成总额	固定资产投资总额（10亿人民币）	外商投资固定资产额（10亿人民币）	外商投资/固定资产投资总额
1981				96.1	3.6	3.8%
1982				123.0	6.1	4.9%
1983	920	103,205	0.9%	143.0	6.7	4.7%
1984	1,420	108,408	1.3%	183.3	7.1	3.9%
1985	1,960	117,736	1.7%	254.3	9.2	3.6%
1986	2,240	114,166	2.0%	312.1	13.7	4.4%
1987	2,314	119,879	1.9%	379.2	18.2	4.8%
1988	3,194	153,145	2.1%	465.4	27.5	5.9%
1989	3,392	168,194	2.0%	441.0	29.1	6.6%
1990	3,487	141,056	2.5%	451.8	28.5	6.3%
1991	4,366	147,801	3.0%	559.4	31.9	5.7%
1992	11,007	182,902	6.0%	808.0	46.9	5.8%
1993	27,515	272,784	10.1%	1,307.2	95.4	7.3%
1994	33,767	236,010	14.3%	1,782.7	176.9	9.9%
1995	37,521	304,979	12.3%	2,052.5	229.6	11.2%
1996	41,726	346,215	12.1%	2,335.9	274.7	11.8%
1997	45,257	361,504	12.5%	2,526.0	268.4	10.6%
1998	45,463	378,238	12.0%	2,871.7	261.7	9.1%
1999	40,319	398,049	10.1%	2,975.5	200.7	6.7%
2000	40,715	420,883	9.7%	3,311.0	169.6	5.1%

续表

年份	利用外商直接投资流量（百万美元）	资本形成总额（百万美元）	外商直接投资/资本形成总额	固定资产投资总额（10亿人民币）	外商投资固定资产额（10亿人民币）	外商投资/固定资产投资总额
2001	46,878	480,477	9.8%	3,798.7	173.1	4.6%
2002	52,743	550,504	9.6%	4,504.7	208.5	4.6%
2003	53,505	676,124	7.9%	5,861.6	259.9	4.4%
2004	60,630	835,690	7.3%	7,456.5	328.6	4.4%
2005	72,406	950,132	7.6%	9,459.1	397.9	4.2%
2006	72,715	1,165,797	6.2%	11,895.7	433.4	3.6%
2007	83,521	1,458,334	5.7%	15,080.4	513.3	3.4%
2008	108,312	1,990,677	5.4%	18,291.5	531.2	2.9%
2009	94,065	2,407,454	3.9%	25,023.0	462.4	1.8%
2010	114,734	2,859,619	4.0%	28,577.9	470.4	1.6%
2011	123,985	3,533,942	3.5%	34,598.4	506.2	1.5%
2012	121,073	4,004,435	3.0%	40,967.6	446.9	1.1%
2013	117,586	4,524,968	2.6%	49,161.3	431.9	0.9%

资料来源：中国经济数据库（CEIC）；《中国统计年鉴—2014》；世界银行，《世界发展指标》。

这些数据显示，在改革开放的某些时期，外商投资起到非常重要的作用，但近年来其重要性正在下降，至少外商投资的绝对额减少了。有些人觉得这意味着中国不再需要外商投资，或者说不像以前那么需要外资。在本书中，我们稍后会说明只看原始投资比例只会让人们大大低估外商投资目前对中国经济的重要性。

外商投资企业对中国产业的重要性

截至2013年，就整体而言，外商投资仅占中国资本形成总额和固定资产投资的一小部分，但就某些产业而言，外资企业的重要性却相当高。从表3.2可以看出，在几个特定产业中，外资企业占到了资产、收入和/或利润的20%、30%、40%或更多。总的来说，外资工业企业占到中国工业总资产的22%，总收入的23%及所有规模以上工业企业利润总额的23%。[2]

很显然，外资企业是中国某些产业的主要参与者。2013年，在计算机、通信和其他电子设备制造业中，外资企业占到总资产的59%，总收入的72%，利润总额的57%。在汽车制造业中，外资企业占到总资产的40%，总收入的46%，利润总额的55%。在其他制造业，如皮革、毛皮、羽毛及相关产品制造业、制鞋业、纸张和纸制品制造业，以及燃气的生产与供应行业，外资企业所

表 3.2　　2013 年外商投资企业在各产业中的重要性

产业	外商投资企业资产（10 亿人民币）	外商投资企业资产在工业企业的百分比	外商投资企业收入（10 亿人民币）	外商投资企业收入在工业企业的百分比	外商投资企业利润（10 亿人民币）	外商投资企业利润在工业企业的百分比
计算机、通信和其他电子设备制造业	2,992.91	59%	5,553.95	72%	189.27	57%
皮革、毛皮、羽毛及相关产品制造业、制鞋业	267.61	44%	457.24	37%	26.63	33%
纸张和纸制品制造业	536.08	41%	356.61	26%	21.86	29%
燃气的生产与供应	213.35	41%	159.02	38%	19.28	50%
汽车制造业	1,879.86	40%	2,805.79	46%	279.48	55%
纺织品、服装及服装配饰制造业	415.87	38%	622.63	32%	32.51	28%
文化、教育、工艺美术、体育、娱乐活动用品制造业	218.26	37%	411.99	34%	17.70	28%
食品制造业	402.90	36%	547.24	30%	52.36	34%
橡胶和塑料制品制造业	618.42	35%	701.16	26%	38.52	22%
家具制造业	132.51	33%	170.28	26%	9.07	22%
化学纤维制造业	194.84	31%	203.44	28%	9.79	38%
测量仪器和设备制造业	192.20	30%	233.37	30%	19.81	31%
金属制品、机器和设备维修服务业	36.80	30%	26.09	28%	0.64	14%
通用设备制造业	984.00	28%	1,077.29	25%	78.99	28%
印刷业、记录介质复制业	114.99	27%	112.11	21%	10.78	26%
电气机械和设备制造业	1,215.20	26%	1,616.31	26%	83.62	24%
酒水、饮料和精制茶制造业	333.58	26%	393.25	26%	33.83	20%
化学原料及化学制品制造业	1,471.57	25%	1,747.80	23%	104.35	25%
药品制造业	444.56	24%	455.17	22%	50.16	24%
专用设备制造业	697.33	24%	635.19	20%	44.25	21%
金属制品业	486.20	23%	631.88	19%	33.89	18%
农产品加工业	613.56	23%	1,108.36	19%	49.10	16%
纺织业	478.27	22%	607.63	17%	33.42	17%
废弃资源利用业	34.35	22%	52.92	16%	0.08	1%
其他制造业	39.70	20%	51.86	22%	2.63	21%
铁路、船舶、航空航天等交通运输设备制造业	371.46	19%	305.64	18%	23.48	25%
非金属矿产品制造业	622.08	15%	549.93	11%	40.5	11%
水的生产与供应	108.37	15%	23.44	16%	4.41	38%

续表

产业	外商投资企业资产（10亿人民币）	外商投资企业资产在工业企业的百分比	外商投资企业收入（10亿人民币）	外商投资企业收入在工业企业的百分比	外商投资企业利润（10亿人民币）	外商投资企业利润在工业企业的百分比
有色金属冶炼及压延加工业	460.90	14%	515.11	11%	14.69	10%
木料加工业，木材、竹、藤、棕、草及其制品业制造业	66.94	13%	103.01	9%	5.68	7%
石油加工、炼焦及核燃料加工业	277.55	12%	456.26	11%	10.13	21%
黑色金属冶炼及压延加工业	634.17	10%	820.73	11%	14.77	9%
电力、热力的生产与供应	663.30	7%	306.96	6%	53.40	15%
有色金属矿开采与加工业	22.62	5%	13.82	2%	2.57	4%
采矿支持活动	13.35	5%	13.07	7%	1.46	223%
石油和天然气开采业	75.73	4%	69.07	6%	21.73	6%
煤炭开采与洗涤业	196.19	4%	183.76	6%	22.36	9%
非金属矿开采与加工业	9.99	3%	11.72	2%	0.78	2%
黑色金属矿开采与加工业	23.35	2%	27.46	3%	1.86	2%
烟草制品业	—	0%	—	0%	—	0%
其他矿产开采业	—	0%	—	0%	—	0%
所有产业	18,561.11	22%	24,138.78	23%	1,459.92	23%

注："工业企业"包括2013年收入超过2,000万元人民币的各种形式所有制的工业企业。2013年没有发布烟草制品业外企的相关信息。有些企业存在亏损，因此外资企业的利润可能大于各种形式所有制企业的利润总额。

资料来源：《中国统计年鉴—2014》；恩莱特·司各特咨询公司的分析。

占的比例也相当高（超过资产、收入或利润的40%）。

总之，相比在中国经济总量中的重要程度，外商投资在一些关键产业中的重要程度显然要更高。在这些产业中，有的对出口很重要，有的为中国国内经济带来大量溢出效应，有的在技术水平方面具有重要意义。当然，产业本身在《外商投资产业指导目录》中所属的类别（鼓励类、限制类、禁止类或允许类），也会影响到外资在特定产业中的重要性。

外商投资企业对中国贸易的重要性

在1979年中国开始对外开放以前，中国与国际市场基本分离，商品贸易仅通过广交会进行，少量或通过中国香港渠道往来。1979年，双向贸易额在GDP中的比例仅为11.3%；该比例在1990年达到26.8%（经合组织，2003）；在2014年达到41.6%（世界银行，2015）。2014年，中国已成为世界第一大贸易国、第一大出口国（占全球货物出口的 12.3%）和第二大进口国（占全球货物进口的 10.3%）（世界贸易组织，2015）。

到 20 世纪 90 年代初期，外资企业占中国进口总额的 40%，出口总额的 28%（表 3.3）。当时，由于要进口生产设备和投入品（其中很多用于中国的出口导向型产业）以及进口在中国国内市场销售的产品，外资企业的进口超过了出口。到 1996 年，外资企业占中国出口总额的 41%，进口总额的 54%。2006 年外资企业对中国贸易的贡献率达到峰值，占出口总额的 58%，进口总额的 60%；2013 年外资企业占中国出口总额的 47%，进口总额的 45%。考虑到中国贸易额的增长，此时的占比代表的进出口额要远大于之前时期占比所代表的金额。很明显，如果没有外资企业，中国就不会成为今天的贸易和出口大国。当然，我们也看到，中国的出口以低附加值、劳动密集型产品主导，但是这一结构正在转变，高附加值和高技术含量产品的出口正在增多。

外资企业贸易活动对 GDP 的贡献体现在净出口值（出口值减去进口值）对 GDP 的增加或减少。因此，在 20 世纪 90 年代早期至中期，外资企业的贸易表现实际上对中国 GDP 产生了负影响。当然，这只是暂时的现象。随着外资企业在中国的生产规模逐渐扩大，其净出口贡献也转负为正。到 2007 年，外资企业净出口每年超过 1,000 亿美元；到 2013 年，每年超过 1,690 亿美元。2007 年，外资企业净出口作为 GDP 的一部分，对 GDP 的贡献达到了最高点 3.9%，之后逐步下降，到 2011 年时降到 2% 以下。

在中国崛起为贸易大国的过程中，外资企业发挥了重要作用。中国向外国投资者开放的目标之一就是增加出口和净出口。在中国对外开放初期，很多投资通过了审批，条件是一部分产量必须出口。此外，许多外资企业从事出口加工业。出口加工的生产方式是指一个企业（通常是外资企业）免税进口投入品和生产设备，而企业生产的产品必须用于出口。1990—2012 年，出口加工产品至少占中国出口总额的 40%（最高时达到 55%）。

如前文所述，在中国崛起为贸易（尤其是出口）大国的过程中，外资企业发挥了重要作用，但是，从 1995 年到 2013 年，外资企业每年在中国国内市场的销售额均超过了出口额（撰写本书时能获得的数据截至 2013 年）。因此，尽管外界对在中国的外资企业的典型看法是为了出口而生产，但实际情况是，早在 20 世纪 90 年代中期，外资企业在中国国内的销售额就已大大高于出口额。到 2013 年时，外资企业在中国国内市场的销售额达到了其出口额的 2.73 倍。很多进入中国的初期投资的确是为了出口导向型生产，但随着时间的推移，外资的主要目的变成了在中国市场销售，而不是把中国作为出口基地。

本章提供的数据也反映出这样的事实：中国对外国投资者开放的部分原因是增加出口和净出口，促进中国经济发展。为了让外资企业给中国带来贸易等方面的利益，中国为外资企业打开了进入其国内市场的通道。但正如我们一直

表 3.3　外商投资企业的贸易表现

年份	外商投资企业出口（百万美元）	外商投资企业进口（百万美元）	外商投资企业出口/外商投资企业进口	外商投资企业在中国出口中所占的比重	外商投资企业在中国进口中所占的比重	外商投资企业净出口（百万美元）	外商投资企业净出口在中国GDP中所占的比重	外商投资企业国内收入（百万美元）	国内收入/出口
1993	25,237	41,833	60%	28%	40%	-16,596	-2.7%		
1994	34,713	52,934	66%	29%	46%	-18,221	-3.3%		
1995	46,876	62,943	74%	32%	48%	-16,067	-2.2%	74,257	158%
1996	61,506	75,604	81%	41%	54%	-14,098	-1.6%	68,639	112%
1997	74,900	77,721	96%	41%	55%	-2,821	-0.3%	82,155	110%
1998	80,962	76,717	106%	44%	55%	4,245	0.4%	NA	NA
1999	88,628	85,884	103%	45%	52%	2,744	0.3%	128,405	145%
2000	119,441	117,273	102%	48%	52%	2,168	0.2%	152,899	128%
2001	133,235	125,863	106%	50%	52%	7,372	0.6%	181,153	136%
2002	169,985	160,254	106%	52%	54%	9,731	0.7%	206,836	122%
2003	240,306	231,864	104%	55%	56%	8,442	0.5%	286,544	119%
2004	338,592	324,448	104%	57%	58%	14,144	0.7%	360,126	106%
2005	444,183	387,456	115%	58%	59%	56,727	2.5%	514,586	116%
2006	563,779	472,490	119%	58%	60%	91,289	3.4%	677,042	120%
2007	695,371	559,793	124%	57%	59%	135,578	3.9%	954,284	137%
2008	790,493	619,428	128%	55%	55%	171,065	3.8%	1,319,464	167%
2009	672,074	545,404	123%	56%	54%	126,670	2.5%	1,527,515	227%
2010	862,229	738,386	117%	55%	53%	123,843	2.1%	1,925,392	223%
2011	995,227	864,672	115%	52%	50%	130,555	1.8%	2,352,379	236%
2012	1,022,620	871,500	117%	50%	48%	151,120	1.8%	2,493,494	244%
2013	1,043,724	874,590	119%	47%	45%	169,134	1.8%	2,852,293	273%

资料来源：《中国统计年鉴》（多个年份）；恩莱特·司各特咨询公司的分析。

所说的，随着中国商业环境的改善和能力的提高，越来越多的外资公司将高增值制造业落户中国，原先的状况正在逐步改善。

经济影响分析简介

虽然比较外资和外资企业在总投资、个别产业和贸易中分别所占的比重很有意义，但这类比较远不能反映出外资和外资企业对中国经济的全部影响。在这一节，我们将运用经济影响分析工具，更全面地分析这一影响。

对投资的经济影响分析一般侧重于分析三到四类影响。"**直接**"影响是由所投资企业的设施建设和日常运营所产生的影响。"**间接**"影响是指为满足"直接"活动和直接产业供应商需求而形成的供应链所产生的影响。"**诱发**"影响是从事直接和间接活动的企业的员工支出所产生的影响。有些分析增加了第四种类型，即"**催化**"影响，是指对下游产业的影响以及对当地经济的其他溢出效应。我们注意到，由于需要大量数据支持，涵盖催化影响的研究少之又少。

在标准经济影响分析中，评估的是三个主要变量。"**产出**"是指生产的商品或服务的价值，相当于资本投资的投资支出，或投资后的营业收入或销售额。"**增值**"是指工人报酬、生产税、固定资产折旧和营业盈余的总和（相当于GDP贡献值）。"**就业**"是指投资所创造的工作岗位的数量。

由于数据的局限性，本章将着重分析在中国的外资和外资企业的直接、间接和诱发影响，即外商投资及外资企业后续运营的影响、外资与外资企业的国内上游供应链所产生的影响、外资企业员工及外资企业上游国内供应商员工的消费支出所产生的影响。本章的分析并未涉及外资企业的下游影响和其他任何溢出影响，如竞争加剧的影响、迫使国内企业提高生产力、开放新市场、技术转让、管理技能转让等。因此，本章所做的评估将大大低估外资和外资企业对中国经济的总体影响。

进行经济影响分析主要有两种方法：一种是以投入产出表为基础，使用乘数模型（投入产出表描述了某个产业中一个产量单位所需的投入）；另一种是以对象经济体详细宏观经济模型为基础，使用一般均衡模型。乘数模型的优点是简单便捷、易于获得，因为从数目上来说，公布投入产出表的经济体比公布宏观经济模型的经济体要多得多。乘数模型的缺点是它对边际分析最为有用，即适合分析与对象经济体相比规模不算太大的投资。一般均衡模型的优点是把新投资的潜在影响也考虑在内，即新投资抬高劳动力和其他资源价格的可能性，这种模型还兼顾了资源从经济体某一部分到另一部分的转移。一般均衡模型的缺点是不易获得，经常缺少足够的数据来生成模型。考虑到模型和数据的可获得性，我们在下面的分析中采用乘数模型。这里的基本假设是外资对中国经济的增量性影响，也就是说外国投资补充了国内投资，或者说，如果外国投资取代了某一特定行业或地区的国内投资，那么被取代的资本和资源会转用于中国经济的其他领域。考虑到外资在中国总投资中所占的有限比例，这一假设应该是合理的。

要使用乘数模型，我们首先需要汇编与外资和外资企业运营有关的现金流量数据，然后运用相关的乘数来估算与现金流量有关的直接、间接和诱发影响，即这些影响在产出、增值和就业方面的表现。

外资和外资企业的经济影响

我们分两个阶段来评估外资和外资企业对中国经济的影响。第一个阶段评估的是外商投资本身的影响，包括注入资本、建设成本和其他启动成本。第二个阶段评估的是外商投资企业后续经营和销售活动带来的影响。

外资资本投资的经济影响

表3.4显示了不同时期在中国的外资在投资阶段对中国产生的经济影响。这一阶段投资主要通过下列活动对中国经济产生影响：建设生产设施，如工厂和办公楼；购买机器设备；购买建立新企业所需的各种服务，如企业管理、法律、会计、人力资源、政府服务等。在缺少单个投资项目具体数据的情况下，我们可以作一个合理的投资过程假设：三分之一的投资额用于"建筑行业"，三分之一用于"机器和设备制造业"，三分之一用于"商业服务业"。我们进一步假设，外资企业使用的机器和设备，一半来自进口，一半从中国购买。

表 3.4　　　　在中国的外资（投资阶段）的经济影响

	1995—2000 年	2001—2005 年	2006—2010 年	2011—2013 年	1995—2013 年的累计影响	2013 年
产出（10 亿美元）						
—直接	209	238	394	302	1,144	98
—间接	299	365	716	559	1,938	181
—诱发	76	84	180	159	500	51
总产出	584	687	1,291	1,020	3,582	331
增值（10 亿美元）						
—直接	82	72	114	92	360	30
—间接	102	121	210	160	594	52
—诱发	32	35	68	59	195	19
总增值	216	228	392	312	1,148	101

续表

	1995—2000 年	2001—2005 年	2006—2010 年	2011—2013 年	1995—2013 年的累计影响	2013 年
就业（人数）						
—直接	7,260,658	3,776,401	2,900,717	2,605,375		2,223,114
—间接	9,064,561	6,871,610	4,672,893	3,721,636		3,205,120
—诱发	4,510,134	2,857,926	2,356,371	1,959,059		1,680,941
就业总人数	20,835,353	13,505,937	9,929,982	8,286,070		7,109,175

注：产出及增值估值是相关时期的累计值。就业估值是相关时期的平均值（2013 年的估值除外）。

资料来源：恩莱特·司各特咨询公司。

中国政府公布了一系列投入产出（I—O）表，从中可以估算出经济影响乘数。投入产出表把中国经济大致划分为 41 个行业，可获得数据的年份分别为 1990 年、1992 年、1995 年、1997 年、2000 年、2002 年、2005 年、2007 年和 2010 年。1997 年、2002 年和 2007 年的数据包括了涵盖 135 个行业的扩展表。各产业的乘数由这些投入产出表生成，本章附录对此有详细说明。中间几年的乘数通过插值法估算。由于早期的投入产出表没有把进口和出口分开，我们把 1997 年生成的乘数用于 1995 和 1996 年。对于 2010 年（可获得投入产出表的最后一年）以后的年份，我们把产出和增值乘数设定为根据 2010 年投入产出表所估算的值，同时调整了就业乘数，把工资通胀也纳入考虑。

利用与相关产业对应的乘数，我们估算出 1995—2013 年外资资本投资的总累计影响（直接＋间接＋诱发）为：产出 35,820 亿美元，增值 11,480 亿美元。我们同时估算了不同时期的累计产出、增值及年均就业人数。我们注意到，即使投资额上升，平均就业人数估计值也会随时间推移而下降。这是因为建筑业及相关行业的就业结构发生了变化，在发展过程中，这些行业的劳动密集程度大大降低了。我们还注意到，仅 2013 年，产出影响就达到了 3,310 亿美元，增值影响达到了 1,010 亿美元，就业影响达到了 7,109,175 人。增值估值相当于中国 GDP 的 1.1%，就业人数估值相当于 2013 年中国总就业人数的 0.9%，这表明外资影响虽小，但意义重大。

外资工业企业运营的经济影响

采矿业、制造业以及公用事业部门公布了本行业在中国的外资企业运营的系列统计数据，包括资产、收入、利润、增值和就业（服务业尚未公布这些数据）。外资涉及的产业及外资企业运营所带来的累计收入和增值参见表 3.5。从 1995 年到 2013 年，外资企业在计算机、通信和其他电子设备制造业实现了迄今为止最高的累计收入，紧随其后的是交通运输设备制造业（主要是汽车制造业)、电气机械和设备制造业、化学原料及化学制品制造业。所有这些产业外资企业的总累计收入超过了100,000亿元人民币。各产业外资企业的累计增值与累计收入的分布格局基本相似。我们注意到,1997—2014年这些产业获得了约53%的外来投资。

表3.5　　各产业外资企业的直接收入和增值,供经济影响分析用

产业	1995—2013年外资企业累计值(10亿元人民币)	
	收入	直接增值
计算机、通信和其他电子设备制造业	41,174	7,885
交通运输设备制造业	19,370	5,259
电气机械和设备制造业	11,640	2,956
化学原料及化学制品制造业	10,845	3,141
农产品食品加工业	7,397	1,819
通用设备制造业	6,943	1,898
黑色金属冶炼及压延加工业	5,899	1,324
纺织业	5,613	1,523
金属制品业	4,942	1,260
纺织品、服装及服装配饰制造业	4,793	1,495
专用设备制造业	4,199	1,214
塑料制品业	4,101	1,111
非金属矿产品制造业	4,002	1,285
食品制造业	3,580	1,103
皮革、毛皮、羽毛及相关产品制造业、制鞋业	3,545	1,032
有色金属冶炼及压延加工业	3,378	787
石油加工、炼焦及核燃料加工业	3,193	590
电力、热力的生产与供应	3,044	1,260
测量仪器和设备制造业	2,881	700
酒水、饮料和精制茶制造业	2,834	1,001
纸张和纸制品制造业	2,831	762
药品制造业	2,705	1,119
橡胶制品制造业	2,673	753
文化、教育、工艺美术、体育、娱乐活动用品制造业	2,044	550
化学纤维制造业	1,505	330
其他制造业	1,499	447
家具制造业	1,311	335
印刷业、记录介质复制业	886	301
木料加工业,木材、竹、藤、棕、草及其制品业制造业	855	242

续表

产业	1995—2013 年外资企业累计值（10 亿元人民币）	
	收入	直接增值
燃气的生产与供应	776	188
煤炭开采与洗涤业	671	279
石油和天然气开采业	613	942
废弃资源利用业	287	51
水的生产与供应	156	82
有色金属矿开采与加工业	132	84
黑色金属矿开采与加工业	119	53
非金属矿开采与加工业	115	44
采矿支持活动	25.9	10.7
烟草制品业	15.5	7.3
其他矿产开采业	0.58	0.16
木材和竹林采伐业	0.03	0.01

注：缺少1998年的收入和增值数据，缺少2008—2013年的增值数据。这些缺失数据从现有的数据和比率估算而来。

资料来源：《中国统计年鉴》（多个年份）。

直接产出、增值和就业人数均取自这些统计数据，数据缺口由插值填补。由于缺少服务业数据，下述经济影响评估仅针对采矿业、制造业和公用事业部门。根据投入产出表生成各行业的经济乘数，并根据附录中给出的方法作出三个调整。第一个调整，在投入产出表的产业类别中，如果没有与外资企业所在的产业完全匹配的类别，则使用与投入产出表中与之最接近的类别；第二个调整是对外资企业在生产过程中更多使用进口投入品的倾向进行调整；第三个调整是去除源自其他外资企业供应商的投入品的估值。对外资企业的进口倾向进行调整非常重要，因为与源自中国国内的投入品相比，进口的投入品对中国经济的影响较小。对源自外资企业供应商的投入品进行调整，则避免了重复计算外资企业的供应链影响。后两个调整详见本章附录。

表3.6以外资企业年收入为基础，显示了从事采矿业、制造业和公用事业的外资企业的运营所带来的总体经济影响。1995—2013年，累计经济影响在总产出方面达到了433,450亿美元；在总增值方面达到了124,070亿美元。2013年，这些行业的外资企业对中国经济的总体影响（直接＋间接＋诱发）分别为：总产出69,670亿美元，增值19,570亿美元，就业125,333,060人。估算出的增值相当于中国GDP的21%，估算出的就业人数相当于2013年中国各行业总就业人数的16%。我们需要再次指出，这些影响仅是采矿业、制造业和公用事业部门的影响，因为我们只获得了这些产业的外资企业的销售数据。这些影响并不包

括服务业外资的影响。

表 3.6 从事采矿业、制造业和公用事业的外资企业的运营对中国经济的总体影响

	1995—2000 年	2001—2005 年	2006—2010 年	2011—2013 年	累计	2013 年
产出（10 亿美元）						
—直接	1,085	2,875	9,988	10,905	24,853	3,971
—间接	618	1,658	5,762	6,418	14,456	2,330
—诱发	145	376	1,688	1,828	4,037	666
总产出	1,848	4,909	17,438	19,150	43,345	6,967
增值（10 亿美元）						
—直接	290	763	2,604	2,854	6,510	1,039
—间接	254	546	1,514	1,636	3,950	593
—诱发	70	183	801	892	1,946	325
总增值	615	1,492	4,919	5,381	12,407	1,957
就业（平均人年）						
—直接	5,119,125	12,513,063	24,293,500	27,990,328		30,268,629
—间接	28,778,356	42,046,056	67,308,325	72,957,797		68,020,954
—诱发	9,785,798	15,031,953	28,069,840	29,057,046		27,043,476
就业总人数	43,683,279	69,591,072	119,671,665	130,005,171		125,333,060

注：产出及增值估值是相关时期的累计值。就业估值是相关时期的平均值（2013 年的估值除外）。
资料来源：恩莱特·司各特咨询公司。

表 3.7 以产业类别为基础，显示了从事制造业、采矿业和公用事业的外资企业的运营所产生的经济影响。在增值方面，影响最大的产业包括计算机、通信及其他电子设备制造业；交通运输设备制造业；农产品加工业；化学原料及化工制品制造业；电气机械和设备制造业。1995—2013 年（含 2013 年，即我们能够进行评估的最后一年），这些产业在累计增值方面的影响遥遥领先。在这段时期，以上五个产业外资企业的累计增值影响达到了 57,470 亿美元（占所有外资工业企业累计增值影响的 46.3%）。仅 2013 年一年，增值影响就达到了 9,390 亿美元（占所有外资工业企业增值影响的 47.9%），这表明外资企业在这些产业进行了大规模投资，而且这些产业的乘数非常之高。

在就业方面，影响最大的产业包括农产品加工业、计算机、通讯和其他电子设备制造业、纺织业、食品制造业和交通运输设备制造业。1995—2013 年期间，以上五个产业外资企业占所有外资工业企业累计就业影响的 46.8%；2013 年则占了 49.5%。因为各相关行业及其供应链的劳动密集程度不同，五个产业在增值和就业影响方面的排名也有所不同。

表中并没有显示[3]，各工业行业外资企业在增值和就业总量方面的影响比重是随着时间推移而改变的。在计算机、通信和其他电子设备制造业，外资企业

第三章 外资企业对中国的经济影响

表3.7 从事采矿业、制造业和公用事业的外资企业的总体经济影响，按产业划分，1995—2013年累计影响以及2013年当年影响

产业	1995—2013年的累计影响					2013年				
	产出（10亿美元）	增值（10亿美元）	增值占比	就业人数（全职员工，工作年）	就业占比	产出（10亿美元）	增值（10亿美元）	增值占比	就业人数	就业占比
计算机、通信和其他电子设备制造业	8,900.8	2,096.7	16.9%	185,915,564	11.6%	1,398.8	329.0	16.8%	17,958,376	14.3%
交通运输设备制造业	4,560.3	1,170.1	9.4%	84,455,539	5.3%	806.3	202.1	10.3%	8,288,974	6.6%
农产品加工业	2,564.1	961.9	7.8%	283,936,471	17.8%	427.4	159.3	8.1%	22,518,401	18.0%
化学原料及化学制品制造业	2,761.6	769.2	6.2%	66,483,232	4.2%	488.3	132.5	6.8%	5,154,185	4.1%
电气机械和设备制造业	3,101.6	749.5	6.0%	78,849,976	4.9%	491.8	115.6	5.9%	6,657,920	5.3%
通用设备制造业	1,780.6	508.2	4.1%	43,388,338	2.7%	304.3	84.5	4.3%	3,387,662	2.7%
纺织业	1,607.3	497.1	4.0%	108,146,278	6.8%	204.5	62.9	3.2%	6,271,133	5.0%
黑色金属冶炼及压延加工业	1,598.7	480.5	3.9%	33,825,948	2.1%	243.1	72.0	3.7%	2,151,226	1.7%
纺织品、服装及服装配饰制造业	1,245.6	380.7	3.1%	75,405,675	4.7%	186.3	55.1	2.8%	5,066,672	4.0%
金属制品业	1,384.8	361.4	2.9%	40,154,260	2.5%	203.7	51.3	2.6%	2,829,112	2.3%
食品制造业	1,055.6	359.8	2.9%	86,123,290	5.4%	180.3	60.2	3.1%	6,978,452	5.6%
非金属矿产品制造业	1,161.5	358.9	2.9%	36,767,791	2.3%	182.9	53.8	2.7%	2,723,043	2.2%
专用设备制造业	1,086.9	312.0	2.5%	26,644,698	1.7%	180.1	50.8	2.6%	2,138,356	1.7%
电力、热力的生产与供应	844.4	293.2	2.4%	26,027,667	1.6%	101.1	32.4	1.7%	1,130,768	0.9%
酒水、饮料和精制茶制造业	762.0	289.6	2.3%	54,652,176	3.4%	118.7	44.4	2.3%	3,714,390	3.0%
药品制造业	747.8	275.0	2.2%	39,797,838	2.5%	139.9	50.6	2.6%	3,907,700	3.1%
皮革、毛皮、羽毛及相关产品制造业，制鞋业	886.0	263.3	2.1%	73,530,705	4.6%	126.7	37.1	1.9%	4,645,750	3.7%
有色金属冶炼及压延加工业	909.5	243.5	2.0%	18,860,230	1.2%	151.2	39.9	2.0%	1,308,423	1.0%
塑料制品业	891.2	224.5	1.8%	29,066,493	1.8%	121.1	29.2	1.5%	1,844,885	1.5%
纸张和纸制品制造业	683.4	213.7	1.7%	29,763,434	1.9%	96.2	29.1	1.5%	1,788,843	1.4%
石油加工、炼焦及核燃料加工业	725.8	206.9	1.7%	11,794,285	0.7%	108.7	29.9	1.5%	792,628	0.6%
橡胶制品制造业	673.8	189.5	1.5%	28,567,474	1.8%	188.3	50.6	2.6%	3,536,374	2.8%

续表

产业	1995—2013年的累计影响						2013年				
	产出（10亿美元）	增值（10亿美元）	增值占比	就业人数（全职员工，工作年）	就业占比		产出（10亿美元）	增值（10亿美元）	增值占比	就业人数	就业占比
文化、教育、工艺美术、体育、娱乐活动用品制造业	556.4	178.9	1.4%	35,938,513	2.2%		125.8	40.4	2.1%	4,481,445	3.6%
测量仪器和设备制造业	639.4	171.9	1.4%	19,262,147	1.2%		61.2	16.4	0.8%	935,304	0.7%
石油和天然气开采业	135.9	154.9	1.2%	2,274,754	0.1%		17.4	20.6	1.1%	152,522	0.1%
家具制造业	348.7	110.0	0.9%	16,689,277	1.0%		51.2	16.0	0.8%	1,192,631	1.0%
其他制造业	365.7	107.9	0.9%	18,337,155	1.1%		14.6	4.1	0.2%	217,747	0.2%
煤炭开采与洗选业	196.3	86.2	0.7%	3,893,198	0.2%		56.4	24.8	1.3%	801,439	0.6%
化学纤维制造业	346.7	85.5	0.7%	8,183,102	0.5%		52.6	12.5	0.6%	482,081	0.4%
木料加工业、木材、竹、藤、棕、草及其制品业制造业	229.3	74.5	0.6%	14,805,938	0.9%		31.8	10.1	0.5%	860,065	0.7%
印刷业、记录介质复制业	198.6	69.9	0.6%	8,317,968	0.5%		28.5	9.5	0.5%	512,460	0.4%
燃气的生产与供应	193.8	59.1	0.5%	4,115,977	0.3%		41.8	12.6	0.6%	474,639	0.4%
废弃资源利用业	48.3	37.8	0.3%	290,955	0.02%		9.6	7.5	0.4%	39,317	0.03%
水的生产与供应	43.9	18.8	0.2%	1,161,969	0.07%		7.2	3.1	0.2%	119,595	0.10%
有色金属矿开采与加工业	35.2	18.7	0.2%	846,760	0.05%		4.0	2.2	0.11%	51,560	0.04%
黑色金属矿开采与加工业	32.4	11.5	0.09%	562,077	0.04%		7.9	2.8	0.14%	85,793	0.07%
非金属矿开采与加工业	30.4	11.2	0.09%	1,043,103	0.07%		3.6	1.3	0.07%	62,274	0.05%
采矿支持活动	7.8	2.7	0.02%	214,695	0.01%		4.0	1.4	0.07%	69,451	0.06%
烟草制品业	2.9	1.8	0.01%	327,829	0.02%		0.0	0.0	0.00%	1,461	0.00%
其他矿产开采业	0.1	0.0	0.00%	4,776	0.00%		—	—	—	—	—
木材和竹材采伐业	0.007	0.004	0.00%	1,326	0.00%		—	—	—	—	—

资料来源：恩莱特·司各特咨询公司。

所创造的增值在所有外资工业企业所创造的增值中的比重,从 1995 年的 10% 上升至 2013 年的 17%;在交通运输设备制造业,从 1995 年的 7% 上升至 2013 年的 10%;在纺织业,从 1995 年的 8% 下降至 2013 年的 3%;在纺织品、服装及服装配饰制造业,从 1995 年的 7% 下降至 2013 年的 3%。外资企业就业方面的影响比重也随时间变化而变化。在计算机、通信和其他电子设备制造业,外资企业所产生的就业岗位在所有外资工业企业所产生的就业岗位中的比重,从 1995 年的 6% 上升至 2013 年的 14%;在交通运输设备制造业,从 1995 年的 4% 上升至 2013 年的 7%;在纺织业,从 1995 年的 10% 下降至 2013 年的 5%;在纺织品、服装及服装配饰制造业,从 1995 年的 6% 下降至 2013 年的 4%。这些结果表明了一种动态布局,即外资企业逐步转向工业行业的高增值活动,这与中国设定的目标是一致的。

服务业外资企业运营的影响评估

如前文所述,由于缺少数据,我们无法对服务业外资企业直接进行类似的影响分析。然而,如果我们对在中国的服务业的外资企业的性质做一些假设,也可以进行一些粗略的评估,然后根据评估结果,讨论外资和外资企业对中国整体经济的潜在影响。

为了进行服务业的增值影响评估,我们假设,服务业外资企业投资的增值(及就业)影响与工业外资企业投资的增值(及就业)影响之比,近似于中国服务业每单位投资的增值(及就业)与中国工业每单位投资的增值(及就业)之比。有了这种假设,再加上对中国工业和服务业 GDP 及资本存量的估值[4]、中国工业和服务业累计外商直接投资数据,以及我们先前对外资工业企业运营所产生的增值和就业影响的估值,我们就能够大致估算出服务业外资企业运营所产生的年度增值和就业影响。

我们估计,1995—2013 年在中国的服务业的外资企业运营的累计影响为:增值 49,070 亿美元,就业 809,730,688 人(平均每年雇用 42,617,405 人)。对中国 GDP 的影响从 3% 到 10% 不等,对中国就业总量的影响也是从 3% 到 10% 不等。我们估计在 2013 年(有数据可查的最后一年),服务业外资企业运营的影响为:增值 9,310 亿美元(占当年中国 GDP 的 10%),就业 77,573,984 人(占当年中国就业总人数的 10%)。

外商投资和外资企业运营的共同影响

表 3.8 显示了 1995—2013 年在中国的外资在投资阶段以及外资企业的运营对增值和就业的共同影响。仅 2013 年,增值估值为 29,890 亿美元,就业估值为

210,016,218 人。该表显示，从 1995 年到 2013 年，每年的影响估值占中国 GDP 的 16%—34%，占中国就业总人数的 11%—29%。更重要的是，这些影响并没有出现明显的递减趋势，因为 2013 年外资和外资企业影响估值仍占 GDP 的 33%，占就业总人数的 27%。

这些结果表明，对于中国经济来说，外资和外资企业已经并将继续发挥至关重要的作用。我们应当知道，这些结果并不包括任何催化效应，如对地方经济的溢出效应、对本土企业生产力的影响、对中国技术和管理能力的影响及外资企业的社会贡献等。如将这些都包括在内，那么得到的结果会更加让人惊叹。这些结果还表明，外商投资让中国受益匪浅，即使在今天，这些益处也非常重要。

本章小结

本章的分析表明，20 世纪 90 年代中期，外商直接投资占中国资本形成总额和固定资产投资的比例达到百分之十几的峰值，但到 21 世纪初的几年已下降至百分之几。外资企业对中国贸易所起的作用更大。2013 年，外资企业占中国进口总额的 45%，出口总额的 47%。然而，这些数字只是部分反映了外资和外资企业对中国的影响。运用经济影响分析工具可以评估外资企业因投资、运营和供应链而产生的影响。

经济影响分析一般用于评估或预测重大投资对当地经济的影响。经济影响分析经常运用乘数来评估投资本身的影响（从建设、设备、建立或扩大业务所需服务的角度出发），以及所投资企业后续经营和销售活动的影响。这里的乘数从投入产出表（投入产出表记录一个经济体中不同产业之间的关系）推导而来。典型的经济影响分析法通过评估直接影响（实际投资和投资实体运营的影响）；间接影响（通过供应链产生的积极影响）；诱发影响（直接和间接产业的员工消费支出影响），推导出外资与外资企业对当地经济的影响，包括产出、增值（或 GDP 贡献率）和就业影响。

本章使用经济影响分析方法评估了在中国的外资和外资企业对中国的经济影响。我们相信，将这种方法运用于这一领域，尚属首次。在评估各行业外商直接投资在投资阶段的经济影响时，我们假设投资的三分之一进入国内建筑业，三分之一进入国内租赁和商务服务业，剩下的三分之一进入机器设备制造业（假设其中一半从本地购买，一半来自进口）。采用这些假设和相应的乘数后，我们估算出 1995—2013 年外资的影响为：产出 35,820 亿美元，增值 11,480 亿美元。2013 年，外资吸纳就业约为 7,109,175 人。外资带来的资本投资的总体影响占中国 GDP 的 1.1%，就业总人数的 0.9%。

表 3.8 外资和外资企业运营的总体经济影响，及与全国数据的比较

年份	增值影响（10亿美元）				占全国GDP的比重	年度投资	就业影响（人数）				占全国就业总人数的比重
	年度投资	第二产业	第三产业	合计			第二产业	第三产业	合计		
1995	33	70	21	124	17%	20,955,392	35,003,000	16,488,198	72,446,590		11%
1996	36	75	22	134	16%	23,199,955	37,145,472	17,620,337	77,965,764		11%
1997	40	90	27	157	16%	25,089,495	43,999,735	20,590,080	89,679,310		13%
1998	39	106	36	181	18%	22,558,111	46,154,073	22,577,522	91,289,706		13%
1999	34	122	43	199	18%	17,687,248	47,499,028	23,524,449	88,710,725		12%
2000	34	152	52	238	20%	15,521,918	52,298,365	26,006,041	93,826,324		13%
2001	39	175	61	274	21%	15,175,087	53,520,566	25,638,860	94,334,514		13%
2002	43	209	72	324	22%	14,043,252	55,392,383	27,360,607	96,796,242		13%
2003	43	278	90	410	25%	12,713,903	68,484,648	33,379,751	114,578,302		16%
2004	48	353	103	504	26%	12,670,158	77,598,904	35,311,031	125,580,093		17%
2005	56	476	138	670	30%	12,927,285	92,947,943	41,470,297	147,345,526		20%
2006	57	608	180	845	31%	10,654,172	102,959,937	45,591,095	159,205,205		21%
2007	68	799	259	1,126	32%	9,507,822	114,770,660	50,902,111	175,180,592		23%
2008	89	1,045	360	1,494	33%	10,742,880	126,689,548	60,384,262	197,816,690		26%
2009	79	1,090	422	1,590	32%	8,729,079	121,154,548	61,219,748	191,103,375		25%
2010	99	1,377	566	2,042	34%	10,015,955	132,783,633	71,012,872	213,812,460		28%
2011	106	1,654	718	2,479	34%	9,492,409	134,554,419	75,971,728	220,018,557		29%
2012	104	1,770	806	2,680	33%	8,256,626	130,056,468	77,107,715	215,420,810		28%
2013	101	1,957	931	2,989	33%	7,109,175	125,333,060	77,573,984	210,016,218		27%
合计	1,148	12,406	4,907	18,460		267,049,922	1,598,346,390	809,730,688	2,675,127,003		

注：中国就业总人数包括城乡地区的公共和私营部门。就业数据统计的是工作年全职员工。

资料来源：恩莱特·司各特咨询公司；《中国统计年鉴—2014》；世界银行，《世界发展指标》。

我们利用从事采矿业、制造业和公用事业的外资企业的数据，以及从中国的投入产出表中得出的乘数，评估了1995—2013年外资企业运营对中国经济的影响。2013年，这些行业的外资企业对中国经济直接、间接和诱发影响合计为：总产出69,670亿美元，增值19,570亿美元，就业125,333,060人。后两个数字分别相当于2013年中国GDP的21%，各行业就业总人数的16%。1995—2013年累计经济影响为：总产出433,450亿美元，总增值124,070亿美元。在计算机、通信和其他电子设备制造业以及交通运输设备制造业，外资企业运营产生的影响最大。

服务业外资企业占同期累计外商直接投资的47%，经粗略估计，其经营活动对中国GDP和就业的影响均介于3%至10%之间。2013年是能够进行评估的最后一年，当年服务业外资企业的影响为：增值9,310亿美元，就业岗位77,573,984人，或者说占中国GDP的10%，就业总人数的10%。1995—2013年期间，服务业外资企业累计增值影响估计为49,070亿美元。

如果我们把外资企业投资和运营的直接影响、供应链影响和员工消费支出而产生的影响都计算在内，则1995—2013年所有在中国的外资在投资期的影响和外资企业运营期所产生的影响合计为：增值184,600亿美元，累计就业2,675,127,003人（按照工作年全职员工计算；若按照这19年的平均值计算，则平均每年140,796,158人）。2013年的共同影响为：增值29,890亿美元，就业210,016,218人，或者说占当年中国GDP的33%，就业总人数的27%。

我们知道，我们所估计的影响中大约一半来自作为外资企业供应链上的中国企业，或是相关外资和本地企业员工的消费支出，以及中国企业提供的其他项目。但是我们仍然可以说，主要贡献来自外资和外资企业。这是因为，如果没有它们的存在，供应链和员工支出会少得多。此外，如果没有中国实行的对外资开放的政策，对基础设施和人力资本的投资以及中国商业环境的全面提高，外资企业运营规模及其对中国经济的贡献也会小得多。

评估结果表明，外商投资让中国受益匪浅，这些利益在未来仍然是极其重要的。这些结果并不包括任何催化效应，如对地方经济的溢出效应、对本土企业生产力的影响、对中国技术和管理能力的影响及外资企业的社会贡献和其他方面的影响。如将这些都包括在内，那么得到的结果会更加让人惊叹。这些效应与影响将在下一章讨论。

附录：经济影响分析法

经济影响分析（EIA）的评估对象为某项新投资对东道国经济的影响。经济影响分析最常评估的是直接影响、间接影响和诱发影响。对于某一产业或某家公司而言，直接影响来自在新设施方面的支出以及这些设施创造的销售收入。

间接影响来自于与设施运营相关的供应链产生的涟漪效应。诱发影响来自于设施运营及设施供应商所雇用员工的消费支出。典型的影响评估是对产出（经济中的销售总额）、增值（近似于对本地 GDP 的贡献）和就业的影响的评估。

对重大投资进行经济影响分析主要有两种方法。最常见的是"投入产出"或"乘数"法。这种方法是取相关的现金流量，用乘数与其相乘，这里的乘数或者被政府预先确定（如美国或日本），或者从投入产出表中计算而来。这种方法的优点是简单易用；缺点是只适合"边际分析"，即现状的微小变化，在对大规模影响做评估时，估值往往过高，其原因是投资可能造成物价和工资上涨，即一般均衡或"收益递减"效应，而这种方法却未将这一可能性纳入考虑。该法需要的输入值包括相关的现金投入流量以及预先确定的乘数，或可以计算出乘数的已公布的投入产出表。

第二种方法是使用精密的宏观经济模型，该模型可以兼顾经济学家所称的"一般均衡"效应（即上面提到的物价和工资上涨）。这种方法的优点是估值可能会更准确，特别是在收入流和经济影响规模很大的情况下；缺点是很少有经济体提供相关信息，而提供乘数法所需信息的经济体则要多得多。该法需要的输入值包括相关的现金投入流量（收入流以及与乘数模型类似的相关输入值）和可获得的精密宏观经济模型。从本质上讲，一般均衡宏观经济模型法把新收入流视为对现有经济的扰动，然后评估经济被扰动之后出现的新状态。对于某项具有重大影响的大型投资而言，这可能意味着当地物价和工资上涨，资源从一组经济活动转移到另一组。因此，对于某项特定投资，宏观模型的估值通常低于简单乘数模型的估值。乘数也能从宏观模型中得出，但它们是分析得出的结果，而不是分析需要的输入值。

在本案例中，我们能获得中国的投入产出表，可以根据这些表算出乘数，但我们无法获得公开的宏观模型，而这正是宏观模型法所需的。因此，我们只能使用简单的乘数法。

从投入产出表得出经济乘数

正如前面所说明的，最常用的经济影响分析法采用得自投入产出表的乘数，从直接收入流中计算出间接和诱发影响的产出、增值及就业估值。投入产出表反映了一个经济体中各产业之间的交易和关系。特别需要指出的是，最基本的表格部分包含了每一纵列产业所消耗的每一横行产业的出货量。最终需求项位于核心矩阵之外，如进口、出口、政府采购等；增值项也在核心矩阵之外，如工资、利润和税收。投入产出表的形式通常如下：Z 是跨行业交易矩阵，最终需求代表经济的最终需求特征，增值代表经济中的增值要素。

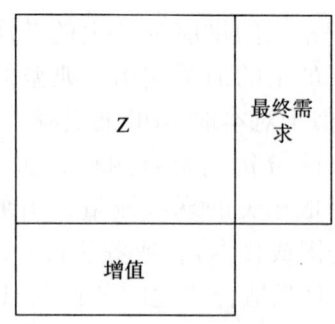

图3.1 投入产出矩阵原理图

资料来源：恩莱特·司各特咨询公司。

为了获得直接需求矩阵 A（每一产出产业需要消耗的各个投入产业产量），我们把 Z 乘以由生产矢量 X 对角元素的倒数构成的逆矩阵：

$$A = ZX^{-1}$$

这个公式可以反过来重新排列成：

$$Z = AX$$

所以：

$$X = (I - A)^{-1} Y$$

其中，X 是生产矢量，Y 是最终需求矢量。矩阵 $(I-A)^{-1}$ 被称为列昂惕夫逆矩阵，它提供了所有投入产业为满足生产产业生产一个产量单位所必要的总需求信息。把某个产业所有的直接需求进行求和，可以评估出这个产业对其他上游产业的影响，进而评估出其经济影响。

投入产出表调整

鉴于外资企业在中国的进出口中占有很大的比例，有一种假设认为外资企业可能比中国企业进口更多的投入品，这会使外资企业对中国经济的影响减少。为了纳入这种潜在影响，我们对投入产出表进行了修改：根据（外资企业进口/外资企业收入）/（进口总额/总收入）的比率，增加进口成分。由于缺少各个行业的外资企业进口数据，我们增加的是整体经济中的进口成分。于是，为满足每一产出产业（纵列产业 z）的需求，外资企业的进口估值为：

$$\text{进口比例系数} = \left(\frac{\text{外资企业进口／外资企业收入}}{\text{进口总额／总收入}} \right)$$

$$\text{外资企业进口}_z = \text{进口}_z \times \text{进口比例系数}$$

进口$_z$ = 产业$_z$ 用于生产产出的进口总额

外资企业进口$_z$ = 产业$_z$ 的外资企业用于生产产出的进口总额

若外资企业进口增加，则在增值和总产出相同的情况下，来自国内的生产投入品的数量自然会减少。

外资企业的中间投入品既可以源自国内公司,也可以源自外资企业。因此,必须去除源自外资企业的中间投入品,以确保我们没有重复计算外资企业的活动。于是,为满足投入产出表中的各个产出产业(纵列产业 z)的需求,各投入产业(横行产业 y)的中间投入品被调整为:

$$\text{外资企业 } I \times I_{z,y} = I \times I_{z,y}\left(1 - PTS\frac{\text{外资企业收入}_{\text{产业}y}}{\text{总收入}_{\text{产业}y}}\right)$$

$$\text{外资企业消耗}_y = \text{消耗}_y\left(1 - PTS\frac{\text{外资企业收入}_{\text{产业}y}}{\text{总收入}_{\text{产业}y}}\right)$$

$PTS =$ 某一外资企业购买其他外资企业中间投入品的倾向

$I \times I_{z,y} =$ 产业 y 的中间投入品,用于生产产业 z 的产出

外资企业 $I \times I_{z,y} =$ 仅源自国内(非外资企业)的中间投入品的估值

外资企业消耗$_y =$ 产业 y 仅源自国内(非外资企业)的消耗

由于没有在中国的外资企业从其他在中国的外资企业购买中间投入品的倾向方面的数据,我们使用了一个类似于上述"进口偏好"的比例系数替代。

注　释

1　恩莱特·司各特咨询公司的山德森大卫(David Sanderson)和董梅(Ella Dong)承担了本章的辅助工作。
2　"工业企业"(规模以上企业)包括2013年收入超过2,000万元人民币的各种形式所有制的工业企业。
3　如需更多信息,请参阅韩礼士基金会或恩莱特·司各特咨询公司的项目报告。
4　吴延瑞,私人交流。

参考文献

OECD, 2003, OECD Investment Policy Review: China, Paris, OECD.
World Bank, 2015, World Development Indicators 2015, Washington DC, World Bank.
World Trade Organization, 2015, International Trade Statistics 2015, Geneva, WTO.

第四章

外资企业带来的催化影响和溢出效应[1]

引 言

外资企业与外商投资为中国发展作出了重大贡献。在前一章的经济影响分析中,我们推导出外资企业的投资、运营和供应链可占到中国经济体量的三分之一,但这并非外资企业的全部贡献。外资企业还为中国经济带来了广泛的催化影响和溢出效应:它们建立了供应链和分销链,在中国境内外开展大规模销售活动;把先进的研发和技术开发带到中国,产生了大量溢出效应;把现代化管理教育和培训介绍到中国,全面提高了中国的管理能力;将区域化和全球化管理引入中国,促进了中国的管理发展,帮助中国企业与国际网络相连;还促进了中国金融业的发展,等等。

外资企业努力改善环境,促进中国可持续发展。它们履行企业责任,为中国社会作出贡献,在企业社会责任和企业社会责任报告方面为中国企业树立了榜样;还向中国政策制定者建言献策,并在国际贸易和经济关系中支持中国。当然,也有一些造成负面影响的情况,如有些外资企业或其供应商与工人关系紧张,有些外资企业存在腐败或反竞争行为。

本章通过实例分析了上述影响,虽然不可能涵盖外资企业的全部影响,同时也因影响的性质各异而难于采用一个系统的框架进行分析,但这些实例仍然展现了外资企业所带来的深远广泛的催化影响和溢出效应,这些影响和效应远远超过企业所带来的投资和就业机会,或者难于估算或量化。

促进中国产业和企业的现代化

在实施计划经济的数十年里,中国脱离国际市场,无法获得国际技术和经验,远离国际竞争,这导致中国经济停滞不前,生产力不发达。人们希望通过引入外资来帮助中国重获生机。一位中国学者在其论文中写道:"据1985年对全中国重点企业生产设备的调查,达到或接近当时国际水平的不足13%。"而到1991年时,"外资企业中外商提供的技术比国内明显先进的约占40%,填补了国内空白的占7%，外资企业生产的许多产品已成为重要的出口创汇产品和进口替代品。"（邓建勤，1991）。

现代化最先始于服装、鞋类、玩具和塑料制品等传统行业。虽然这些行业当时已是中国的代表性产业，但让它们成为出口优势行业的却是中国香港与台湾的企业。中国香港与台湾的企业深谙现代技术、国际质量标准、市场需求以及生产与物流管理，能够为国际商家提供其所需的服务。由于这些企业声誉良好，值得信赖，许多国际商家都愿意从它们那里购买产品，而非直接从中国供应商手里购买（Liu, 2009a）。因此，是这些中国香港和台湾企业使中国成为传统行业重要出口国。中国脱离国际市场如此之久，何以能在经济开放后短短几年内掌握技术、供应链、物流、国际潮流和全球营销，进而成为出口强国？答案是外资企业承担了所有这些工作，而"中国"并未掌握这些东西。

汽车产业是中国进行产业升级的一大目标。在改革开放之前，中国汽车产业一直将重心放在卡车上，汽车公司所使用的系统和设计均是以几十年前的苏联式卡车为基础。1984年，时任总理表示，希望中国能在1990年生产出达到世界标准的汽车。于是，1986年，汽车产业被指定为中国"支柱产业"之一。外资企业可以进入汽车产业，但只能采取与中国合伙人建立合资企业的形式，且必须满足不断提高的当地成分要求。外资企业还获准进入本地市场，以促进中国汽车产业实现现代化（Thun, 2006）。正如我们所见，外资企业对中国运输设备产业产生了巨大的可量化影响，但其影响远不止于此。

我们在前面引用的论文里还有如下描述：

> 大众汽车公司在实现"桑塔纳"轿车国产化的过程中，不仅使上海汽车工业水平一下前进了30年，同时还大大推动了我国机电、化工、冶金、仪表等一大批配套企业和相关企业的技术改造和技术更新，其技术效应已辐射到全国126个企事业单位（邓建勤，1991，第64页）。

到2015年，中国已成为全球最大的汽车生产国，大部分汽车由中外合资企业制造。汽车产业既是中国的支柱产业，也是中外合资汽车企业所在城市的重要产业。有分析师表示，尽管这些年中国企业取得了巨大进步，但中国汽车产业仍然依赖外资企业，中国企业的竞争力不够强大，仅依靠其自身能力尚无法在世界市场中获得成功（Kassab, 2015）。因此，外国汽车公司的长期存在是使中国汽车产业保持领先地位的关键因素。

帮助产业或企业实现现代化的例子还有很多。泰国正大集团（CP Group）是经济改革开始之后进入中国的首批外资企业之一，被视作将现代农业企业带入中国的功臣。正大集团对中国家禽业的大规模投资改变了中国的饮食结构，在其进入中国市场后的十年内，中国的人均禽肉消费量翻了一番（St James Press, 2004）。20世纪80年代美国软饮料公司再次进入中国时，发现当地竞争对手还在使用他们 30 多年前留下的设备。可口可乐公司在促进中国软饮料行业的现代化方面发挥了特别重要的作用。1994 年，中国政府将可口可乐的工厂与生产标准确定为整个行业的标准（Liu，2009）。瑞士通用公证集团（SGS）是一家检验公司，于 1991 年获准以合资企业的形式进入中国市场，打破了先前中国国企对检验服务的垄断，提高了中国产品的质量（作者的采访）。截至 2015 年，瑞士通用公证集团在中国设立了四十家办事处和实验室。柯达公司（Kodak）于 1994 年获准接管三家亏损的中国国有企业，致力于中国胶卷行业的现代化。1999 年，柯达公司被中国政府评为"外商投资与国有企业重组的成功典范"（Zinzius，2004，第 142 页）。到 2015 年时，三百多家外国零售企业在中国开始其经营活动（Wang，2009），为中国带来了现代零售业态、营销、广告和采购方式。通过示范、竞争和运营，外资零售企业改变了中国的零售行业，其很多做法为中国零售企业所采用。种种案例表明，外资企业的存在促进了中国经济所有行业的现代化。

培育中国供应商和分销商

外资企业在中国的一大贡献是培养了上下游企业的能力。许多领先跨国企业在开发中国供应商和分销网络方面进行了大量投资，促进了中国整体经济的发展和中国企业的壮大。外资企业将国际标准介绍给中国供应商，把这些供应商纳入其国际供应链，于是，这些供应商学会了不依靠跨国公司网络，而能在国际市场上销售产品。中国现代分销网络的创建不仅促进了中国企业的发展，也极大地改善了中国居民的生活质量。

可口可乐基本上在中国创建了集合作伙伴、供应商和分销于一体的基地。20 世纪 80 年代，可口可乐重新进入中国，发现这里没有合作伙伴，没有供应商，也没有分销渠道，于是着手建立中国本土装瓶公司合作伙伴基地，把它们在装瓶操作方面积累的一流专业知识全部转让给中国合作伙伴。由于中国供应商未能提供符合标准的玻璃瓶，可口可乐选择了五家业绩较好的中国国营玻璃厂，无偿指导它们提高玻璃瓶质量。通过类似的方法，可口可乐又培育了塑料瓶、铝罐、食糖和包装设备方面的中国供应商。许多中国供应商的业务版图在扩大，一方面是由于可口可乐在中国的扩张，另一方面是由于可口可乐供应商这一名号带来的好处，其中有些供应商甚至开始对外出口。根据北京大学与美国研究人员的一项研究的估算结果，截至 1998 年，可口可乐在中国直接创造了约 1.4 万个工作岗位，并通过其瓶装系统和供应网络间接创造了 35 万个工作岗位（北京大学等，2000）。该研究还表明，可口可乐向其中国分销网络的"新一代中国企业家"传授了"具有竞争力的商业做法"，并给批发和零售业增加了 5 万个工作岗位。受益者包括向零售商和小型批发商销售产品的分销企业合作伙伴,以及独立的大小批发商。

外国汽车公司也通过大量投资来改善中国的供应商网络。大众(Volkswagen)、通用(General Motors)及日产(Nissan)等汽车公司进入中国后发现当地生产的零部件质量很差,于是做了很多努力来改善这种状况。例如,大众在中国发展了发动机、动力系统、变速器和汽车座椅业务,这一过程推动了区域汽车零部件产业集群的形成(Vahland,2010)。日产提出了全球通用平台战略,把广东花都工厂建成其全球最大的制造基地,为其中国供应商带来了全球规模经济(广州市政府,2013)。大众、通用、日产及其他汽车公司也鼓励外国零部件供应商在中国进行投资。这些汽车公司还把国际质量标准以及严格的测试和资格认证带到中国,通过合作方式将中国供应商引入全球供应链,帮助中国供应商加强出口能力(Thun,2006,第105页;van Winden等,2006,第104—105页;Nissan,2015)。

外国汽车公司还为中国带来了汽车分销和服务方面的专业知识。大众一直支持发展新经销商来提高销售业绩、营销策划和客户满意度,其经销商网络成员约有三千个之多(大众汽车,2015)。大众汽车金融(中国)有限公司促进了中国汽车金融服务行业的兴起,该公司从事汽车金融、租赁、品牌保险和售后服务等业务,为其合作经销商提供内部交流平台,有力促进了中国汽车金融服务行业的成熟(大众汽车,2013)。日产实施了一系列培训措施,通过案例分享、经验交流以及售后技术与非技术培训,改进经销商运营方式、经销权设计标准、风险管理和服务质量(日产汽车,2015)。上汽通用汽车销售有限公司在中国建立了一流的经销权网络,并有意将该网络进一步延伸到中国中西部地区。在汽车销售金融服务领域,上汽通用汽车金融有限责任公司于2004年8月开业,成为首家在中国进行运营的汽车融资公司。截至2013年年底,通过中国300多个城市的7000多家经销商,该公司已经拥有了120多万名客户(通用汽车,2015)。

除外国制造企业之外,外国贸易公司和零售商也在中国建立了供应网络。利丰集团就是一个例子。作为全球最大的消费品和分销平台之一,该集团要求其轻工业品供应商必须达到严格的成本、质量和可靠性标准。在20世纪80年代和90年代,利丰集团为珠三角、长三角和中国其他地区的数千家工厂提供指导,帮助其达到国际规格,履行承诺并改进生产和工艺管理。此外,利丰集团还给这些厂家传授国际市场知识,甚至金融知识,为中国企业的出口产品提供销售网络和分销渠道。这使中国企业,尤其是生产轻工产品且拥有自主品牌的中小型企业,能够更轻松地供应中国和国际市场,满足瞬息万变的市场需求。一些重要的外资零售商还在中国建立了广泛的供应链。据报道,截至2011年,沃尔玛销售到全球的商品中70%采购自两万家中国供应商(Schell,2011)。

很多行业的外资企业管理者谈及投资中国,其模式一般是在中国投资设厂,确定潜在的本地供应商和合作伙伴，然后与这些供应商和合作伙伴开展广泛合作，使其达到国际标准。外资企业获得的好处显而易见，如更高的质量、更低的成本以及更易获取的投入品。供应商获得的好处则包括获得改进运营方面的帮助，在与其他国内外企业竞争时占有优势（作者的采访）。有时中国企业还可以通过与外资企业合作走上飞速发展的轨道。万达的第一个商业地产开发项目是沃尔玛的项目，当时这家美国公司给万达提供了详细的规格要求、工程支持和零售地产需求信息（Liu, 2009）。此后万达不断发展壮大，最终成为中国最大的商业地产开发商。截至2014年8月，万达开发了约95家大型购物中心，万达的董事长也成了中国最富有的人之一。

一家外资企业的投资可能会给整个供应链带来更多的外国投资。2013年，韩国LG集团在广州科学城投资40亿美元用于生产第8.5代液晶面板，此举创造了1500个工作岗位，使LG成为广州最大的外国投资者。对于广州政府而言，LG是一家颇具吸引力的企业，因为当时LG是世界领先的液晶面板企业，会为广州带来全球最先进的技术。LG在广州科学城的投资在水平与规模上都是世界一流的，这项投资促进了上下游生产商的地理集聚，成为同类投资的典范之作。为了与LG项目离得更近，一些上游生产商在其附近展开了投资活动，如日本电气硝子公司株式会社（Nippon Electric Glass）、韩国大成株式会社（Daesung）、韩国科密公司（Comet）、LG化学公司（LG Chem）和LG伊诺特公司（LG Innotek）等（广州招商网，2013）。

上述只是外资企业在中国培育供应商和分销商的几个例子。这种发展培育产生的结果是使成千上万家中国企业由此涌现或扩大业务，数百万工人获得了就业机会。同时，在这些新建或扩建的中国企业中，有许多具备了相当强的能力，能够生产出符合国际成本与质量标准的产品，并将其销售给中国境内外的其他企业。

为中国带来研发与技术开发

外资企业在中国研发能力提升方面起到了至关重要的作用。外商投资研发是中国创新的重要推动力（Schwag-Serger, 2008）。外资企业所开展的研发活动可从多个层面增强中国的科技能力，具体包括外资企业所做的独立研究、培训研究人员、为当地企业提供示范、提高当地大学和研究机构的能力以及通过竞争产生影响等。这些世界一流公司在中国开展研发活动，通过其国际网络将科技引入中国，由此为中国经济带来了大量溢出效应。这些企业还承担了为中国培训未来企业家和研究人员的功能，这些受训者后来自己创业或进入中国企业工作。外商投资研发还激励了中国企业和企业家进行创新，具体方式有赞助研究项目、实验室、师资和学生奖学金；开设学术、技术和职业教育培训课程；

在特定科技领域建立战略联盟。

普华永道的一项研究显示，2015 年中国成为全球第二大研发所在地，中国境内所有企业（包括外资企业和本国企业）的研发支出总额为 550 亿美元，仅次于美国的 1,450 亿美元。其中，外资企业的研发支出为 442 亿美元（占 81%），包括来自美国企业的 182 亿美元以及来自日本企业的 92 亿美元。该项研究还表明，在 2007 年之前，中国私营部门范围内的研发活动几乎都是由外国企业开展的（Jaruzelski 等，2015）。因此，外资企业一直是中国私营部门研发的主力。但我们也看到，中国国家统计局数据显示，2010 年全国大中型工业企业研发经费总支出为 4,015 亿元人民币（约合 580 亿美元），其中外资企业支出为 691 亿元，仅占 17%。[2]

1999 年，外商投资在中国境内设立的研发中心的数量尚不足 30 家，2004 年增加到了 600 家，2013 年和 2015 年更是分别增至 1,300 多家及 1,500 多家，2020 年有望实现 20% 的增长（Abrami 等，2014；Jolley 等，2015；Yip 和 McKern，2014）。在此期间，跨国企业在中国研发工作的重心也在转变，起初是为当地企业提供低成本支持，后来是开发技术满足当地需求，再后来转向了基础研究。2014 年的一项针对中国境内国外研发中心的调查显示，调查对象中 18% 致力于低成本研发，54% 致力于市场驱动型研发，18% 则致力于在中国发展"重大科学技术知识"（Jolley 等，2015；Yip 和 McKern，2014）。这些企业的研发兴趣非常广泛：开发、应用性研究以及越来越受重视的基础研究。处于第三研发阶段的跨国企业大都来自制药行业，也有来自化工与电子行业的，这些都是中国政府五年规划中的重点行业。

外商在中国投资进行的研发产生了直接社会效益，造福了中国人民。医疗保健和替代能源是中国的两大重点发展领域，也是外商投资研发起到突出作用的两个领域。2010 年，通用电气公司（GE）宣布将于三年内在中国投资五亿美元，"增强其在中国的研发和创新能力，在医疗保健领域开创新技术"，涉及超声波、CT 扫描和患者监测系统等方面（Chen，2010）。阿斯利康中国创新研发中心（AstraZeneca's Innovation Center China）聚焦于胃癌和肝癌等亚洲常见疾病，旨在提高中国和亚洲其他地区的癌症治疗标准（Teo，2012）。罗氏中国（Roche Pharma China）已获准向美国出口一种中国制造的抗癌药物，希望通过此类出口促进中国制药业的发展（Wang，2011）。位于北京的默克雪兰诺（Merck-Serono）生物制药研发中心重点开发中国癌症和神经退行性疾病的早期检测和个体化药品，并与中国监管部门、学术机构及其他研究机构建立联系（默克雪兰诺，2011）。减少化石燃料的使用是中国政府的工作重点之一，而西门子和通用电气等公司通过风力涡轮机、风力发电厂和中国电网管理研究，致力于推动中国可持续发电事业的发展（Bullis，2010）。

位于中国的外国研发基地的国际地位也在不断上升。2015 年《在中国的欧洲企业信心调查》显示，25%的受访企业表示在中国内地至少设有一个研发中心。在中国设有研发中心的企业中，有71%称在中国设立研发中心的"主要目标"是"根据中国的市场需求调整产品或服务"，有62%是为了"提高研发成本竞争力"，有59%是为了"利用本地人才库"（该调查问卷允许多选）。其中25%的企业表示，其中国研发中心的创新水平与其全球/区域研发中心相当，有15%的企业预计，其中国研发中心的创新水平将会在不久的将来赶上其全球/地区研发中心。根据这些公司的报告，外资企业中国研发中心创新水平基本与其全球或区域研发中心创新水平相当的行业分别为专业服务（60%）、能源和公用事业（50%）、IT和通信（44%）以及医疗/制药（44%）（Wang等，2013）。

越来越多的外资企业开始在中国设立区域或全球层面的研发中心。瑞典发展政策研究所（ITPS）主办的一项研究估计，2006年已有三十到四十家外资企业在中国设立了全球研发中心（Schwag - Serger，2008）。2014年，赛诺菲—安万特（Sanofi - Aventis）将其位于上海的中国研发中心升级为亚太研究中心。该中心负责协调亚太地区12个国家研发中心的活动（Ding，2014）。位于上海浦东的巴斯夫（BASF）亚太区创新园（2004年投入使用，2014年进行扩建）是巴斯夫在亚洲地区最为重要的研发基地，也是其在德国之外最为重要的研发基地之一（巴斯夫，2014）。2008年，IBM在上海设立了中国开发中心，将其定位为服务于金砖四国及其他快速发展地区的研究平台。截至2015年，IBM中国开发中心一直为世界市场开发软件产品（Shih等，2012；IBM，2015）。2009年，诺华（Novartis）宣布将投资10亿美元，将其上海研发中心升级为全球研发中心（《中国经济评论》，2009）。1998年设立于北京的微软研究中心的宗旨为"中国智造，慧及全球"（麦肯锡公司，2015）。2010年时，微软已经将北京作为其在美国境外的全球研究中心。2009年，拜耳先灵医药股份有限公司（Bayer & Schering Pharma）在北京设立研发中心，将该中心定位为该公司的全球研究中心（Tselichtchev，2011）。

外资企业正将中国引入全球研发网络，这是中国企业自身无法做到的。位于上海的通用汽车前瞻技术科研中心的研发活动，既有针对中国业务的，也有针对全球业务的（Leibowitz和Roth，2012）。2015年7月，通用宣布将与中国的国有企业上汽进行合作，彻底改变通用为发展中市场设计和制造汽车的方式。据报道称，这一举动代表"汽车制造商在中国开展的首个面向全球市场的重大开发项目"（Stoll，2015）。百事可乐（PepsiCo）2012年在上海设立的创新中心是该公司在北美以外最大的研发中心，也是该公司在中国和全亚洲的产品、包装和设备创新中心（彭博社，2012）。该中心旨在与世界各地的百事研发中心合作，推动亚洲以外的百事研发机构实现突破。截至2014年，西门子在中国雇用了4500多名研发人员和工程师，设立了二十个研发中心，拥有一万多项有效专利和专利申请。在中国，西门子既为中国市场设计和开发产品与解决方案，也为全球市场开发技术（西门子，2015）。

开展研发、建立本地联系及促进企业衍生

外资企业与中国的大学和研究机构建立了各种联系，并促进了许多企业的衍生发展。具体而言，有数百家外资企业与中国的大学和研究机构建立了合作研究关系。比如，西门子与中国两百多所高校建立了联系，帮助这些高校建立实验中心，并设立科技交流奖学金。西门子与清华大学签署合作协议，帮助其建立了知识交流中心（CKI），促进了人才发展和科学信息交流（清华大学，2015）。2011年，西门子与中国教育部签署了合作备忘录，就促进中国工程教育发展开展合作。西门子目前正帮助中国大学和职业学校培养工程专业人才，将其在工业技术、培训项目和系统方面的经验贡献给中国（西门子，2011）。

汽车公司也在中国建立了各种研究合作关系。福特汽车（Ford Motors）早在20世纪80年代初就开始与中国的教育和研究机构进行合作，并于1994年设立了福特中国研发基金。2007年，福特汽车与南京航空航天大学和上海交通大学建立了战略联盟，并在南京航空航天大学设立了福特材料科学教授讲席。2008年，福特汽车与重庆大学在汽车技术领域建立战略联盟。截至2008年，福特汽车与中国二十个多个城市的研究与教育机构合作开展了一百多个项目（福特汽车，2008）。丰田汽车公司（Toyota Motor Corporation）于1997年开始与清华大学联合开设技术课程，并于2003年进一步加深合作，在清华大学的实验室开展联合研究。2011年，丰田汽车公司签署了清华大学—丰田研究中心第二期五年合作协议，就环境科学、能源、汽车安全技术和材料科学展开联合研究（丰田汽车，2011）。

外资企业的研发投资也带来了中国本土企业的衍生发展，中国的领先科技园——中关村科技园就是其中最典型的例子。截至2005年年底，中关村聚集了五十多所大学、一百多家研究机构和三分之一的中国国家实验室，这些机构的研发支出占中国研发支出总额的五分之一。IBM、微软（Microsoft）、贝尔实验室（Bell Labs）、富士通（Fujitsu）、英特尔（Intel）、摩托罗拉（Motorola）和甲骨文（Oracle）等跨国公司从1995年就开始在中关村建立研发中心。美国国家经济研究局发布的一项研究表明："20世纪90年代后期，进入中关村的中国企业的数量飙升，这正好也是跨国公司大量进入中关村并决定建立研发中心的时期"。实地采访表明，这种现象并非巧合：跨国企业已成为"中关村高速发展的关键因素"。跨国企业的中国存在，尤其是其研发中心的存在，"深刻改变了中国IT产业的格局和商业机会"（Cai等，2007，第7页）。

跨国企业的研发活动能够促进当地的创业活动，因为这些研发可推动当地企业进入同一行业，带动初创企业开展研发活动。我们发现，知识传播的具体

机制包括：在外资研究中心内部"边干边学"；外资企业与国内机构之间的企业间研发合作；外资企业将任务外包给国内企业时提供技术援助（Cai 等，2007，第 25 页）。德信无线是中关村科技园的一家国内手机软件公司，其创办者是前摩托罗拉销售经理和十几名离开摩托罗拉的设计师与工程师。他们将其多年在摩托罗拉积累的技术、能力和客户带到了新公司。慧点科技也是一家在中关村科技园内运营的国内公司，为企业提供办公自动化、电子政务工作和信息管理方面的解决方案和服务。该公司决定在 IBM 软件平台上构建其解决方案和服务，并从与 IBM 的战略合作中获益。神州泰岳软件是另一家创办于中关村科技园的中国公司，该公司"与 BMC 软件公司、惠普公司和 IBM 等跨国产业领袖建立了持续强大的研发伙伴关系与外包合作关系"，并从中"获得了独特的优势"（Cai 等，2007，第 8—9 页）。

帮助改善商业做法与标准

外国企业在帮助改善中国内地商业做法与标准方面发挥了重要作用，蓬勃发展的会计行业和管理咨询行业即为其中两个典型案例。

新中国成立后，此前引入的会计和审计行业走到了终点，因为人们认为，在国家控制生产资料的体制下，这两个行业没有存在的必要。然而，在中国向外商投资敞开大门后，人们开始需要会计和审计行业，以满足投资流入、中外合资经营企业建立和国内股票市场发展的需要。20 世纪 80 年代，数家世界领先的会计和审计公司（当时为六大会计师事务所）纷纷在中国设立代表处。20 世纪 90 年代初，中央政府批准这些事务所与国有"实体"成立合资企业，所谓的国有"实体"通常只是政府指派的一名大学教授。这些合资企业从零开始创业，引进高级人才、培训人员，编制执业指南。他们还把具有潜质的中国专业人才送往美国和英国学习经验，这些专业人才中就有中国监管机构中国注册会计师协会未来的会长和合资企业安永中国未来的董事长（Deng 和 Macve，2015，第 33 页）。此外，这些企业引进中国香港的注册会计师管理其在中国内地的公司，以致中国内地会计行业至今都深受香港方面的影响。

大型外资企业与国际专业机构共同促成了中国会计标准的建立，包括概念框架、会计和审计实施细则、财务报表关键要素等。例如，1993 年德勤担任中国财政部的顾问，向其提供会计准则制定方面的咨询服务。大型会计公司的合伙人长期在财政部会计准则委员会这样的专业机构中发挥领导作用，推动了中国会计职业与行业标准的制定。随着国内会计师事务所的发展与完善，中国政府采取了一系列措施，确保国内事务所主导市场，支持国内公司与小型国际公司合作，鼓励中国企业聘用国内审计师和会计师。

在中国改革开放初期，六大会计师事务所对外国企业在中国的投资的过程中起到了重要作用，因为外资企业计划在中国建立子公司时，要求六大所的管理层直接进行审计。这些事务所在中国国有企业部分私有化的过程中也起到了关键作用，促使中国企业开始采用国际认可的公司治理形式（如非执行董事、双层董事会和审计委员会），开展专业审计。在中国国内会计和审计公司发展的过程中，四大会计师事务所成为重要的推动力，许多国内公司是由曾在四大所中国公司中受过培训的专业人士创建的。

在20世纪90年代之前，中国几乎没有管理咨询服务业。原先的咨询项目大多集中在工程、建筑和科技领域，而且这些项目是由政府指派的。20世纪80年代，外国管理咨询公司开始以非正式形式进入中国内地；20世纪90年代初，这些公司开始设立分支机构。[3]外国咨询公司将管理咨询的概念和业务引入中国，带来了可供中国企业模仿的商业模式，创建了客户群。中国管理咨询服务业最初的客户是外国跨国公司及其合资企业。20世纪90年代后期，来自国外公司的竞争加剧，国内私营企业大量涌现，国有企业意识到需要提高效率。随着中国客户对咨询服务需求的增加，外国咨询公司的主要客户群转变为中国企业（作者的采访）。

外国管理咨询公司所作的贡献体现在各个方面。这些公司以商业存在和提供建议的方式，为外资企业进入中国和在中国扩大业务提供了便利。得益于外国管理咨询公司的存在，中国企业更快地掌握了国际最佳的商业策略和经营方式。外资企业引入了众多先进的管理工具和流程，如ISO认证、六西格玛（Six Sigma）以及现代人力资源实践。此外，在培养第一代中国管理顾问方面，外国管理咨询公司也发挥了关键作用。在外国管理咨询公司的分支机构里，内地从业者学到了作为成功管理顾问所需的顶级专业技能和业务知识。中国许多领先管理咨询公司的创始合伙人都曾在世界一流的国际管理咨询公司工作过，他们的业务技能正是在此期间获得的。

就提高中国的商业做法和标准而言，会计和管理咨询专业化确实非常重要，但本项目采访的这两个行业的管理者表示，领先外资企业在其日常运营中所做的示范更为重要。这些企业带来了管理系统、人力资源管理系统、培训系统、质量控制系统以及其他做法，从多方面促进了中国的发展，具体包括帮助中国企业提高了生产力，培养了前往其他国家发展的人才，为中国企业带来了上述先进做法，使中国企业能够学习模仿，甚至有一些中国企业在消化这些知识后，凭借自身实力发展为业界领袖。按照受访者的说法，当时人们认为，如果外资企业能在中国高效经营，那么中国企业也能做到，这种观念带来的影响不容小觑（作者的采访）。

促进中国金融体系的完善

中国金融业因外国跨国公司的活动而显著改善，中国整体经济亦从中受益颇多。

"六大"（后来为"四大"）会计师事务所在中国资本市场的发展过程中起到了至关重要的作用。正是由于它们提供的专业技术，中国的投资环境得以改善，上海和深圳证券交易所得以通过资本化成为世界排名第七和第九的交易所（Deng 和 Macve，2015，第4页和第34页）。外国会计师事务所一直都在促进中国资本市场的发展和规范形成。"四大"的长期公共服务合作伙伴包括中国证券监督管理委员会、中国银行业监督管理委员会、上海证券交易所上市委员会及中国并购公会（德勤，2012）。此外，由于有了主要国际会计师事务所的"批准印章"，中国企业获得了进入国际资本市场的通道，进一步促进了中国本土公司的发展。

中国银行业也从外资企业那里获益良多。多项计量经济学研究发现，外资银行的到来使银行业的竞争更为激烈，使中国银行的业绩得到提高（张翔睿和裴志伟，2015；陈雄兵和陈子珊，2012；李伟和韩立岩，2008）。外来竞争提高了中国银行的效率，改善了本地银行的信贷易获得性，对国内的风险管理产生了积极影响（张金清和吴有红，2010；毛泽盛等，2010；吕剑，2006）。在中国实行经济开放的最初几年里，外资银行的活动受到极大限制，但是，来自外资银行的竞争依然促使中国本土银行进行金融创新。2001年中国入世后，外资银行能够持有国内银行最多25%的股份。外国金融机构以少数投资的方式向银行业大量注资，中国国内银行通过首次公开募股融资数十亿美元。自2001年年底开始，外资银行分行与办事处进入了快速增长期，外资银行的参与被视为中国银行业改革不可或缺的部分（Hope 等，2008，第5页）。

外资银行将专业管理知识输送给其在中国的新合作伙伴。花旗银行向上海发展银行派遣了一名高层管理人员，将矩阵管理结构引入上海浦东发展银行，帮助其建立了产品和服务创新激励机制。得益于从花旗银行学到的个人理财知识，上海发展银行成为中国首家发行本国货币信用卡的银行。高盛集团（Goldman Sachs）向中国工商银行提出了一系列建议，促使其采取措施加强风险管理，并将业务扩大至衍生品、货币市场基金和离岸资本管理等领域。美国银行（BOA）支持中国建设银行升级其系统和业务，调派大量专业人员协助其改进国际业务、客户服务、零售业务、电子银行业务以及信息、人力资源及资产与负债的管理。由于文化冲突、积习影响及合作各方之间的争议，有些中外合作遇到了一些困难。合作过程中出现的这些问题，全球金融危机期间某些外国控股银行的最终撤资，都说明在持有少数股份的情况下，很难带来重大管理变革（Hope 等，2008，第20页）。但是不管怎样，中国国内银行都从国外投资者身上学到了很多东西。

在20世纪80年代以前，风险投资（风投）在中国还是一个陌生的概念。中国国内首批风投公司由政府和大学共同支持，其重点是享受扶持政策，而非打造营利性企业（White 等，2002）。20 世纪 90 年代初，包括 IDG 资本（IDG Capital Partners）在内的少数外国风投公司进入中国。由于中国在募资方面的限制性规定，当时进入中国的大部分外国企业都采取了与中国国有企业建立合资企业的形式，不过到 20 世纪 90 年代末的时候，有许多公司以独立身份进入中国。到 2001 年时，活跃在中国的有数十家外国风投公司，包括 IDG 资本、日本软银（Softbank）、高盛集团、华登国际（Walden International）、汉鼎（H&Q）、英特尔投资（Intel Capital）、亚洲战略投资管理公司（ASIMCO）等。根据亚洲创业投资期刊（AVCJ）的统计（2001），1991 年中国风险投资额达 1,600 万美元，1992 年达 5.83 亿美元，1995 年达 6.78 亿美元。1991 年至 1997 年间，由于中国禁止个人及非国有企业进行私人募资，中国企业获得的风投资金中有 97% 来自外国风投公司。市场不断增长，加上第一批中国企业在国外进行首次公开募股，这些公司提供退出机会，从而刺激了外国风投公司的投资活动（作者的采访）。外国风投公司纷纷与中国的国有企业建立合资企业，在中国进行风险管理，这些国有企业大都握有必要的关系网，能够铺平道路，找到交易机会。

20 世纪 90 年代后期，经济改革进一步发展，促使新一波风险投资涌入中国。另外两个因素也起到了推波助澜的作用，一个是纳斯达克（NASDAQ）的扩张，另一个是外资空壳公司能够控制中国企业实体的机制。越来越多的外国风投公司在没有本地合作伙伴的情况下独立运营，它们的投资重点从低技术含量的国有企业转向新兴的私营高科技企业，这些企业中有很多最终在纳斯达克成功上市（Zeng，2004）。在这一时期，很多外国风险资本帮助中国私营企业解决了筹资困难问题，因为当时中国的政策偏向于通过国内银行部门和股票市场为国有企业融资（作者的采访）。截至 2005 年，据估计，风投公司大约为中国投资基金筹集了 12 亿美元，同年约有 250 家外国风投公司和 250 家本土风投公司活跃在中国，但前十大投资者中有八家为外国风投公司（Liu 等，2006）。

2014 年，新设立的专注于中国市场的风投基金达到 258 支，这些基金计划筹集 190 亿美元的新资金。通过首次公开募股或并购方式，退出中国公司的风险资金达 136 亿美元（清科集团，2015；安永会计师事务所，2015）。中国风险资本市场已经成为仅次于美国的世界第二大风险资本市场。中国风险投资业为找不到资金源的中国初创企业（尤其是科技型新创企业）提供了大量资金，大大推动了中国科技的发展。到 21 世纪最初几年时，中国境内已有数百家本土风投企业；中国的风险投资环境仍然与其他国家存在很大不同。尽管如此，在发现具有潜力的中国企业并为其投资方面，外资风投公司依然发挥着极其重要的作用。此外，许多曾经在美国大型风投公司工作过的中国人也在国内投资者的支持下建立了自己的基金（作者的采访）。

促进管理、培训和教育的现代化

在中国引进现代管理培训和教育方面，外国教育机构与公司发挥了重要作用。早在1980年就有一批中国官员和学者访问了美国几所商学院，评估西式商业教育能否引进到中国。在此之前，中国国内的商业教育尚处于初步阶段，更侧重于工厂运营和工程问题。这些访问人员归国后建议在中国设立西式管理教育，之后，中国与美国商务部以及欧共体委员会签署了协议，设立探索性的项目。北京的中欧管理学院（CEMI）和美国赞助的一个大连培训项目都是这些协议的成果。这两家机构于1984年开始提供西式MBA课程。中欧管理学院最终迁至上海，并于1994年重组为中欧国际工商学院（CEIBS）。截至2015年，中欧国际工商学院75%的教师为外籍教师，培养毕业生共1.7万多名，培训经理人10万多人次（中欧国际工商学院，2015）。1990年，中国提供MBA课程的机构共有9家，它们或者独立办学，或者与外国机构合作办学。1993年，这些机构增至26家，1994年增至35家，1997年增至56家，2004年增至90家（Goodall和Warner，2009）。

类似的项目机构最后达到了数百家，大部分都有外国机构的参与。有几所欧洲学校与上海交通大学一起参与了中欧国际工商学院的项目。北京大学光华管理学院由一家中国香港基金会赞助，并以该基金会的名称命名。截至2015年，北京大学光华管理学院与11所外国大学建立了合作项目；上海复旦大学商学院与12所外国大学建立了合作项目，与83所外国大学开展了学术合作（作者的采访）。在大多数合作项目中，外国合作伙伴提供了大部分课程和教员。中国学校也开始寻求国际认证。截至2015年，有12所中国商学院获得了美国认证机构国际商学院促进协会（Association to Advance Collegiate Schools of Business）的认可；有15所获得了欧洲认证机构欧洲质量改进体系（EQUIS）的认可（国际商学院促进协会，2016；欧洲质量改进体系，2016）。

外国企业还是在中国建立企业大学的先驱者。摩托罗拉大学于1993年成立，为摩托罗拉的员工、客户、供应商、合作伙伴以及一些中国官员提供管理和技术方面的培训。2005年，摩托罗拉大学与21所中国大学了签订协议，为这些大学提供高级工商管理硕士和工商管理学博士课程。爱立信中国学院于1997年成立，与中国及西方教育机构、行业专家和培训公司合作，在北京、重庆、广州和香港开展培训项目，后来也开始授予MBA学位。西门子也于1997年在中国创办了西门子管理学院。还有其他一些外国企业在中国设立了企业大学，包括诺华、宝洁（Procter & Gamble）、通用电气、IBM、安利（Amway）、麦当劳（McDonalds）、新世界（New World）和惠普（HP）（Liu，2009b）。随后，中国企业开始效仿创办企业大学。截至2011年，约有80家国外企业和320家国内企业在中国创办了企业大学（前瞻商业资讯有限公司，2015）。这些企业大学大多提供西式管理培训和教育。

还有几家外国企业提供具体的业务培训。例如，波音公司（Boeing）在中国做了大量工作来提高航空业标准，加强培训，具包括提高航空安全、改善航空质量实践、加强业务与主管人员培训及技术支持等。自1993年以来，波音公司与当地中国客户、监管机构及政府部门合作，免费为近五万名中国航空专业人员提供了强化专业培训。培训涵盖了驾驶技术、航空运作、维修工程、管控、空中交通管理、行政管理、航空公司管理与营销、制造、质量保证、金融和工业工程等领域。2012年，波音公司建立了"波音学院"，拥有了在中国开展培训活动的中心平台（波音公司，2015；Liu，2009；Cliff等，2011）。

经过多年的发展，中国的企业培训和管理市场已经变得极为庞大。虽然缺少权威来源，但大概有好几万家公司在开展培训和管理业务及相关咨询活动。与企业大学一样，这类公司提供的大多也是西式管理发展培训与教育。

外国企业和实体对中国的管理培训和发展产生了极大影响。外国大学和企业是将现代管理教育和培训系统引入中国的先驱。对于已经设立的中国、外国及合作教育机构而言，外国企业也是它们的主要客户，影响着课程与项目的开发。最终，在与外国企业竞争的过程中或在学习外国企业商业实践典范的过程中，许多中国企业通过与外部供应商合作或通过自身活动，开始对管理发展与培训进行投资。

将区域和全球化管理引入中国

许多外国跨国公司通过将区域总部、业务部门总部和其他高级公司职能部门设于中国的方式，将中国整合到区域和全球化管理中。一般认为，总部公司有利于在东道国进行管理和协调活动，但其带来的利益还远不止于此。区域和业务部门总部能通过多种方式将东道国的经济与国际网络连接起来。就中国的情况而言，这些总部为中国带来了顶尖的企业决策者和高素质人才，吸引了世界一流的供应商，加强了周边服务支持结构（Enright，2005）。跨国公司在中国设置区域和业务部门总部，巩固了中国作为区域和全球管理中心的地位。中国员工由此能更多地接触国际网络，中国企业也能更容易地进入跨国公司的国际网络。

跨国公司设在中国的总部一般负责亚洲或亚太地区事务。这类总部在数量上出现过两次大幅增长，一次是在中国入世之后，另一次是在全球金融危机期间以及危机结束之后。阿尔卡特（Alcatel）是首家在中国内地（上海）设立亚太地区总部的外国跨国公司。据上海市商务委员会的统计，截至2012年9月，上海约有60家负责亚洲或亚太地区事务的区域总部，是中国内地拥有最多区域总部的城市（He，2013）。2014年，39家外国跨国公司在上海设立新的区域总部，其中"30%以上"为负责亚太地区事务的区域总部（作者的采访）。根据以上数据可合理预计，到2015年年中时，仅在上海就会有100多家亚太地区区域总部。我们注意到，上海对区域总部的定义非常宽泛，因为其宣布截至2014年12月，上海已有484家此类区域总部（Wang，2014）。

除了直接设立区域总部外，外国企业有时还会将其中国总部升级为亚洲或亚太地区区域总部，或者将其区域总部从其他地区迁至中国，一方面是因为中国市场非常重要，另一方面是因为距离顾客越近就意味着顾客的感知利得越高。2009年，福特汽车公司将其原本位于曼谷的亚太与非洲地区总部迁至上海，涉及制造、产品开发、采购和公共关系责任等部门（Hille和Jacob，2011）。2012年，阿斯利康将其亚太地区总部从新加坡迁至上海，诺基亚（Nokia）将其区域总部从新加坡迁至北京。2015年，亚什兰（Ashland）将其中国办事处指定为亚太地区总部，因为位于上海的中国办事处能为其在亚洲的其他实体"提供重要的共享服务，如金融、法律、人力资源、通信和信息技术等方面的服务"（亚什兰，2015）。

还有另外一种情况是，外国企业将其全球业务部门总部或全球运营总部设在中国，由此为中国带来了世界一流的技术和能力。2006年，ABB公司在上海设立了其机器人业务全球总部（业务价值17亿美元），意在帮助在中国运营的外国和本土企业提高自动化水平和竞争力（ABB，2006）。2006年，IBM将其亚洲总部从东京迁至上海，2008年在上海设立了"新兴市场"总部，负责亚太（不含日本）、拉丁美洲、俄罗斯、东欧、中东和非洲地区事务，此举给中国带来的不仅有全球管理与协调技能，还有涵盖拉丁美洲、亚洲和中国这些新兴市场的第一手知识（《上海日报》，2008；IBM，2013）。2011年，拜耳材料科学公司（Bayer Materials Sciences）将其聚碳酸酯业务全球总部从德国勒沃库森迁至上海，把"成本领先和创造性思维"知识引入中国（拜耳，2011，第5页、第32页）。同年，罗氏中国宣布上海将成为该公司继巴塞尔和旧金山之后的第三个全球战略运营中心（Wang，2011）。通用电气公司也在2011年将其医疗保健全球X射线业务全球总部从美国迁至北京（Burkitt，2011）。这些举措同样也为中国带来了全球领先企业的管理与协调技能，使当地企业获得了溢出效应，使高端服务需求增加。

外国企业把区域或全球总部设在中国的举动表明，它们越来越认识到中国不仅是市场和供应来源，也是重要的管理中心。将总部设在中国能加强管理发展，增加先进支持服务需求，使中国员工和企业能更轻松地进入国际网络。

推动法律与监管制度改革

外国投资者和投资机构在中国法律、监管和制度体系的演变中发挥了重要作用。中国领导人作出了关键决策，而外国投资者和投资机构则提供了背景、信息、技术援助和国际通用做法。许多中国人都认为，有必要建立管理外国投资的法律框架。1991年，发表于《北京国际贸易问题》（《国际贸易杂志》）上的一篇文章指出：

> 我国应健全和完善涉外法律制度。法律制度完善与否，通常是国际上除政局外，衡量一国投资风险程度最重要的参数。外资企业是我国企业群体中的特殊部分，其经营管理方式与国内企业有较大差异。健全的涉外法律环境是确保外资企业"进得来、留得住、站得稳"的关键（邓建勤，1991，第67页）。

从中国外资管理法律制度的演变，可以看出中国领导人与外国投资者之间的权衡关系（Fu，2000；Wilson，2009）。对中国领导人而言，需要在外资带来的潜在利益和丧失国家主权的感知风险之间进行权衡；对外国投资者而言，一方面是在中国市场经营可能获得的收益，另一方面是因不确定的法律与监管制度而产生的风险，需要对此加以权衡。对外国投资开放经济，也就是对中国严格控制范围之外的实体开放经济，这意味着要建立法律体系和监管制度来管理这些实体的活动。美中贸易全国委员会等组织通过"法治"项目提供技术协助，与外国律师事务所一道为中国官员传授商法国际规范。国际规范并非因为其是国际的而重要，而是因为这些规范在全世界范围内经历了一个发展演变的过程，能够满足政府与企业的要求，既能为政府提供足够的治理权，又能为企业投资行为提供足够的保障。

在改革开放初期，中国领导人试图通过各种方式降低风险，如限制外商投资的地理范围与行业，规定外商投资的组织形式，这使得投资集中于低报酬的劳动密集型领域，投资者大多来自中国香港和台湾（它们能更好地应对当时投资中国的不确定性和模糊性）。同时，中国还利用合作经营的方式尽可能地减少外国企业的介入。然而，这些限制导致中国无法吸引来自先进国家的大规模资金或高技术水平的优质投资。如果想吸引此类投资，就必须进行改革，使中国所希望吸引的企业和投资项目能获得更多的机会，面对更小的风险。对先进技术投资的渴望也是促成法律变革的重要因素，允许外商设立独资企业（WFOE）的法律也由此得以颁布。作为回报，外商独资企业理应让中国受益，比如转让先进技术给中国，帮助中国实现环境目标或其他目标，或将企业生产的50%以上的最终产品出口海外（国务院，1990）。

为了加入世界贸易组织，中国需要与各国政府谈判，而这些国家的企业极大地影响着其政府的立场。为符合入世协定，中国基本上需要修改其所有的商法。值得注意的是，中国领导人这样做并不是为了外国企业，而是为了实现其预定的产业发展目标（更多的贸易机会），推进发展经济和增强国力所必需的改革议程。因此，虽然外资企业对中国的法律和监管制度沿革产生了影响，但这种影响是通过多种方式间接形成的，比如提供不断发展的替代模式；加强竞争，迫使中国企业提高效率；在按照中国的希望进行投资时，表达企业的需要；提供技术援助和信息助力中国转型。

中国商事仲裁的发展也体现了外国企业与中国监管和法律体制之间的相互影响。在中国进行改革开放的初期，许多外国企业坚持认为，商事纠纷应在中国内地之外的地点进行仲裁解决。1987年中国加入了《承认及执行外国仲裁裁决公约》（《纽约公约》），根据该公约，中国法院有义务执行在另一缔约国领土内作出的仲裁裁决，这成为中国法律发展史上的里程碑。中国国际经济贸易仲裁委员会不断制定规则，以符合联合国国际贸易法委员会《国际商事仲裁示范法》所建议的规范。通过中国国际经济贸易仲裁委员会，中国为在中国的外国企业建立了合同纠纷解决替代制度。相比中国的司法制度，替代制度更加接近国际标准，实行替代制度也避免了中国司法制度的突然改革。中国国际经济贸易仲裁委员会已成为世界上最繁忙的仲裁中心之一。以前有批评认为，中国国际经济贸易仲裁委员会对外国当事人持有偏见，这种批评带来了显著变化，比如在中国国际经济贸易仲裁委员会的仲裁员名册上，外籍人士的数量增加了，其他一些举措也在向国际标准靠近（Wilson，2009）。

就业制度也受到了外国企业的影响。在改革之前，中国国有企业采用的是终身雇佣的"铁饭碗"政策，这导致人浮于事，生产力发展受限。中国领导人认识到，从发展的眼光来看，这种制度不具备可持续性。而且，外国企业进入中国之后，在国家不是雇主的情况下，必须建立劳资关系管理机制。劳动合同的制定是一个反复的过程，在此过程中，外资企业会指出哪些条款可行，哪些条款不可行。中国香港和台湾企业最早是在深圳获得了成功，因为深圳的劳工政策比其他地方更为灵活，这导致许多人把注意力放在这些企业的高度市场导向的政策上，把这些政策视为模板，在全国推广。随着时间推移，这种观点有所改变：中国领导人越来越重视绩效薪酬制度（也就是大部分美国公司所采用的制度），将这种制度作为中国国有企业用人制度改革的方向（Wilson，2009）。

外国企业与机构对中国的法律和监管制度产生了深远影响，这种影响远大于中国的法律和监管制度对外国企业的影响。中国管理本土企业的许多法律规定，乃至中国整个国内经济，在中国与外国企业反复往来的背景下发展起来了，这还是第一次。

促进中国的环境保护与可持续发展

环境可持续性是中国领导层希望实现的一个重要目标。"十二五"规划明确指出,营利性实体、国有企业与非营利性组织共同合作,履行促进可持续发展的职责,重点是利用创新将可持续性注入商业模式、流程和产品之中(Zadek等,2012)。在公众持续关注对环境退化、环境观察团体不断努力及政府标准日益提高的背景下,可持续发展成为各行各业公司的首要任务。多边机构和外国企业在这方面为中国作出了重要贡献(Gucovsky,2004,第354页)。对环境标准和技术作出贡献的跨国公司通常拥有可持续性的国际公司政策,是世界企业永续发展委员会(WBCSD)等组织的活跃分子。这些跨国公司有英国石油公司(BP)、康宁(Corning)、力拓(Rio Tinto)和壳牌(Shell),还有伊尔姆环境资源管理咨询公司(ERM)和西图(CH2MHILL)等环境服务公司。

企业对环境的影响程度不同,其所做的可持续发展努力通常也不同,化工产品、重工业产品或消费品生产企业与服务提供企业的工作重点肯定不一样。例如,全球最大的化工公司之一巴斯夫在中国和亚太地区的战略核心是通过创新促进可持续发展。巴斯夫还是全球首批建立内部可持续发展委员会的公司之一,设立了巴斯夫大中华区可持续发展委员会,同时,巴斯夫也是中国可持续发展工商理事会的联合创始人之一。壳牌为合资企业中海壳牌石油化工有限公司提供了世界领先的技术,以实现环保高效的石油化工产品生产,并且利用其专业知识为中国市场开发燃料和润滑油,以提高燃料效率,减少排放(壳牌,2015)。英国石油公司位于珠海的石油化学工厂引入了多项新技术,如循环水、热量回收和发电。该公司估计,与使用常规技术的同类工厂相比,珠海的精对苯二甲酸装置能减少约75%的废水排放,65%的温室气体排放和95%的固体废物。该公司的第三期开发工程已于2015年完成,将带来更高的效率收益(英国石油公司,2015)。

在汽车行业,通用汽车公司在中国的可持续发展活动主要集中在如下领域:开发绿色产品和绿色系统、加强环境保护、提高环保意识。通用中国努力"建设绿色供应链",创造"更环保、更安全和更健康的社区"。该公司赞助了"回归·栖息地"自然保护区环保公益项目,支持华东地区的湿地保护活动(通用汽车,2013)。在能源方面,西门子建立风力发电厂,努力创新,推动中国的可持续发电事业。西门子与中央政府开展基础设施建设与城市发展领域的合作,致力于将北京打造为可持续发展的城市。西门子还在中国建立了一家新投资公司,即西门子创业投资公司,开展人民币风险投资业务,支持创业活动。

自2003年以来,索尼仅从其认定的"绿色伙伴"供应商处采购部件,并将此作为一项全球政策(索尼,2015)。索尼中国实施了一套覆盖整个价值链的项目组合政策，推动索尼自身与供应商之间及供应商与供应商之间共享经验做法，切实履行环保责任（Lee 等，2014，第 28 页）。松下中国以实际行动支持《京都议定书》清洁发展机制的实施，并资助各类回收项目。为成为绿色创新型公司，松下中国也做了很多努力，比如在北京设立松下中心，提供与客户交流的平台，让客户表达其兴趣和需求。联合利华在环保方面所做的努力也十分突出，它们为顾客开发环保型产品，如浓缩型低温洗涤剂和小号气溶胶等，以实现其可持续生活计划（2010—2020 年）中制定的目标，即使联合利华在中国的收入翻一番，使"生产和使用联合利华产品的环境足迹"减少一半（Rees，2014）。

在银行业方面，汇丰集团（HSBC Group）根据国际领先标准制定了"可持续性贷款政策"，用于管理某些行业的贷款。汇丰中国通过其信贷与风险管理部门在中国实施"可持续性贷款"政策。贷款申请，尤其是政府政策列出的高能耗高污染行业的申请，需要接受环境风险评估（汇丰银行，2015）。在会计和审计方面，德勤于 2013 年设立了德勤中国可持续性奖，获得联合国开发计划署的支持，该奖项旨在鼓励和认可在中国的跨国公司的最佳可持续性发展实践（德勤全球，2013）。从"十二五"规划开始，上海和深圳证券交易所已采取相关措施，敦促上市公司披露其可持续发展信息（德勤全球，2014）。

外国环境工程公司在改善中国环境标准与做法方面起到了关键作用。例如，西图公司在中国多个行业里表现活跃，包括制药、汽车、交通、政府设施、基础设施、电子和先进技术等行业。西图公司与跨国企业客户合作，确保其工程符合 ISO 标准。西图公司还通过直接提供或举办合资企业的方式，将其专业知识授予大型中国企业。例如，西图公司已为中国平板显示器制造商天马微电子股份有限公司建造了多个平板显示器制造设施。厦门天马项目是"同类中全球最大、最先进的单体工厂"（西图公司，2015）。2006 年西图公司获得总承包资质后，拓宽了其中国业务的服务范围，促进了中国环境工程咨询业的发展壮大。

外国企业给中国带来了可持续设计和建设标准，并在这方面发挥了重要作用。被誉为"美国 LEED 绿色建筑认证之父"的罗布·沃森（Rob Watson）自 1997 年以来就与位于北京的中国建设部合作，共同制定绿色建筑标准和能源准则。截至 2009 年，中国有十四栋建筑物获得了 LEED 绿色建筑认证，其中有十栋为外国企业所建，八栋自用，两栋出租（Lewis，2009）。2006 年，总部位于美国的缤特力公司（Plantronics）为其中国苏州工厂申请了 LEED 绿色建筑认证，成为首家在中国申请该认证的外国跨国企业，紧随其后的是诺基亚、通用汽车、可口可乐和埃克森美孚（ExxonMobil）。再往后，获得该认证的还有美国医疗技术公司史赛克公司的中国工厂、耐克在中国最大的分销厂、强生公司的（Johnson & Johnson's）苏州工厂、百事可乐的四家工厂等等。外资房地产开发商，如美国铁狮门公司（Tishman Speyer）和中国香港的侨福集团（Parkview Group）等，也在中国推行 LEED 绿色建筑认证标准。在外国企业的带动下，

LEED 绿色建筑认证标准在中国迅速推广。2014 年，中国成为美国之外的全球第三大 LEED 绿色建筑认证项目所在国，拥有 1156 项注册和认证项目，认证建筑总面积达 6650 万平方米（Tan 等，2014）。

外国企业利用其影响力，为中国的环境和可持续发展作出了多方面的贡献。除上文所述的举措之外，外国企业还帮助中国树立了可持续发展实践与报告标准。

通过企业社会责任活动做贡献

外国企业给中国的企业社会责任面貌带来了深刻的影响。20 世纪 90 年代，外国企业将企业社会责任的概念引入中国，带来了企业社会责任实践、监督委员会和报告等新事物。英特尔中国（Intel China）和佳能中国（Canon China）是早期企业社会责任实践的引领者，前者提出了企业社会责任 3.0 标准，后者发布了中国首份企业社会责任报告。由于外国企业的中国供应商是首批实施企业社会责任项目的中国公司，通过这些供应商，外国企业为中国的企业社会责任发展作出了间接贡献（亚洲企业社会责任和瑞典驻华大使馆，2008，第 105 页）。正是因为外国企业最初的引进介绍，发布企业社会责任报告如今已成为中国优秀企业的惯例。现在中国政府已经成为企业承担社会责任的主要推动者，开始通过国家立法来强制推行企业社会责任标准和义务。

外国企业在中国开展的早期企业社会责任活动主要是扶贫和赈灾。在 20 世纪 80 年代和 90 年代，中国很多地区的生活水平较低，因此，外资工厂带来的就业机会与收入本身就被许多中国人视为社会福利。后来，环保活动、公司诚信活动和工人权利成为重要的企业社会责任活动。有些企业社会责任活动与企业的经营活动完全无关，或稍微有点关联，而有些企业社会责任活动则与公司的经营活动紧密交织在一起。第一类企业社会责任活动集中在中国企业履行社会责任的传统领域，如在贫困地区建立小学和诊所；为贫困儿童、老年人和残疾人提供外展服务项目以及赈灾活动。第二类活动在近期开展较多，许多公司都开发了与业务范围密切相关的企业社会责任项目。

在教育方面，在中国较为普遍的企业社会责任活动包括建立学校、支教和为农村学生和农民工子女提供奖学金。可口可乐、LG 和宝洁等许多公司参与了希望小学项目，为中国各地的贫困学生建造学校；旨在为中国各地建立图书馆的"图书馆项目"则获得了普拉特·惠特尼集团公司（Pratt & Whitney）等公司的支持。对知识密集型行业的公司而言，高标准的高等教育是投入重点，接受过高等教育的中国劳动力有利于它们的发展，所以这类公司更偏向于在高等教育领域进行自上而下的投入。西门子与中国两百多所大学开展合作，并在很多大学设立了奖学金。LG 电子在中国六十多所大学设立奖学金，总额为七百万元人民币，为符合条件的大学生缴纳学费。波音公司为小学、中学和高等教育提供支持。截至 2015 年，从波音公司"放飞梦想"项目中受益的小学生已达到 7.5 万多名；波音公司还在中学开展机器人竞赛，并为其合作的几家高校提供奖学金、教师培训、学生科技项目、课程开发和学生航空俱乐部方面的支持（波音，2015）。

在医疗领域，企业社会责任活动包括建设农村诊所和医院；为农村贫困和弱势群体提供手术治疗、精神病治疗和康复服务。许多来自西方国家、日本和韩国的跨国公司在进入中国之初就推出了此类项目，并一直坚持下去。例如，可口可乐于 2010 年发起了"均衡饮食，健康生活方式"公共健康运动，动员了二十座城市、五十多所高校的学生，鼓励他们参与这项能带来健康生活方式的活动。为了提高参与度，推广健康的生活习惯，可口可乐还专门开通了微博（R3，2012，第 7—8 页）。类似的项目还有雀巢（Nestlé）为中国各地老年人开设的免费健康体检项目，提供免费的基础心脏检查和血压与心电图检查。雀巢还与中华医学会心血管病学分会及其他团体合作，提供免费的老年人健康服务。截至 2012 年，雀巢的这些活动已惠及约一百座中国城市的大约 150 万老年人（雀巢，2012）。

从中国企业社会责任发展初期开始，赈灾就一直被视为重要的企业责任。在社交媒体上，公众将救灾的规模和速度视为衡量企业对公益事业投入程度的指标。从 20 世纪 90 年代起，其他类型的企业社会责任活动开始排在前面，但赈灾活动依然是检验外国企业承担企业社会责任的试金石（Fang，2010，第 23—25 页）。三星（Samsung）和松下中国（Panasonic China）等主要跨国公司都曾向遭受自然灾害的地区捐款。2008 年四川汶川地震发生后，中国的博客上贴出了企业赈灾捐款清单。马士基集团也在四川地震之后的救灾重建活动中有突出表现，比如发挥创新精神，将船装运集装箱改造为绵阳市第六中学的校舍。因为这些贡献，该集团荣获 2008 年"最佳企业社会责任倡导者"奖项（航运在线，2009）。

外国企业还利用其商业生态系统，促进中国企业社会责任的发展。巴斯夫的"1 + 3"项目模式被联合国全球契约组织评为最佳实践案例，该模式的核心是将客户、供应商和物流服务提供商都动员起来，旨在通过最佳实践、专业知识和定制解决方案的形式，为商业伙伴提供指导。每个商业伙伴再为其各自供应链中的三家公司提供指导，造成雪球效应（巴斯夫，2015）。在中国的外国商会也特别号召其成员行动起来，利用商业生态圈更好地履行企业社会责任（上海美国商会，2012）。

企业在中国开展企业社会责任活动时，往往会选择与其专业领域相关的社会问题。例如，毕马威公司拥有会计、审计和管理咨询专业知识，该公司非常重要的一项企业社会责任活动就是增强社会企业家精神和提高非政府组织的能力。在毕马威基金会的监督下，毕马威在大学生中培育社会企业家精神，为当地非政府组织和社会企业传授商业专业知识（毕马威，2014，第41页）。有时候，企业会在履行社会责任时做一些外展工作，目的是减轻行业发展带来的副作用。例如，在交通安全领域，外国汽车公司率先引入安全标准和安全项目，并开展提高交通安全意识的活动。2005年，宝马公司将儿童交通安全教育训练营项目引入中国；在大众的核心企业社会责任项目中，"大众道路安全电视教育项目"是重要内容。通用汽车中国公司也有自己的道路安全项目。丰田公司则与北京市公安局交通管理局进行合作，举办丰田安全驾驶培训等项目，此外，该公司还在成都开展促进交通安全的活动。

工人管理方面的社会责任活动也在逐渐增多，因为媒体、政府、非政府组织和消费者都在密切关注这个问题。对依赖于熟练和非熟练劳动力的企业而言，工人管理问题尤为重要。富士康拥有由106万名员工组成的庞大队伍，并因发生了一系列工人现场自杀事件而引起全球关注，因而在管理人员上面临着重大挑战。目前，该公司正以前所未有的规模投入工人管理工作，工人管理制度正在创建中，创建完成后，将有2.5万个工人委员会分布在中国各地。员工可以通过这些委员会了解中国的劳动法、工人权利和委员会选举过程（Voyles，2013）。截至2014年年底，富士康已设立了23,882个工会点，仅深圳厂区就有5,732个。富士康还启动了工会领导选举试点项目，设立了劳资争议解决委员会，开通了权利保护热线（富士康，2014，第28页）。

除了通过投资和就业造福中国外，外国企业通过企业社会责任项目为中国作出了广泛贡献。与此同时，外国企业还制定了企业社会责任项目标准和报告制度，随着这些标准和制度被大量中国公司采用，外国企业在企业社会责任方面产生的整体影响也将更加深远。

提供政策建议

中国实行改革开放以后，中央和地方政府经常与主要跨国公司交流，以获得经济和商业方面的建议。1983年邓小平发表著名讲话后，向跨国公司寻求建议更是蔚然成风，迅速发展，人们都希望"在外国专家的更多帮助下，加快改革开放"（Zhang，2011）。从那时起，中国的主要直辖市和省份，如上海市、北京市、广东省和重庆市，都建立了由外国高管组成的高级咨询团队。

首次上海市市长国际企业家咨询会议于1989年举行，此后每年秋天都举行一次。第25次会议于2013年11月举行，出席这次会议的有来自菲亚特（FIAT）、贝卡尔特（Bekaert）、卢克希奇集团（Luksic Group）和贝恩公司（Bain & Company）等跨国企业的高管。这次会议的讨论专题是提高上海软实力方面的竞争力和进一步加强中国（上海）自由贸易试验区的发展，目的是征求国际企业在这两个问题上的意见（Wang，2013；上海市市长办公室，2013）。第26次会议于2014年11月举行，重点讨论加快上海自由贸易试验区发展的问题，以跟进前一年的工作。上海媒体报道了取得重大进展的几个领域，称这些进展离不开汇丰银行、安永、普华永道等诸多企业的努力（Ye，2014；《上海日报》，2014）。北京国际企业家咨询会议始于1999年，目前顾问团由30家跨国公司的高管人士组成，来自约18个行业、11个国家与地区（ING，2014）。2014年会议的主题是治理过度拥挤、交通堵塞和污染等"城市病"。出席会议的跨国公司包括ABB集团、诺基亚公司、家乐福集团（Carrefour Group）、德意志银行（Deutsche Bank）、汇丰控股集团、松下公司和威立雅公司（Veolia）（Liao，2014）。2015年，重庆市市长国际经济顾问团会议第十届年会召开，邀请众多跨国公司高管参加，讨论如何让重庆在中国的"一带一路"建设中发挥作用。与会企业包括福特汽车、澳新银行（ANZ Bank）、汇丰银行、ABB集团、巴斯夫、SK海力士（SK Hynix）、联合科技（United Technologies）、惠普、爱立信、三井（Mitsui）、英国石油公司和奥特斯公司（AT&S）（奥特斯公司，2015）。第九届年会的重点为如何提高重庆的竞争力，参与讨论的跨国企业高管包括拉法基集团（Lafarge）、铃木（Suzuki）、浦项钢铁（POSCO）和瑞安房地产（Shui On Land）等公司的首席执行官和董事长。

在省级层面，2013年广东经济发展国际咨询会议邀请了18名来自财富500强企业及其他领先外国企业的高管，分享了关于改善商业环境和支持促进国际合作的建议，重点探讨了工业技术方面的问题。时任广东省省长的朱小丹在发言中介绍了上届会议的成果，包括广东省的发展政策吸收了会议期间提出的大多数意见，"几个重大项目"顺利开展，如中山大学—卡内基梅隆大学联合工程学院和佛山中德工业服务区。担任顾问的外国跨国公司高管提出了很多有价值的建议，提升了"工业、科技、教育、培训和社会发展水平"，加强了合作与交流（NEWSGD.com，2013）。

外国企业的高管和外国专家还在其他很多论坛会议上献言建策，他们加入了许多行业咨询和行业标准团体。上海每年都举行会议，从外国智囊团处获取意见。外国经济学家还应邀与内地官员定期讨论经济政策。获得这种邀请的还有不少国际银行、会计公司、证券交易所和其他相关商业实体的领导。中国已成为世界银行与亚洲开发银行等多边机构的主要客户之一。近年来，中国向外国专家征求意见的领域十分广泛，如可持续发展、环境、提高中国竞争力、发展智慧城市和金融改革等。所有这些都表明，中国领导人希望学习国际最佳做法，并应用在本国的发展实践中。

负面影响

外国企业确实为中国经济作出了很多贡献，但外资企业活动对中国的影响并非总是正面的。外国企业因为很多问题而招致人们的批评，比如在中国工厂的劳工制度、食品安全与贴标签方面的失误、环境影响、垄断行为、行贿等。而且外国企业还卷入了一些违法行为，如税收转移、过度收费、客户服务较差，甚至威胁国家安全等等，这也让它们饱受批评。虽然这些批评有根有据，但也有外国企业经理和外国观察者质疑，是否外国企业受到了比国内企业更严格的审视。外国公司在中国的负面行为和受到的批评在国际媒体上被广泛报道。事实上，在国际媒体的报道中，更多的是关于外国公司的负面行为和影响，而不是外资对中国的正面的溢出效应。因此，在本节我们只是触及这些问题，并没有对多个方面的负面影响进行详细分析。但不论是哪种情况，我们都应该明白，有些在中国的外国企业并没有照章行事。从中国人的角度来看，外国投资和外国企业的存在当然并非有百利而无一害。

对那些在中国运营或从中国采购的外国企业而言，劳资关系是国内外都非常重视的一个领域。许多侵犯工人权益的行为指向知名的在中国的外国企业，而事实上却多由其供应商所为。这些供应商由中国内地、香港或台湾公司所有，通过合同为拥有品牌或零售店的外国企业进行生产（香港职工会联盟，2015；Moore, 2012）。这些年来，受到不遵守劳工标准的供应商牵连而被传讯的外国公司有很多，如耐克、沃尔玛、优衣库（Uniqlo）、苹果（Apple）、三星、戴尔（Dell）、孩之宝（Hasbro）、美泰（Mattel）等（Teather, 2005; Townsend, 2012; Nisen, 2013; Gallagher, 2015; Arthur, 2014; Hern, 2013; Bora, 2015）。中国台湾公司富士康曾发生过多起员工自杀事件，被指与厂内工作环境相关，随后该公司为员工制定了一系列福利计划，以避免类似事件发生（Tam, 2010; Heffernan, 2013）。关注品牌持有者和品牌零售商的评论家称，大型海外公司给其供应商施加了巨大的成本压力，但对供应商能否遵守劳工标准却漠不关心。中国内地以外的很多非政府组织和劳工组织对外国企业及其中国供应商的劳工制度进行调查，对外国企业施加压力，要求它们改进其劳工条件，实行符合或者高于中国内地政府规定的劳工标准。此外，中国政府也开始加强执法，以维护劳工权利。在国内外公众意识逐渐提高且中国执法力度不断加大的情况下，许多公司采取了相应措施，如加强监督和审计，提高工人待遇等。但是，独立观察员声称问题仍然存在。

在中国，食品安全是一个非常敏感的话题。2008年，因食用中国三鹿集团（当时是一家与新西兰恒天然合资的公司）和其他约20家中国乳制品公司生产的掺假奶粉，6名婴儿死亡，大约30万名婴儿患病。掺假奶粉事件导致中国民众对国产乳制品的信心严重下降，外国品牌很快占据了中国奶粉市场80%的份额，世界各地的奶粉货架也被中国顾客扫荡一空，因为他们不想买到在中国贴牌生产的外国奶粉（Huang，2014；BBC新闻，2010）。食品安全指控涉及范围甚广，外国企业也未能幸免。美国欧喜集团（OSI Group）的子公司上海福喜食品有限公司就被查出涉嫌多项违法行为，如重新加工并销售过期劣质肉、在肉制品中掺假、给肉制品贴假标签及销售不合格产品等问题。多家国内外餐饮连锁店受到该公司牵连，包括麦当劳（McDonalds）、肯德基（KFC）、汉堡王（Burger King）、星巴克（Starbucks）、棒约翰（Papa John's）和宜家（Ikea）等（Boehler，2014；SCMP，2014；《经济学人》，2014；Bottemiller，2012）。这一丑闻触及了多家餐饮连锁店的底线（SCMP，2014；Trefis，2014）。此外，还有一些单独的食品安全事件，如沃尔玛门店被查出销售劣质肉制品，一家门店被指出售病猪肉（Burkett，2012；Sullivan，2014；Lee和Kwok，2011）。虽然人们仍然认为外国生产商和品牌比国内同行更为安全可靠，但很显然，在食品安全和食品标签准确问题上，外国企业也不是总能达到标准。

  中国经济的快速发展带来了严重的环境污染，人们不禁想问，外国企业在何种程度上参与了这种对环境的破坏。目前所知的研究有一个基本共识，即外国企业的环境绩效总体上要优于中国企业。2005年江苏省的一项研究发现，外资控股公司的环境绩效好于中资控股的合资企业，并远胜于本土企业（Stalley，2010）。该研究还发现，日本和欧洲公司的环境绩效最高，其次是美国公司，来自亚洲其他地区的公司与当地公司的表现相当。学术研究发现，几乎没有证据表明来自经合组织国家的企业在中国进行"寻找污染避难所"性质的投资，但是在20世纪90年代，来自中国香港、澳门和台湾的污染型产业确实有过这种行为，它们跑到环保法规不完善、执行力度不严格的中国省份，寻找地点进行生产经营活动（Dean等，2005）。此外，虽然外国企业的环境绩效可能优于本土公司，但是不表明外资企业就没有环境问题，例如，2011年康菲石油公司投资的钻井平台发生泄漏，就给周边环境带来了不利影响。

  外国企业还卷入了一些备受关注的腐败案件。2010年3月，四名力拓员工因收受数百万美元贿赂和窃取商业机密而被中国法院判决有罪。力拓集团解雇了这几名员工，并表示"他们的行为完全发生在公司系统之外"（Barboza，2010）。2013年6月，英国制药公司葛兰素史克（GSK）被指控通过上海某旅行社向医生不当支付约30亿元人民币。葛兰素史克随后接受了刑事调查并做了认罪答辩，最终该公司缴纳了近5亿美元的罚款，五名管理者被判缓刑。该公司发言人称："葛兰素史克（中国）投资有限公司的非法活动明显违反了葛兰素史克的管理与合规程序；完全背离了总公司所要求的员工价值观和标准"（Plumridge和Burkitt，2014）。事件发生后，葛兰素史克对中国公司的业务活动进行了详细的内部调查，解雇了110名有不当行为的中国员工（Hirschler，2015）。2013年

8月，美国医药公司礼来（Eli Lilly）被指控向中国医生支付490万美元回扣（Jack 和 Waldmeir，2013；Mitchel，2013）。礼来公司之前就被美国证券交易委员会传讯过，起因是伪造费用报告，为中国政府官员购买礼品，违反了《美国海外反腐败法》。这些影响较大的案件表明，外国企业也参与了一些腐败活动，并没有做到洁身自好。虽然一些国外观察者认为，外国公司是反腐败调查的目标所指，但其实中国反腐败调查中的绝大部分公司是中国公司。

外国企业还触犯过中国的反垄断法。2013年8月，在一次不涉及中国本土公司的反垄断审查中，中国国家发展和改革委员会（发改委）向六家外国奶粉制造商开出了1.1亿美元的罚单（路透社，2014），因为美赞臣（Mead Johnson）、达能（Danone）和雀巢等公司将其婴儿配方奶粉的价格下调了20%（DW，2013）。在汽车和汽车零部件行业，因为价格垄断和其他垄断行为，梅塞德斯—奔驰（Mercedes - Benz）、克莱斯勒（Chrysler）、大众和12家日本汽车零部件供应商收到了罚单（Mathew，2015；DW，2014）。2015年2月，发改委发现美国手机芯片制造商高通公司违反了中国反垄断法。高通与发改委达成了和解协议，包括支付9.75亿美元的罚款，以一定折扣收取高速无线通信系统授权费（Zhang，2015；Clover，2015）。"高通案"参考了美国和欧盟竞争管理机构规定的定价策略（Mozur 和 Hardy，2015；Jenny，2014）。

中国媒体也对外国企业做过一些批评。2013年，一份中国杂志刊登文章，认为美国"八大金刚"无缝渗透到中国，即思科、IBM、谷歌、高通、英特尔、苹果、甲骨文和微软等八家美国科技公司控制了关键技术，可能损害中国的国家安全，或从中国公司和消费者那里榨取过多利润。2013年3月，中国中央电视台指责苹果公司存在售后歧视，给中国客户提供的售后服务与其他市场用户不一样。2013年10月，中央电视台曝光星巴克的咖啡和马克杯在中国的售价远远高于其他国家。2014年1月，沃尔玛被指控绕过质量、贸易和食品制造许可程序，与无照供应商合作。2014年7月，中央电视台曝光苹果手机收集用户位置信息，称这一功能"威胁国家安全"（Dou，2014）。2014年5月，中国出于安全原因禁止政府官员使用Windows 8系统，另外，有外国媒体报道，中国政府要求国有企业与麦肯锡和波士顿咨询集团等美国咨询公司断绝关系，因为担心这些咨询机构会向美国政府泄露交易机密。这些举动表明，中国对外国企业的活动怀有戒心。但也应该注意到，本地企业如果被发现有不当做法和行为，也会遭到媒体的严厉谴责。

本章小结

中国向外国企业开放经济的一大目标是通过外国企业的直接影响，如增加投资和促进就业等，增强中国的经济实力；而一个更大的目标则是通过外国企业的存在、影响和运营，改善中国整体经济及其配套结构。外国企业对中国的影响体现在各个方面，包括促进中国产业和企业的现代化；培育中国供应商和分销商；投资研发与技术开发活动；建立本地联系并促进企业衍生；帮助改善商业做法与标准；促进中国金融体系的完善；促进管理、培训和教育的现代化；将区域和全球化管理引入中国；推动法律与监管制度改革；促进中国的环境保护与可持续发展；通过企业社会责任活动作出贡献以及提供政策建议等。外国企业在上述领域中的影响之大，如何赞誉都不为过，虽然它们所作的很多贡献很难被量化或不可能被量化，但其重要性并不因此而减少。

不管是外资企业在中国所开展的广泛活动，还是外国企业对中国发展所产生的广泛影响，都让人叹为观止。同样令人惊叹的还有中国各级官员的态度，他们采取各种方式鼓励外国企业作出贡献并欣然接受这些贡献。外国企业的管理者不仅将商业能力带到中国，还常常作为顾问建言献策，为中国乃至中国各省市的发展方向提出建议。很显然，如果没有外国企业的建议和贡献，中国经济将不会以如此之快的速度发展。

但是，外国公司进入中国也产生了一些问题。有例证表明，外资企业在劳工管理、工作条件、环境影响方面存在不良记录。一些企业使用掺假原料，危害大众食品安全；一些企业卷入腐败行为以及价格垄断；还有一些企业被发现在中国收取比国外更高的价格，或者提供比国外低质的产品或服务。这些例子已经被中外媒体广泛报道。这些事件也提醒外资公司，要想创造互利局面，就必须做东道国的良好企业公民，并遵守东道国法律法规。即使如此，我们也很难想象，倘若没有外国企业的贡献，中国经济还能否以这么惊人的速度发展，能否发展到这么先进的程度。

中国的高层人士对外资和外资企业的催化和溢出影响了然于心。商务部国际贸易经济合作研究院的研究人员认为，从更高的角度看，对外资的开放倒逼中国从政府到社会各层面认识并大力改善营商环境；外资企业加速了中国的工业化和融入全球化的过程；随着外资企业越来越多地进入中国，中国构成国际产业链的重要环节。中国的地位逐步提升，以至一些重要跨国公司现在已经将地区总部，甚至业务部门的全球总部设置在中国；外资企业对中国的产业结构产生了不容忽视的影响。部分外资企业的进入起到了"补短板"的作用，而部分外资企业的进入则培育了相关的产业链或产业集群，提升了产业的整体发展水平；外资企业还对中国企业起到了良好的示范作用，中国本土企业在模仿和与外资企业的竞争中提高了自己的能力。[4]这一更高层面上对外资作用的共识让中国有能力更好地吸引和利用外资。

注　释

1　恩莱特·司各特咨询公司的伊迪芙·司各特（Edith Scott）承担了本章的辅助工作。
2　国际贸易经济合作研究院，个人交流。
3　麦肯锡、波士顿咨询公司、贝恩、罗兰贝格、科尔尼、埃森哲等公司于20世纪90年代进入中国。
4　此分析来自商务部国际贸易经济合作研究院的研究人员。

参考文献

AACSB, 2016, website, http：//www.aacsb.edu/, accessed June 2016.

ABB, 2006, 'ABB Global Robotics Business Headquarters Opens in Shanghai', *ABB Press Release*, 4 April.

Abrami, R. M., W. C. Kirby, and F. W. McFarlan, 2014, 'Why China Can't Innovate', *Harvard Business Review*, 92 (3), p. 107–11.

American Chamber of Commerce in Shanghai, 2012, The China CSR Imperative：Integrating Social Responsibility into the China Supply Chain, Shanghai, American Chamber of Commerce.

Arthur, C., 2014, 'Samsung Finds Labour Violations at dozens of its Chinese Suppliers', *The Guardian*, 1 July.

Ashland, 2015, 'Ashland formally designates Shanghai office as AP regional headquarters', *Ashland Press Release*, 11 June.

AT&S, 2015, 'AT&S Participates in Chongqing Mayor's International Economic Advisory Council', *iconnect* 007, 30 September.

AVCJ, 2001, *The Guide to Venture Capital in Asia*, Hong Kong, Asian Venture Capital Journal.

Barboza, D., 2010, 'China Sentences Rio Tinto Employees in Bribe Case', *The New York Times*, 29 March.

BASF, 2014, 'BASF expands Innovation Campus Asia Pacific in Shanghai', *BASF Press Release*, 28 July.

BASF, 2015, 'China Corporate Social Responsibility Monitoring and Evaluation System', *BASF Case*, 8 April.

Bayer, 2012, Annual Report 2011.

BBC News, 2010, 'Timeline：China milk scandal', *BBC News*, 25 January.

Bloomberg News, 2012, 'PepsiCo Opens China R&D Center as Competition Heats Up With Coke', *Bloomberg News*, 13 November.

Boehler, P. 2014, 'Starbucks, Dicos withdraw sandwiches as China launches nationwide probe into "rotten meat" firm', *South China Morning Post*, 21 July.

Boeing Company, 2015, *Boeing in China*.

Bora, K., 2015, 'Labor Law Violations at Chinese Supplier to Hasbro, Mattel, Takara Tomy', *International Business Times*, 21 July.

Bottemiller, H., 2012, 'McDonald's Apologizes to Chinese Consumers for Food Safety Violations', *Food Safety News*, 19 March.

BP, 2015, 'Building a more efficient PTA plant', *BP Case Studies*.

Bullis, K., 2010, 'GE to Boost Research in China', *MIT Technology Review*, 8 April.

Burkitt, L., 2011, 'GE Bases X-Ray Unit in China', *The Wall Street Journal*, 26 July.

Burkitt, L., 2012, 'Wal-Mart Faces New Food-Safety Complaints in China', *The Wall Street Journal*, 14 June.

Business & Human Rights Resource Center, 2008, *Company contributions to Sichuan, China*.

Cai, H., Y. Todo, and L. A. Zhou, 2007, 'Do Multinationals' R&D Activities Stimulate Indigenous Entrepreneurship? Evidence from China's "Silicon Valley"', *National Bureau of Economic Research*, Working Paper 13618, November.

CEIBS, 2015, *Introduction*.

CH2MHILL, 2015, CH2M HILL's Presence in China.

Chen, Q., 2010, 'GE setting up 6 healthcare R&D centers in China', *China Daily*, 30 November.

China Economic Review, 2009, 'Novartis to spend $1b on Shanghai R&D center', *China Economic Review*, 5 November.

Cliff, R., C. J. R. Ohlandt, and D. Yang, 2011, *Ready for Takeoff: China's Advancing Aerospace Industry*, Los Angeles, The Rand Corporation.

Clover, C., 2015, 'China: Monopoly Position', *Financial Times*, 25 January.

CSR Asia and Embassy of Sweden in Beijing, 2008, A Study on Corporate Social Responsibility Development and Trends in China.

Dean, J. M., M. E. Lovely, and H. Wang, 2005, 'Are Foreign Investors Attracted to Weak Environmental Regulations?', *World Bank Policy Research Working Paper*.

Deloitte Touche Tohmatsu, 2012, Deloitte China Responsibility Report 2012.

Deloitte Touche Tohmatsu, 2013, 'Inaugural Deloitte China Sustainability Awards open for nomination', *Deloitte Press Release*, 1 November.

Deloitte Touche Tohmatsu, 2014, '2014 Deloitte China Sustainability Awards Winners announced', *Deloitte Press Release*, 28 February.

Deng, S. and R. H. Macve, 2015, The Development of China's Auditing Profession: Globalizing Translation Meets Self-Determination in Identity Construction, 6 January, http://dx.doi.org/10.2139/ssrn.2562226.

Ding, Y., 2014, 'Sanofi sets up Asia Pacific R&D center in Shanghai', *Shanghai Daily*, 26 September.

Dou, E., 2014, 'China Labels iPhone a Security Threat', *The Wall Street Journal*, 13 July.

DW, 2013, 'Nestle to cut baby formula prices in China in response to probe', *DW*, 4 July.

DW, 2014, 'China fines Volkswagen, Chrysler for price-fixing', *DW*, 11 September.

The Economist, 2014, 'Not Yum!', *The Economist*, 23 July.

Enright, M. J., 2005, 'Regional Management Centers in the Asia-Pacific', *Management International Review*, 2005, 45 (Special Issue 1), p. 59-82.

EQUIS, 2016, website, https://www.efmd.org/accreditation-main/equis, accessed June 2016.

Ernst & Young, 2015, 2014 Venture Capital Review.

Fang, Y., 2010, Corporate Social Responsibility in China: A Study on Corporate Social Responsibility for Multinational Corporations in China, School of Communications, American University.

Ford, 2008, 'Ford to Collaborate with Chongqing University on Automotive Research, Development and Education Program', *FordPress Release*, 29 October.

Foxconn, 2014, 'Communications and Employee Rights Protection', *2014 Social and Environmental Responsibility Report*.

Fu, J., 2000, Institutions and Investments: Foreign Direct Investment in China during an Era of Reforms, Ann Arbor, University of Michigan Press.

Gallagher, C., 2015, 'Uniqlo tells China suppliers to improve work conditions after report', *Reuters*, 15 January.

General Motors, 2015, *General Motors in China*.

General Motors China, 2013, 2013 Corporate Social Responsibility Report.

Goodall, K. and M. Warner, 2009, 'Management training and development in China: Laying the foundation', in M. Warner and K. Goodall, eds, *Management Training and Development in China: Educating Managers in a Globalized Economy*, London, Routledge, p. 15 – 26.

Guangzhou Government, 2013, Fumiaki Matsumoto: Guangzhou is the Center of All Functions, 30 July.

Gucovsky, M. M., 2004, 'Drivers of Environmental Industry in Asia: Bilateral and Multilateral Cooperation and Multinational Corporations', in R. Hirono, ed, *Environmental Industry Development in Selected Asian Developing Countries: China, India, Indonesia and Republic of Korea*, Environmental Industry Project, Institute for Global Environmental Strategies (IGES), p. 341 – 80.

He, X. 2013, 'How Do Transnational Corporations Glocalize: A case study of transnational corporations' regional headquarters in Shanghai', *Working Paper*, School of Economics, Fudan University.

Heffernan, M., 2013, 'What happened after the Foxconn suicides', *CBS News*, 7 August.

Hern, A., 2013, 'Dell Suppliers Accused of Human Rights Violations in China', *The Guardian*, 6 November.

Hille, K. and R. Jacob, 2011, 'Intel joins Beijing push with executive move', *Financial Times*, 24 May.

Hong Kong Confederation of Trade Unions, 2015, Growing Labour Conflicts: More Strikes due to Hong Kong Enterprises' Labour Violations.

Hirschler, B., 2015, 'GSK sacks 110 China staff in wake of drug bribery case – sources', *Reuters*, 6 March.

Hope, N. C., J. Laurenceson, and F. Qin, 2008, 'The Impact of Direct Investment by Foreign Banks of China's Banking Industry', *Stanford Center for International Development, Working Paper No. 362*.

HSBC China, 2015, Ethical Banking, Responsible Lending.

Huang, Y., 2014, 'The 2008 Milk Scandal revisited', *Forbes*, 16 July.

IBM, 2013, 'IBM in the Growth Markets', *IBM Press Release*, 7 November.

IBM, 2015, China Development Lab (CDL) Overview.

ING, 2014, 'Jan Hommen attends the 11th Beijing Mayor Advisory Council Meeting', *ING Press Release*, May.

Invest Guangzhou, 2013, Exclusive Interview of General Manager of LG Display: The 8.5th Generation of LCD Display: Making the Best LCD Panel, 9 December.

Jack, A. and P. Waldmeir, 2013, 'Eli Lilly drawn into pharmaceutical corruption claims in China', *Financial Times*, 22 August.

Jaruzelski, B., K. Schwartz, and V. Staack, 2015, 'Innovation's New World Order', *Strategy – business*, Winter.

Jenny, N., 2014, 'The Politics of China's Anti – Monopoly Investigations', *International Policy Digest*, 17 September.

Jolly, D., B. McKern, and G. Yip, 2015, 'The Next Innovation Opportunity in China', *strategy + business*, 80, Autumn.

Kassab, C. R., 2015, 'Competitiveness of Auto Industry Presents Challenges to Ford Motor Company', *Ford Online*, 21 January.

KPMG, 2014, Embedding CSR in our China Business.

Lee, M. and D. Kwok, 2011, 'Wal – Mart China CEO quits after pork scandal', *Reuters*, 17 October.

Lee, S. Y., A. Ramasamy, and J. H. Rhee, 2014, Green Leadership in China: Management Strategies from China's Most Responsible Companies, New York, Springer.

Leibowitz, G. and E. Roth, 2012, 'Innovating in China's automotive market: An interview with GM China's president', *McKinsey.com*, February.

Lewis, G., 2009, 'Building the Future', *China International Business*, February.

Liao, W., 2014, 'Top business leaders share advice on Beijing's sustainable development', *China Daily*, 29 May.

Liu, C., 2009a, Multinationals, Globalisation and Indigenous Firms in China, London, Routledge.

Liu, J., 2009b, 'Novartis opens corporate campuses', *China Daily*, 3 August.

Liu, M., J. A Zhang, and B. Hu, 2006, 'Domestic VCs versus foreign VCs: a close look at the Chinese venture capital industry', *International Journal of Technology Management*, 34 (1/2), p. 161 – 84.

Mathew, J., 2015, 'Mercedes – Benz fined $57m in China over price fixing', *International Business Times*, 23 April.

McKinsey & Company, 2015, 'The China Effect on Global Innovation', *McKinsey Global Institute Research Bulletin*, July.

Merck – Serono, 2011, *Beijing Hub*.

Mitchell, T., 2013, 'China begins probe into Sanofi whistleblower's bribery claim', *Financial Times*, 11 August.

Moore, M., 2012, '"Mass suicide" protest at Apple manufacturer Foxconn factory', *The Telegraph*, 11 January.

Mozur, P. and Q. Hardy, 2015, 'China Hits Qualcomm with Fine', *The New York Times*, 9 February.

Nestlé, 2012, Nestlé in China, Creating Shared Value.

NEWSGD.com, 2013, '2013 Guangdong International Consultative Conference opens', *NEWSGD.com*, 21 November.

Nisen, M., 2013, 'How Nike Solved its Sweatshop Problem', *Business Insider*, 9 May.

Nissan, 2015, 2015 Social Responsibility Report of Nissan's Subsidiaries in China.

Office of the Mayor of Shanghai, 2013, 'Yang Meets IBLAC Chairman', *Office of the Mayor of Shanghai Press Release*, 22 November.

Peking University, Tsinghua University, and University of South Carolina, 2000, *Economic Impact of the Coca-Cola System on China*.

Plumridge, H. and L. Burkitt, 2014, 'Glaxo Smith Kline Found Guilty of Bribery in China', *The Wall Street Journal*, 19 September.

Qianzhan Business Information Co, 2015, *China Corporate University Report*, 2013-2017 Qianzhan Business Information Co.

R3, 2012, Benchmarking CSR in China.

Rees, E., 2014, 'Unilever and the case for sustainable business', *Chinadialogue*, 16 April.

Reuters, 2014, 'China fines milk powder makers US $110m for price-fixing', *Reuters*, 24 November.

Schell, O., 2011, 'How Walmart Is Changing China', *The Atlantic*, December.

Schwaag-Serger, S., 2008, *Foreign R&D Centers in China: development, drivers, spillovers*, Swedish Institute for Growth Policy Studies (ITPS) and Research Policy Institute, University of Lund.

SCMP, 2014, 'China's "rotten meat" scandal firm sacks 340 people at Shanghai plant', *South China Morning Post*, 22 September.

SCMP, 2015, 'China sales slide pushes Yum into the red', *South China Morning Post*, 5 February.

Shanghai Daily, 2008, 'IBM locates new unit HQ in Shanghai', *Shanghai Daily*, 25 April.

Shanghai Daily, 2014, 'IBLAC Conference to Focus on FTZ', *Shanghai Daily*, 10 September.

Shell, 2015, Our Business in China.

Shih, W., K. Bliznashki, and F. Zhao, 2012, 'IBM China Development Lab Shanghai: Capability by Design', *HBS Case*, Harvard Business School Publishing, Boston.

Shipping Online, 2009, 'Maersk social responsibility award for Sichuan quake role', *Shipping Online*, 27 August.

Siemens, 2011, 'Siemens signs memorandum with Ministry of Education of China to jointly promote engineering education', *Siemens China Press Release*, 16 February.

Siemens, 2015, Siemens R&D in China.

Sony, 2015, Corporate Information: Basic Philosophy of Supply Chain Management.

St James Press, 2004, 'Charoen Pokphand Group History', *International Directory of Company Histories Vol 62*, London, St James Press.

Stalley, P., 2010, Foreign Firms, Investment, and Environmental Regulation in the People's Republic of China, Stanford, Stanford University Press.

State Council, 1990, Detailed Rules for Implementing the Law of the People's Republic of China on Enterprises Operated Exclusively with Foreign Capital, State Council of the People's Republic of China.

Stoll, J. D., 2015, 'GM, SAIV Plan to Jointly Design New Cars', *The Wall Street Journal*, 28 July.

Sullivan, G., 2014, 'Wal-Mart to triple food safety spending in China after donkey meat disaster',

The Washington Post, 17 June.

Tam, F., 2010, 'Foxconn factories are labour camps', *South China Morning Post*, 11 October.

Tan, Z., Y. Wang, and E. Ng, 2014, *"LEED – Oriented" Projects in Mainland China and the Indication to Sustainable Practice in Developing Countries*, Presented at the 30th International PLEA Conference, CEPT University, Ahmedabad.

Teather, D., 2005, 'Nike lists abuses at Asian factories', *The Guardian*, 14 April.

Tejada, C., 2014, 'Microsoft, the "Guardian Warriors" and China's Cybersecurity Fears', *The Wall Street Journal*, 29 July.

Teo, J., 2012, 'Innovating in China's pharma market: An interview with Astra Zeneca's head of R&D in Asia and emerging markets', *Insights and Publications*, McKinsey & Company, February.

Thun, E., 2006, Changing Lanes: Foreign Direct Investment, Local Governments, and Auto Sector Development, New York, Cambridge University Press.

Townsend, M., 2012, 'Nike Raises Factory Labor and Sustainability Standards', *Bloomberg Business*, 4 May.

Toyota, 2011, 'TMC and Tsinghua University to Continue Joint Research', *Toyota Global News Room*, 30 March.

Trefis, 2014, 'McDonald's Faces Declining Sales in Asia after China Food Scandal', *Trefis*, 11 September.

Tselichtchev, I., 2011, China versus the West: The Global Power Shift of the 21st Century, Singapore, Wiley.

Tsinghua University, 2015, *Enterprise Cooperation*.

Vahland, W., 2010, *Volkswagen Strategy to 2018*, Volkswagen Group China – Investor Conference, Beijing.

van Winden, , W., L. van den Berg, L. Carvalho, and E. van Tuijl, 2006, *Manufacturing in the New Urban Economy*, New York, Cambridge University Press.

Volkswagen, 2013, Volkswagen Finance: Company History.

Volkswagen, 2015, Volkswagen (China) Investment Co., Ltd, Corporate Information.

Voyles, B., 2013, 'Foxconn Faces its Future', *CKGSB Knowledge*, 29 August.

Wang, H. 2011, 'Roche sees new Shanghai center one of its hubs', *China Daily*, 15 April.

Wang, J., Z. Liang, and L. Yue, 2013, 'Multinational R&D in China: Differentiation and Integration of Global R&D Networks', in *The Selected Works of Jian Wang*, Leuven, KU Leuven.

Wang, S., 2009, 'Foreign retailers in post – WTO China: stories of success and setbacks', *Asia Pacific Business Review*, 15 (1), p. 59 –77.

Wang, Y., 2013, 'IBLAC 2013 closes as top business figures share views on city's soft power', *Shanghai Daily*, 27 October.

Wang, Y., 2014, 'More MNCs open HQ in Shanghai', *Shanghai Daily*, 11 December.

White, S., J. Gao, and W. Zhang, 2002, 'China's Venture Capital Industry: Institutional Trajectories and System Structure', *Working Paper – INSEAD*.

Wilson, S., 2009, Remade in China: Foreign Investors and Institutional Change in China, Oxford, Oxford University Press.

Ye, Z., 2014, 'Executives laud reform, point to unfinished agenda', *Shanghai Daily*, 3 November.

Yip, G. and B. McKern, 2014, 'Can Multinationals Innovate in China?' *Forbes Asia*, 17 December.

Zadek, S., K. Yu, and M. Forstater, 2012, Corporate Responsibility and Sustainable Economic Development in China: Implications for Business, Washington DC, Asia U. S. Chamber of Commerce.

Zeng, F., 2004, Venture Capital Investments in China, Los Angeles, Rand.

Zhang, J., 2011, 'Fortune favour 500 as China courts foreign advisors', *China. org. cn*, 21 December.

Zhang, J., 2015, 'China's Antitrust Crackdown Hits Qualcomm with US $ 975 Million Fine: What Can Other Host States Learn from the Story?' *Investment Treaty News*, International Institute for Sustainable Development (IISD), 21 May.

Zinzius, B., 2004, *Doing Business in the New China*, Westport CT, Praeger.

陈雄兵、陈子珊:《外资银行进入是否提升了银行系统的竞争——来自中国的实证研究》,《经济问题探索》,2012年第12期。

邓建勤:《引进外资应重视争取外商直接投资——论我国外资结构的战略调整》,《国际贸易问题》,1991年第2期,第2—7页。'Shifting Emphasis to Direct Foreign Investment', JPRS - CAR - 91 - 032, 13 June 1991, p. 63—8.

李伟、韩立岩:《外资银行进入对我国银行业市场竞争度的影响:基于Panzar - Rosse模型的实证研究》,《金融研究》,2008年第5期。

吕剑:《外资银行进入对我国银行业的影响——基于面板数据的分析》,《国际商务》2006年第5期。

毛泽盛、吴洁、刘敏楼:《外资银行对中国信贷供给影响的实证研究》,《金融研究》2010年第1期。

清科研究中心:《2014年中国私募股权投资年度研究报告》,2015年。

张金清、吴有红:《外资银行进入水平影响商业银行效率的"阈值效应"分析——来自中国商业银行的经验证据》,《金融研究》,2010年第6期。

张翔睿、裴志伟:《外资银行进入对国内银行的竞争效应——基于2000—2013我国银行业的实证检验》,《中国物价》,2015年第1期。

第五章

外商投资对中国城市的影响[1]

引 言

　　本章将深入探讨外商投资对中国城市的影响，重点是四个城市：深圳、天津、上海和重庆。从地理上看，这些城市分别代表了中国的南部、北部、东部和西部。从时间上看，它们代表了经济开放的不同时期。深圳是从 20 世纪 80 年代开始大规模吸收外商投资；天津和上海是从 20 世纪 90 年代开始；重庆则是从 21 世纪初开始。这四大城市还代表了不同的产业结构，深圳最早吸收外资的是轻工制造业，后来转移到面向出口的高新技术开发；上海吸收的外资遍布在各个产业，范围广泛、结构多样，包括工业、服务业和连接全球市场的总部活动；天津的外资最早集中在面向国内市场的制造业，后来发展到服务业；重庆的外资则集中在各类资源型产业、交通运输设备业、计算机和房地产业。综观这四个城市的情况，可以发现外商投资和外商投资企业（以下简称"外资和外资企业"）对当地经济的发展至关重要，并与这些城市今天的面貌密切相关。

　　深圳是中国改革开放以来第一个开放贸易和投资的城市。由于特殊的地位和靠近香港的地理优势，深圳发展成为中国最成功、最有活力的城市。在这一过程中，深圳从一个劳动力成本低廉的城市发展为中国领先的技术和创新中心。外资和外资企业在这种转变中起到了关键作用。

　　天津在历史上是中国的第二大工业城市，也是第二批向外资开放的城市之一。虽然在天津投资的外资企业历来注重国内市场，但它们也主导了天津的贸易发展。作为政府经济发展机构，天津经济技术开发区的成立，加上几个工业园区的发展，使天津在吸引外资方面走上了正轨。天津一方面坚持其产业传统，另一方面越来越注重将外资吸引到包括金融业在内的服务业，其中一个发展重点是将外资吸引到滨海新区。

　　上海是中国经济的龙头城市，外商投资目的地的翘楚。在 20 世纪 90 年代浦东新区开放，政府推动投资以后，上海才崛起为中国主要的外国投资目的地。上海以其庞大的经济规模和多样化的格局吸引投资流向众多产业，并成为国外跨国公司中国总部的主要中心，作为各种总部活动的地点，上海的重要性正在不断上升。外资和外资企业对上海的发展起到了至关重要的作用。尽管从经济发展层面上讲，上海可能是中国最先进的城市，但是进一步开放和吸引外国企业活动仍是上海发展规划的基石。

重庆虽然是一个直辖市，但其面积超过82,400平方公里，其中农村面积占总面积的80%，也就是说，重庆市要比海南省（35,400平方公里）和宁夏回族自治区（66,000平方公里）还要大很多。重庆位于中国西部，远离作为经济开放第一次浪潮重点的沿海省份。因此，重庆在吸收外资方面拥有典型的"后发优势"。当中国政府于2000年开始大力实施"西部大开发"战略时，重庆才开始大规模吸收投资。即便如此，外商投资仍然对重庆重要产业的发展起到了举足轻重的作用，重庆的发展也很好地说明了外商投资在中国几个新兴城市发展中所发挥的关键作用。

外资和外资企业对这几座城市的经济有着很大的影响，即使我们的影响估值仅以这些城市吸收外资总量中的一小部分为基础，结果依旧显示出其重要性。根据可获得数据中最近一年的数据，我们得出的估值如下：深圳，在占累计外资总额66%的行业里，外资和外资企业的投资和运营占深圳国内生产总值的41%，就业的43%；天津，在占累计外资总额51%的行业里，外资和外资企业的投资和运营占天津国内生产总值的22%，就业的21%；重庆，在占外资总额34%的产业里，外资和外资企业的投资和运营占重庆国内生产总值的16%，就业的7%。还有一些行业的外资和外资企业影响无法追索，但如果这些影响与其他行业类似的话，那么外资与外资企业在这些城市的影响还要大得多，大概占到国内生产总值的35%到60%以上。目前尚没有可用数据能对上海进行此类分析，但是官方资料表明，外资企业占上海出口、进口和工业产出的三分之二；占税收和就业的三分之一；占高新技术产出的90%。

案例研究表明，在改革时期，这些重要城市的经济发展非常依赖外资和外资企业。外国企业往往主导了对发展至关重要的产业。外国企业还在某些情况下从实质上奠定了这些城市经济发展的基础，在很多情况下提供了当地市场无法获得的技术、管理能力和资源。研究还表明，中国其他地方的政府官员从这些城市的发展中借鉴经验教训，以改进他们所在地区的政策和方案。

我们深知，仅仅四个城市的案例不可能涵盖中国城市吸引和利用外资的众多经验。但是，我们相信这四个案例城市可以提供一些例证，说明通过吸引外资可以做到哪些事情以及如何拓展能力，以从外商投资中受益。我们也希望其他研究人员能够进行其他城市案例研究，从而增进大家对这一问题的全面了解。

深　圳

深圳是中国第一个向外资开放的城市，从此成为中国吸引外资的龙头城市。1996—2013 年，深圳共吸收外资 585.5 亿美元，在同期中国各大城市中位居第六（中国经济数据库，多个年份）。截至 2014 年年底，深圳共吸引 50,453 个外商投资项目，累计合同外资为 1,000 亿美元，实际利用外资为 650 亿美元（深圳，多个年份）。2013 年，深圳工业总产值的 52%、出口额的 48% 来源于外资企业（深圳，2014）。深圳从一个仅有 3 万多居民的小渔村发展为一个繁华的大都市，人口超过 1,000 万，国内生产总值位居中国内地第四，商品出口额位居内地城市之首。这些成就主要得益于外商投资。

深圳外商投资的发展变化

20 世纪 60 年代到 70 年代初，深圳人口很少，没有工业基地，也缺少现代公共设施。1979 年，中共中央决定设立深圳、珠海、汕头和厦门经济特区。20 世纪 80 年代，全国人民代表大会常务委员会通过了《广东省经济特区条例》，标志着深圳经济特区正式成立。经济特区的发展战略目标是使特区成为出口导向型工业基地，以推动经济和社会转型。由于毗邻香港的地理优势，深圳被确定为特区，于是深圳乃至整个中国都通过香港与世界相连。

深圳的开放

自深圳开放之初，其发展策略就倚重于外商投资。1982 年深圳总体规划制定了雄心勃勃的目标，即到 2000 年时，58% 的投资费用要来自外商投资（Leong 和 Pratap，2011）。深圳最早开放的是南山区的蛇口工业区，由总部设于香港的国有企业中国招商局集团开发。该集团在蛇口建造了公路、公共设施和港口，然后吸引外国投资者来此兴办企业。蛇口逐渐发展为一个充满活力的、集聚了数百家外资企业（主要是香港企业）的工业小城。"蛇口模式"迅速被深圳其他地区效仿，大量基础设施项目在罗湖区和福田区开工。

为了吸引外资，深圳经济特区享受一系列优惠政策，在外资使用、国外技术引进和对外经济合作方面都具有很大的灵活性。优惠政策涵盖了税收、海关、人员配置、土地使用和劳动条例等各个方面。深圳在十年内免向中央和省级财政上缴税收，其税收可用于本地再投资。当时香港轻工业已经将其设施转移到蛇口，以利用蛇口的土地、优惠措施及仅为香港十分之一的劳动力成本。1981 年，四个特区合计占中国吸收外资总额的 59.8%，其中深圳占了 50.6%，其他三个特区各占了约 3%（Leong 和 Pratap，2011）。到了 20 世纪 80 年代中期，全国 40% 的中外合资企业落户深圳；数百万民工来到深圳打工，数千名经理人从中国内地、香港及亚洲其他国家和地区前往深圳发展事业。1983 年，外资企业和中外合资企业占到了深圳生产总值的 53%。

香港公司是当年深圳的主要投资者，1979—1990 年香港合资企业在各行业所占的比例如下：纺织印染业 96%，金属制品业 78%，橡胶塑料制品业 86%，服装业 95%，电子机械业 85%（Wu，1997）。一篇文章这样写道：

> 由于毗邻先进城市香港，深圳的先发优势很快得以显现。因为香港与国际市场已经建立了密切的经济关系，所以香港完全能够为深圳提供一个面向海外市场的切入点。这一地区集中了众多优势：深圳的生产成本低廉（深圳的土地和劳动力本来就相对便宜）；原材料和产品能以较低的成本快速运往国际市场；生产流程易于监管，质量控制非常完善；与香港总部的协调简便快捷。最终的结果是，深圳物美价廉的制成品通过香港高效快速地出口到国际市场（Chen 和 De'Medici，2009，第 13 页）。

深圳是中国第一个试验不同劳动制度的地方。深圳的工资体制模仿了香港的弹性方式，分为基本工资、职位工资和浮动工资，其中浮动工资视绩效而定（Wilson，2009；JPRD，1983，第 114 页）。在深圳经验的启发下，短期劳动合同制开始取代中国的终身就业制，后来涵盖整个经济的劳动法规中都包括了合同制。深圳在很多方面都是中国的先行者，包括率先对基础设施承包进行公开招标、放松价格管控、引入外汇掉期、在房地产业建立合资公司、向合资企业出售土地使用权、拍卖土地使用权等。深圳还率先减少政府干预，为民间组织提供合法地位，实施其他政治改革。1984 年邓小平巡视珠海和深圳特区时，肯定了深圳特区所取得的初步成果，号召全国"向深圳学习"，牢固树立了深圳作为全国"先锋"的地位。深圳在许多方面的成功试验后来都被推广到全国。

发展历程与多元化

1992 年，邓小平视察珠江三角洲，提出要深化改革，推动了深圳的进一步发展。1993 年，深圳新签外资合同 3,255 项，合同外资飙升至 49.7 亿美元。到 1999 年年底，来自 66 个国家和地区的 1.2 万多家外国企业在深圳投资，其中有 76 家来自财富 500 强企业；1999 年，有 52 家外国金融机构在深圳开展业务；2006 年，有 113 家世界 500 强企业在深圳开展业务（深圳，2000）；2012 年上升到了 189 家（Shenzhen ETO，2013）。这一时期，深圳的经济获得了广泛而多元化的发展。

早年间，大多数深圳中外合资企业都是出口加工企业，由外国公司提供原材料（包括零件和配件）和设计，由当地公司进行加工或组装。从 20 世纪 90 年代起，深圳将经济发展的重点放到了技术发展上，颁布的一系列政策中常常对技术转让作出明确规定，如当地成分要求和/或合作生产、研究或培训。许多外资合同明确规定了技术共享的条件。1991 年深圳高新技术产品的产值仅为 23 亿元人民币，2003 年达到 1,800 亿元人民币。2003 年，深圳高新技术产品的出口占全国总量的 23.2%（China Briefing Media，2004）。深圳高新技术产业园区于 1996 年建立，为五个国家级高新技术产业园区之一。深圳吸引了众多的国际公司，包括英特尔、IBM、东芝、三洋、希捷、ISTC、飞利浦、康柏电脑、三星、艾默生电器、奥林巴斯、爱普生、朗讯、Thomson 和其他许多知名公司。深圳还吸引了中国其他地区的大量高学历人才。据称，2007 年深圳聚集了中国 20% 的博士（作者对深圳官方的采访）。

外商投资还推动了深圳住房和基础设施建设的发展，这些投资主要来自香港。1980—1990 年，中央政府对深圳的城市建设投资仅占 1.4%，当地政府投资占 13.1%（世界银行，2013，第 84 页）。大部分设施建设的资金来自于与私人开发商合作的住房和基础设施建设合资企业（主要来自香港）。深圳竹园宾馆于 1979 年开始施工，是深圳一家餐饮公司和一家香港投资公司建立的合资酒店，也是中国第一个土地商品化案例。1981 年，五个香港开发商与其深圳合作伙伴在房地产领域开展合作（Zhu，1999）。1987 年，深圳出台了土地市场和拍卖土地使用权的措施，带动了房地产开发的飞速发展，当地政府用于发展基础设施建设的资金也大大增加。

香港的实体也直接投资基础设施建设。1982 年开工建设的赤湾港码头是中国第一个中外合作建设的港口，由赤湾港航股份有限公司和两家香港公司共有（香港嘉里建设有限公司和香港现代货柜码头有限公司）。1988 年 5 月，香港和记黄埔有限公司和深圳市政府开始合作建设盐田港码头。由香港中电控股 25% 的大亚湾核电站于 1987 年开始建设。

1982 年，中国第一家外资银行南洋商业银行在深圳开设了分行。后来，许多外资银行开始在深圳运营，包括汇丰银行、花旗银行、瑞银、大新银行、东亚银行等。到 1999 年，有 52 个外资金融机构在深圳运营（深圳，2000）。在深圳收入水平日益增长的情况下，香港投资者把目光转向了深圳的消费者服务行业，如零售、餐饮、房地产、旅游等，香港公司成为深圳房地产和酒店行业占主导地位的投资者。其他外国公司也进入了深圳的服务行业，例如，沃尔玛在深圳建立了全球采购中心，并同其他国际零售商一样在深圳开设门店。

近年来，外商在深圳服务业的投资还在显著增长。在 21 世纪最初几年，深圳服务业利用外资额占深圳利用外资总额大约一半的份额，而之前仅占了 30%。2014 年，深圳第二产业合同外资额为 10.1 亿美元，同比减少 18.2%，仅占全市合同外资总额的 9.22%。第三产业合同外资额为 98.9 亿美元，占全市合同外资总额的 90.7%，位于前三位的分别是金融业（合同外资额为 50.6 亿美元），批发和零售业（合同外资额为 18.6 亿美元），租赁和商务服务业（合同外资额为 15.7 亿美元）（深圳，2014）。

中国香港一直是中国外商投资的主要来源。2013 年，香港和澳门占深圳外商投资总量的 77%，其中大多数来自香港（深圳，2014）。[3] 2003 年，香港和内地签署了"关于建立更紧密经贸关系的安排"（CEPA），随后几年又签署了一系列补充条款，香港和深圳的联系变得更加紧密。2008 年，中国国家发展和改革委员会提出扩大深圳和香港之间的联系，加快深港经济一体化；2010 年，前海深港现代服务业合作区建设正式启动。

新的挑战和发展方向

深圳也面临着很多挑战。随着外资企业涌向上海，深圳失去了吸引外资企业的领先地位；而且由于深圳各种成本上升，许多企业转移到邻近的东莞或其他内地地区。深圳市政府曾在 2005 年时指出，深圳面临着各种问题，如土地有限、能源和水资源短缺，人口压力大和环境退化等。应对政策则包括限制土地审批、将最低工资提高到全国最高水平、取缔一些污染行业及创建新工业园区，以便将各类设施转移到成本较低的地方（Chen 和 de'Medici，2010）。

2008 年全球金融危机爆发后，深圳市政府将重点转向了城市经济的产业升级，敦促低附加值产业迁往其他地方。不断上升的成本也成为关注的重点，据估计，2011 年深圳农民工的平均月薪达到了 3,300 元（约 533 美元），比 1980 年深圳特区成立之初的 100 元高出 32 倍（Xie 等，2013）。政策环境的变化以及不断上升的劳动力和土地成本迫使许多厂商转移到中国其他地区或者东亚地区。台湾电子制造商富士康原来在深圳大约有 50 万名工人，该公司于 2007 年开始向郑州、太原、武汉、重庆和成都转移。最终，该公司计划在深圳主要进行开发和研究（作者的采访）。

深圳下一阶段的发展规划重点是高科技、创新和服务业。外国投资仍被视为实现这些规划目标的关键。前海深港现代服务业合作区是规划中的一个重点，聚焦于金融、现代物流、信息、专业服务和高科技业务的发展。该区于 2015 年 4 月成为广东自由贸易试验区的组成部分，重点在人民币资本项目可兑换及深港金融市场互融互通等金融改革方面先试先行。前海区享受各种特殊政策，包括金融服务政策、税收优惠待遇、以香港为模式的法律框架、专业服务、教育和通信业。很多政策都包含了对香港合伙人和专业人士开放的内容。2014 年，前海区占了深圳外商直接投资的 63.13%（商务部，2015）。而成为广东自由贸易试验区的组成部分之后，前海试验区对本地和外国公司的吸引力会进一步增强。

深圳外商投资和外资企业概况

在深圳开放之初，外资发展进程比较缓慢。1986年之前，也就是深圳特区成立六年之后，累计利用外资额不超过10亿美元（见表5.1）。20世纪90年代初邓小平视察南方，第二次改革浪潮开始，才带来了投资的飞速发展。1992年利用外资年均净流量为4.89亿美元，1996年突破20亿美元大关，2002年突破30亿美元，2008年突破40亿美元，2012年突破50亿美元。到2013年时，累计合同外资额为995.78亿美元，累计利用外资652.15亿美元。这些数据表明，未来仍会有大量外资流入深圳。

表5.1　　深圳吸收外商直接投资的情况

年份	合同数目		合同金额（百万美元）		实际利用金额（百万美元）	
	当年	累计	当年	累计	当年	累计
1979	37	37	18	18	5	5
1980	33	70	240	258	28	33
1981	70	140	864	1,121	86	119
1982	66	206	175	1,297	58	177
1983	253	459	294	1,590	113	290
1984	334	793	533	2,124	186	476
1985	282	1,075	793	2,917	180	656
1986	224	1,299	244	3,161	365	1,021
1987	310	1,609	567	3,728	274	1,295
1988	591	2,200	430	4,158	287	1,582
1989	647	2,847	469	4,627	293	1,874
1990	757	3,604	679	5,306	390	2,264
1991	951	4,555	1,086	6,392	399	2,663
1992	1,553	6,108	2,495	8,887	449	3,112
1993	3,255	9,363	4,969	13,857	989	4,101
1994	2,221	11,584	2,831	16,688	1,250	5,351
1995	1,633	13,217	3,463	20,151	1,310	6,661
1996	999	14,216	1,680	21,831	2,051	8,712
1997	957	15,173	1,354	23,185	1,661	10,373
1998	1,391	16,564	2,035	25,220	1,664	12,037
1999	797	17,361	1,210	26,430	1,778	13,815
2000	1,130	18,491	1,738	28,168	1,961	15,776
2001	1,501	19,992	2,723	30,891	2,591	18,367

续表

年份	合同数目		合同金额（百万美元）		实际利用金额（百万美元）	
	当年	累计	当年	累计	当年	累计
2002	1,917	21,909	3,544	34,435	3,191	21,558
2003	2,254	24,163	4,847	39,282	3,623	25,182
2004	2,718	26,881	4,121	43,403	2,350	27,532
2005	2,797	29,678	5,251	48,654	2,969	30,500
2006	3,105	32,783	5,264	53,918	3,269	33,769
2007	4,200	36,983	8,572	62,490	3,662	37,431
2008	3,046	40,029	7,283	69,773	4,030	41,461
2009	1,498	41,527	3,558	73,331	4,160	45,621
2010	1,929	43,456	5,652	78,983	4,297	49,918
2011	2,513	45,969	7,633	86,616	4,599	54,518
2012	2,428	48,397	6,262	92,878	5,229	59,747
2013	2,056	50,453	6,700	99,578	5,468	65,215

资料来源：《深圳统计年鉴》（多个年份）。

根据中方的统计数据，中国香港和澳门一直是深圳占主导地位的投资者，1991—2013年港澳投资占到了深圳吸收外资总额的63%。日本和美国居于港澳之后，各自占到1991—2013年期间深圳吸收外资总额的4%。2011—2013年，港澳的实际投资比重上升到了74%，从一个侧面反映了香港公司在前海投资所具备的有利条件（深圳，多个年份）。工业领域（即采矿业、制造业和公用事业部门）从外资中获益颇多，占到了1991—2013年外商投资总额的66%。1991—2013年，房地产与批发零售业和餐饮业各占外商投资总额的13%。近些年来，特别是2005年以后，外资重点开始从工业部门转向服务业。例如，2011—2013年，工业部门吸收了50%的外商投资，批发零售业和餐饮业吸收了26%，房地产业吸收了16%。

外商投资和外资企业的重要性

图5.1表明，自1992年以来，深圳每年吸收的外资至少相当于其资本形成总额的10%，其中1994年达到峰值24%，2012年小幅上扬至12%。自1995年以来，固定资产外商投资每年超过固定资产总投资的10%，2004年达到峰值28%，之后的占比基本保持在15%左右。从这些数据可以看出，外商投资对深圳经济的重要性要十倍，甚至十几倍于其对全国经济的重要性。

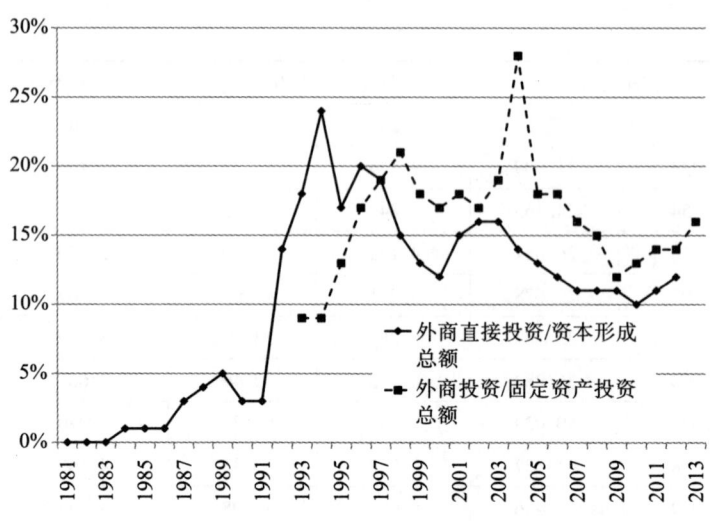

图 5.1　深圳的外商投资与总投资

资料来源：《深圳统计年鉴》（多个年份）。

总的来说，2013 年外资工业企业占深圳工业企业总收入的 53%，占总资产的 48%，占利润总额的 47%（表 5.2）。位居深圳外资企业总收入前三名的行业是计算机、通信设备和其他电子设备制造业（2013 年的收入为 6,033.66 亿元人民币）；电气机械和设备制造业（2013 年的收入为 1,231.9 亿元人民币）；文化、教育、工艺美术、体育、娱乐活动用品制造业（2013 年的收入为 581.7 亿元人民币）。

外资企业在深圳许多行业中发挥了主导作用，如煤气的生产和供应（外资企业占深圳该产业总收入的 100%）；石油加工、炼焦及核燃料加工（占 97%）；酒类、饮料和精制茶制造业（占 93%）；汽车制造业（占 81%）；通用设备制造业（占 78%）；皮革、毛皮、羽毛和相关产品的生产与鞋类制造业（占 78%）。在其他一些重要行业，如计算机、通信设备和其他电子设备制造业、电气机械和设备制造业、测量仪器和设备制造业、橡胶和塑料产品制造业，外资企业收入所占的比重达到 50% 或 50% 以上。显而易见，外资企业对深圳几个龙头产业的发展起到了重要的，甚至是主导性的作用。

外资企业对深圳贸易的发展也至关重要。1995—2013 年，外资企业在深圳进出口总额中所占的比例超过 50%。在此期间，外资企业净出口值每年都是正值。早在 1997 年，外资企业净出口值就占了深圳国内生产总值的 20% 以上，2013 年占 22%，也就是说，仅外资企业的贸易成绩就占到了深圳国内生产总值的五分之一以上，这说明外资企业对外贸易为深圳的经济建设作出了巨大贡献。

表 5.2　2013 年深圳不同行业的外商投资工业企业

工业	收入（百万元人民币）	在总量中的占比	资产（百万元人民币）	在总量中的占比	利润（百万元人民币）	在总量中的占比	外资企业收入/资产	外资企业利润/收入	外资企业利润/资产
所有工业行业	1,186,760	53%	962,420	48%	60,066	47%	123%	5.1%	6.2%
计算机、通信及其他电子设备制造业	603,366	50%	395,338	42%	16,320	28%	153%	2.7%	4.1%
电气机械和设备制造业	123,190	62%	95,349	55%	3,002	48%	129%	2.4%	3.1%
文化、教育、工艺美术、体育、娱乐活动用品制造业	58,170	38%	43,736	44%	1,740	69%	133%	3.0%	4.0%
通用设备制造业	49,902	78%	30,214	61%	1,679	64%	165%	3.4%	5.6%
橡胶制品和塑料制品制造业	45,906	67%	34,208	58%	843	46%	134%	1.8%	2.5%
石油和天然气开采业	43,259	100%	36,756	100%	15,439	100%	118%	35.7%	42.0%
金属制品制造业	31,197	67%	31,051	65%	1,903	79%	100%	6.1%	6.1%
专用设备制造业	25,931	50%	33,317	46%	985	21%	78%	3.8%	3.0%
汽车制造业	22,895	81%	41,443	83%	-895	NA	55%	-3.9%	-2.2%
测量仪器和设备制造业	15,574	52%	14,576	44%	1,477	57%	107%	9.5%	10.1%
非金属矿产品制造业	14,830	55%	16,451	46%	1,321	58%	90%	8.9%	8.0%
纺织业、服装及服装配饰制造业	13,048	57%	9,983	54%	934	60%	131%	7.2%	9.4%
化工原料及化工产品制造业	12,701	54%	12,235	41%	691	40%	104%	5.4%	5.6%
农产品食品加工业	12,589	77%	8,936	80%	719	91%	141%	5.7%	8.0%
有色金属冶炼与压延业	11,440	39%	12,904	62%	113	49%	89%	1.0%	0.9%
电力和热力的生产与供应	11,222	15%	24,313	19%	3,520	36%	46%	31.4%	14.5%
皮革、毛皮、羽毛及其制品、鞋类制造业	10,660	78%	14,469	91%	1,472	95%	74%	13.8%	10.2%
酒类、饮料和精制茶制造业	9,612	93%	6,070	89%	319	98%	158%	3.3%	5.3%
医药制造业	9,608	56%	12,432	33%	2,165	57%	77%	22.5%	17.4%
印刷业、记录介质制造	8,363	46%	9,542	40%	463	26%	88%	5.5%	4.9%
铁路、船舶和其他运输设备制造业	7,950	76%	8,831	81%	268	71%	90%	3.4%	3.0%

续表

工业	收入（百万元人民币）	在总量中的占比	资产（百万元人民币）	在总量中的占比	利润（百万元人民币）	在总量中的占比	外资企业收入/资产	外资企业利润/收入	外资企业利润/资产
家具制造业	7,510	50%	8,034	50%	299	76%	93%	4.0%	3.7%
纸及纸制品制造业	6,813	51%	6,827	51%	189	49%	100%	2.8%	2.8%
水的生产和供应	6,211	62%	30,347	74%	1,635	75%	20%	26.3%	5.4%
燃气的生产和供应	6,093	100%	8,211	100%	1,624	100%	74%	26.7%	19.8%
石油加工、炼焦及核燃料加工业	5,147	97%	4,275	96%	1,160	98%	120%	22.5%	27.1%
纺织业	3,916	61%	3,745	54%	76	23%	105%	1.9%	2.0%
食品生产业	3,906	69%	4,135	67%	252	108%	94%	6.5%	6.1%
黑色金属冶炼与压延业	2,177	36%	1,625	41%	35	150%	134%	1.6%	2.2%
其他制造业	1,789	39%	1,319	37%	35	15%	136%	2.0%	2.7%
金属制品、机器和设备维修服务	849	79%	1,081	89%	124	91%	79%	14.6%	11.5%
采矿业支持活动	388	13%	375	15%	165	27%	103%	42.5%	44.0%
木料加工业，木材、竹、藤、棕、草及其制品制造业	319	23%	221	11%	-2	NA	144%	-0.6%	-0.9%
化学纤维制造业	203	40%	47	23%	2	18%	432%	1.0%	4.3%
废物资源利用	26	31%	25	37%	-7	NA	104%	-26.9%	-28.0%
烟草制造业	—	—	—	—	—	—	—	—	—
黑色金属矿的开采与加工	—	—	—	—	—	—	—	—	—
有色金属矿的开采与加工	—	—	—	—	—	—	—	—	—
非金属矿的开采与加工	—	—	—	—	—	—	—	—	—
煤矿开采和洗涤业	—	—	—	—	—	—	—	—	—
其他矿石开采业	—	—	—	—	—	—	—	—	—

资料来源：《深圳统计年鉴—2014》；恩莱特·司各特咨询公司的分析。

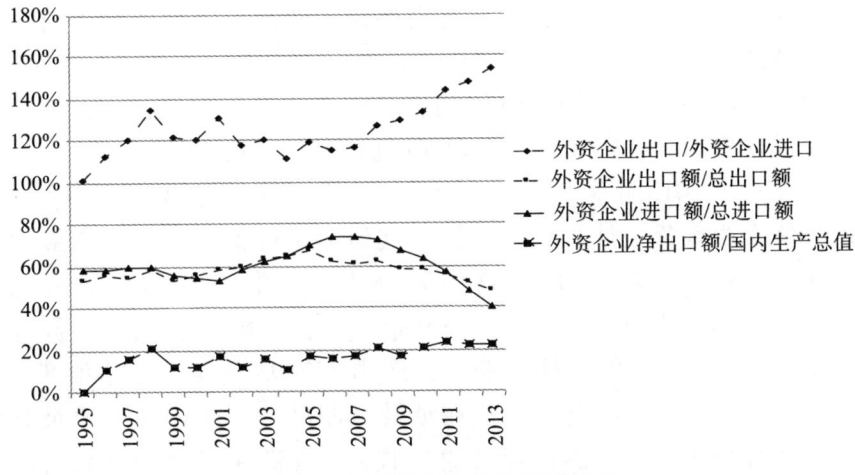

图 5.2 深圳外资企业的贸易表现

注：外资企业贸易数据来源于《广东统计年鉴》，深圳贸易数据来源于《深圳统计年鉴》，统计口径可能存在差异。

资料来源：《深圳统计年鉴》（多个年份）；《广东统计年鉴》（多个年份）。

外商投资和外资企业对深圳的经济影响

在本节中，我们将应用经济影响分析工具来估算外资企业对深圳产出、增值（GDP）和就业的经济影响。本节所使用的方法与第三章介绍的方法相似。我们能够获得深圳 33 个行业的外资企业销售额、增值和就业方面的统计数据（深圳，多个年份）。我们还利用广东省投入产出表生成了广东的乘数，并进一步生成了深圳的乘数。本分析所涵盖的行业大约占到深圳 1991—2013 年期间吸收的外商直接投资的 66%。

根据我们的估计，2013 年外资在投资期的影响如下：产出 109.63 亿美元，增值 38.78 亿美元，就业 144,766 人。2013 年，外资资本投资的影响相当于深圳国内生产总值的 1.7%，就业总人数的 1.6%。2013 年，从事采矿业、制造业和公用事业外资企业在运营期内产生的经济影响如下：总产出 3,431.98 亿美元，增值 911.26 亿美元，就业 3,604,925 人，相当于深圳国内生产总值的 39% 和各行业就业总人数的 40%。需要再次强调，这只是部分行业外资企业在运营期所产生的影响结果，这些行业约占深圳 1991—2013 年期间外商投资的 66%。如果将服务业也包括在内，影响估值会更高一些。2013 年，深圳全部外资在投资期的经济影响，加上从事采矿业、制造业和公用事业外资企业的销售额，两者的合计影响为：产出 3,541.61 亿美元，增值 950.04 亿美元，就业 3,749,691 人，相当于深圳国内生产总值的 41% 和各行业就业总人数的 42%。

还要指出的是，这里所说的运营期外资企业的影响仅涉及采矿业、制造业和公用事业，因为我们只能获得这些行业里外资企业的销售数据。这些影响并不包括服务业外资企业运营的影响。还需要说明的是，由于乘数来自广东省投入产出表，估值包括了深圳外资企业运营对广东省其他地方的上游溢出效应，但不包括对广东以外的中国经济整体的更为广泛的溢出效应，因此，这些估值并没有充分反映出深圳外资和外资企业对中国经济的贡献。

表5.3 显示了2013年采矿业、制造业和公用事业中主要行业外资企业的经济影响。外资企业运营在计算机、通信和其他电子设备行业的影响最大（直接收入为6,033.66亿元人民币），具体影响为：产出1,775.86亿美元，增值395.31亿美元，就业1,605,606人。外资企业运营在电气机械和设备行业（直接收入为1,231.9亿元）的具体影响为：产出352.93亿美元，增值87.82亿美元，就业357,464人。外资企业运营在纸及纸制品业、印刷业、记录介质复制业、文化，教育和体育用品制造业（直接收入为733.46亿元）的具体影响为：产出224.83亿美元，增值68.36亿美元，就业318,769人。

表5.3 2013年深圳从事采矿业、制造业和公用事业的外资企业的运营对不同行业的影响

工业行业	产出（百万美元）	增值（百万美元）	就业（人）
计算机、通信及其他电子设备制造业	177,586	39,531	1,605,606
电气机械和设备制造业	35,293	8,782	357,464
纸及纸制品制造业；印刷业、记录介质复制业；文化、教育、体育活动用品制造业	22,483	6,836	318,769
通用设备制造业	14,188	4,021	170,701
橡胶制品、塑料制品、化学纤维制造业	13,180	4,059	161,877
金属制品制造业	9,159	2,556	105,664
石油和天然气开采业	8,185	5,490	15,603
运输设备制造业	8,182	2,160	85,408
专用设备制造业	7,373	2,090	88,704
纺织品、服装及服装配饰、皮革和毛皮制造业	7,300	2,828	171,770
电力、燃气和水的生产与供应	6,472	2,344	40,830
非金属矿产品制造业	4,577	1,434	56,418
农产品食品加工业	4,403	1,679	96,923
文化活动、办公用测量仪器和设备制造业	4,327	1,048	44,452
黑色金属和有色金属冶炼与压延业	3,689	772	18,434
化工原料及化工产品制造业	3,631	1,118	44,591
酒类、饮料和精制茶制造业	3,362	1,282	74,003
医药制造业	2,746	846	33,730
家具制造业	2,627	856	47,833
食品生产业	1,366	521	30,073
纺织业	1,187	401	20,549
石油加工、炼焦及核燃料加工业	1,073	223	2,868
工艺品制造业及其他制造业	811	251	12,655

资料来源：恩莱特·司各特咨询公司的分析。

深圳篇小结

深圳是中国吸引外资的先驱城市。随着上海和其他几个吸引外资重要城市的崛起,深圳的领袖地位已不复存在。但是,深圳依然是中国外商投资的主要目的地之一。在中国各大城市中,深圳保持着国内生产总值第四、出口额第一的好成绩,还在最近几年发展起了全球第三大集装箱港口。有分析认为,深圳的成功归因于以下几个因素:开放性、毗邻香港的地理位置、吸收的大规模投资、对中国和世界各地人才的吸引力以及企业家精神(Gu,2006)。

对外资数据的分析显示,外资和外资企业仍然在深圳资本形成总额和固定投资资产中占有相当大的比例,外资公司在深圳几个龙头产业占据着主导地位,仅外资企业净出口对深圳国内生产总值的贡献就达到20%以上。根据我们的经济影响分析所得出的估值(仅涵盖投资期所有外资的影响及运营期占深圳外商直接投资总量66%的行业的外资的影响),外资和外资企业的影响约占深圳国内生产总值的41%,各行业就业总人数的42%。需要再次说明的是,这些结果并未将服务业包括在内,也不涉及任何催化效应,比如对当地经济的溢出效应、对当地企业生产力的影响、对深圳技术和管理能力的影响以及外资企业的社会贡献等等。

这些结果表明,深圳通过吸收外资获得了诸多益处,这些益处在今天仍然十分重要。就经济规模和作为经济发展实验田的重要性而言,深圳仍然是中国领先的经济城市,从这个层面来讲,深圳吸引的外资对中国整体经济的贡献远大于其对深圳本身的贡献。深圳若要保持或提升其地位,必得继续倚重外国投资,并促进本地公司与外国公司的合作。更为重要的是,在深圳经济特区成立大约35年之后,深圳依然走在中国改革开放的前沿,外国公司依然对这个城市的经济发展起着极其重要的作用。

天　津

天津也是中国经济开放的先驱城市。虽然天津并非中国首批经济特区之一,但天津在外商投资的很多方面都开创了先河,如天津有着中国最早的一批中外合资企业。近年来,天津在吸引外资方面取得了巨大成就,外资对天津的发展起到了重要作用,天津也因此而备受瞩目。天津虽然不属于首批向外商投资开放的城市,但最终却成为外资企业的重要目的地。1996—2003年,天津吸收的外资达1,081.90亿美元,涉及13,920个项目,因此成为中国内地仅次于上海的第二大外商投资目的地(中国经济数据库,2015)。2014年,天津共有674个外商投资项目,合同外资额达到228.2亿美元(天津,2015)。

天津外商投资的发展变化

众所周知，天津在历史上便是重要的工业和港口城市。自19世纪60年代以来，天津就是中国的开放口岸之一，成为中国北方沿海城市的商业和物流中心，距离天津约100公里的北京则是中国的政治中心。20世纪30年代时，天津已成为中国仅次于上海的商业金融中心（Hendrischke，1999）。天津是中国第一台电视机、第一辆自行车和第一台传真机的诞生之地。1984年，天津被中国政府批准为可以吸收外资的14个沿海城市之一。

开发区

天津经济技术开发区成立于1984年，是中国首批国家级经济技术开发区之一，其面积在1993年、1996年、2003年、2009年、2011年、2012年和2013年进一步扩大。截至2010年，有5,000家外资企业在天津经济技术开发区开展业务，包括摩托罗拉、三星、松下、一汽丰田、葛兰素史克、诺和诺德、邦吉、雀巢、可口可乐、维斯塔斯、京瓷、奥蒂斯、约翰迪尔和卡波特。截至2014年，天津经济技术开发区已吸引了5,439个外资项目和458亿美元外资（作者的采访）。天津港保税区成立于1991年。截至2010年，有7,500家公司在天津港保税区登记注册，包括72家世界500强企业。空客、丰田通商、住友商事、3M公司、汉莎航空、北欧航空、日本邮船株式会社、麦德龙、海德堡、SM集团（菲律宾）、IBM、花旗银行、美林控股集团、摩根士丹利和红杉资本均在天津自贸区设立办事处或分公司。1991年，国务院批准成立天津高新区。截至2015年，天津高新区已累计吸引外资126亿美元。2015年年底，来自26个国家的500多家企业在天津高新区投资，包括LG（韩国）、高丘六和（日本）、可耐福（德国）、正新轮胎（中国台湾）（天津，2005；《中国日报》，2015b；香港贸发局，2015）。

1994年，天津市政府提出建设滨海新区。新区覆盖天津东海岸的广大地区，将天津经济技术开发区和保税区都包含在内。与上海浦东新区不同，滨海新区最初并不是国家级战略，而是由天津市政府发起创立。直到2005年年底，发展滨海新区才被写入国家"十一五"规划并纳入国家发展战略。2006年5月，国务院批准天津滨海新区为国家综合配套改革试验区。滨海新区获得中央政府批准，在多个领域开展实验性改革，如金融创新、土地管理、开放政策、公司结构、城乡规划和社会领域。

滨海新区将金融领域实验性改革作为一项重要任务。中央政府签署了一系列文件，旨在加快滨海新区金融企业、金融业务、金融市场和金融开放方面的实验性改革，包括2006年6月发布的《国务院关于推进天津滨海新区开发开放有关问题的意见》和2007年11月发布的《关于加快天津滨海新区保险改革试验区创新发展的意见》。外国投资者对中国政府的举措迅速作出响应。汇丰银行、三菱东京日联银行、新韩银行和花旗银行皆于2006年年底在天津设立分行。摩托罗拉全球会计服务中心和渣打银行科营中心也在滨海新区开业。

早期投资与工业发展

天津外商投资的发展受到多种因素影响，比如中国政府的政策及发展重点、市场变化及大型跨国公司的战略等。天津所处的渤海湾是中国最具活力的沿海区域之一（另外两个区域为华东的长江三角洲和华南的珠江三角洲）。由于地理条件优越，天津成为许多制造商和物流企业首选的北方城市。1984年成立的中国天津奥蒂斯电梯公司是早期的重要投资项目，该公司是由美国奥蒂斯公司与中国天津电梯公司（当时中国最先进的电梯公司之一）共同创办的合资公司。另外，法国人头马公司和德国威娜公司也是天津的早期投资商。截至1984年年底，天津有55家中外合资企业，外商投资额仅为2,400万美元。1985年，天津又签署了88份合资企业协议，外方企业分别来自中国香港（39家）、日本（21家）、美国（15家）、新加坡（3家）、英国（2家）、法国（1家）、泰国（1家）、澳大利亚（1家）、加拿大（1家）、马来西亚（1家）、德国（1家）、丹麦（1家）和菲律宾（1家）（Hendrischke，1999）。虽然外商投资不断增加，但是1986年邓小平仍然提出了质疑，认为天津经济改革和吸引投资的步伐太慢。与邓小平的批评相呼应的是1993年发表的一篇文章，作者在文中批评天津未能吸引到更多外资（Hendrischke，1999）。

在一片质疑声中，天津吸引的外资在20世纪90年代初期开始迅速增长。1992年，摩托罗拉公司进入天津，在天津经济技术开发区设厂，生产传呼机和移动电话。天津最终成为摩托罗拉的全球最大生产基地。摩托罗拉天津分公司是中国首批外商独资企业之一，曾在天津单笔投资1.2亿美元，创下历史纪录，该公司后来的投资额增至30多亿美元。摩托罗拉的供应商为满足该公司新增设施的需要，纷纷在天津设厂。1993年，三星公司进入天津，与天津通信广播集团在经济技术开发区成立了一家合资企业，生产各类电子产品与组件。到2014年，三星在天津的投资额达到13亿美元。天津后来能形成规模化的电子和通信设备行业，离不开众多外资企业所作的贡献，除了早期的摩托罗拉和三星外，还有后来的霍尼韦尔、通用仪器、佳能、松下、三菱和LG等公司。

可口可乐于1989年开始在天津营业，于1992年在天津经济技术开发区设厂。台湾著名方便面生产企业顶新集团于1992年开始在天津营业，最终成为中国最大的食品企业之一。雀巢公司于1994年在天津创办合资公司。后来，天津食品行业还吸引了卡夫、亨氏、百事、优格等国际领先企业。1994年，诺和诺德在天津设立了子公司，注册资本为2.5亿美元，成为天津最早的外国制药公司之一。天津拥有诺和诺德除母国丹麦以外最大的工厂。诺和诺德后来还在天津建立了规模较大的酶制剂厂。史克必成公司（2000年与葛兰素威康公司合并为葛兰素史克公司）于1996年在天津建立公司，注册资本为3.38亿美元。这些企业为天津生物医药行业的发展提供了最初的动力。2000年，一汽丰田在天津成立。本田、雅马哈、大众、约翰迪尔、AW集团和其他许多汽车及机械供应商紧随其后。其他早期投资者包括矢崎、英国比欧西、凌秀（中国台湾）和环美（新加坡）。

到1995年，外资企业约占天津工业总产值的36%（全国平均水平仅为13%），约占天津固定资产投资的23%（天津，1996）。截至2004年，外资企业约占天津国内生产总值的20%（《中国经济评论》，2005）。2005年以来，天津外商投资重点逐渐从制造业转向服务业。2005年以前，天津60%以上的外资流向制造业，而在2006年至2013年期间，这一比例降至45%左右。天津目前仍被视为工业城市，这主要是相较北京的定位而言，实际上，天津的第三产业与第二产业已经齐头并进，生产导向型服务业的发展尤为迅速。

新的挑战和发展方向

滨海新区升级为国家级新区，极大地推动了天津的经济发展和招商引资进程。滨海新区的升级促成了几项重大投资。2006年10月，空客公司签署了一项协议，在天津机场片区设立"空中客车（天津）总装"合资公司，主要生产A320系列空客，公司于2008年开始运营。2007年11月，中国建设部与新加坡国家发展部签署协议，在滨海新区建设中新生态城。这是继中新苏州工业园后，中国和新加坡合作的又一重大项目，也是世界上首个由两国共同开发的生态城。中新生态城占地31.23平方公里，规划总人口35万。2010年，中国石油天然气集团公司与俄罗斯石油公司在滨海新区成立合资企业，总投资达到50亿美元（作者的采访；Cheng，2010）。

截至2010年年底，共有285家世界500强企业入驻滨海新区。2014年，滨海新区占天津国内生产总值的55.7%，工业总产值的61.6%，固定资产投资的49.6%，出口的62.5%，利用外资的65.1%（天津，2015）。2005—2014年，滨海新区的国内生产总值年均增长率为20.5%（Liu，2015）。据报道，2014年新区新增外资企业320家，总注册资本达47.5亿美元，其中第三产业的新增外资企业占94%，总注册资本占97%。2014年，滨海新区前五大吸收外资的行业为租赁与商业服务业（47.8亿美元）、金融业（22.8亿美元）、科学研究和技术服务（2.1亿美元）、制造业（1.9亿美元）以及信息传输、计算机服务和软件业（1.4亿美元）(《渤海早报》，2015）。

2013年年初，在上海自贸区的申请上报到国务院的同时，天津自贸区的申请也经由中国商务部上报，但当时只有上海的申请获得了批准。经过两年的努力，天津自贸区于2014年年底获批通过，并于2015年4月在滨海新区正式成立。天津自贸区占地120平方公里，包括三个独立片区：天津港口片区（30平方公里）、天津机场片区（43平方公里）和滨海新区中心商务片区（47平方公里）。在自贸区成立当天，26家金融机构的分支机构在自贸区内开业，平安银行将其保理业务中心和跨境贸易结算中心设在自贸区。天津自贸区享受与上海自贸区类似的优惠政策，有望成为天津经济开放和制度改革的新引擎（《天津日报》，2015）。同深圳一样，对外资企业的进一步开放被视为推动天津发展繁荣的重要举措。

天津自贸区和整个自贸区的总体规划表明，中国一直在推进其改革开放的进程，并希望增进与外国投资者的联系。天津也是新近规划的京津冀发展区以及东北亚经济圈的一部分。这些因素以及天津作为中国重要工业中心的传统历史地位，必将影响其经济发展进程，并提高其对外资的吸引力。

天津外商投资和外资企业概况

虽然天津于1984年正式对外国投资开放，但是在1992年以前，天津的年均利用外资额一直不到1亿美元，1992年才达到了2.31亿美元（表5.4），1994年跃升至10亿美元，1996年超过20亿美元。到2006年，天津年均利用外资额保持在20亿美元至40亿美元之间，2006年起开始迅速攀升。截至2013年年底，天津累计合同外资额为1,762.51亿美元，累计利用外资达到1,119.40亿美元。

表5.4　　天津吸收外商直接投资的情况

年份	合同数目		合同金额（百万美元）		实际利用金额（百万美元）	
	当年	累计	当年	累计	当年	累计
1979—1984	52	52	80	80	21	21
1985	79	131	55	134	44	65
1986	47	178	66	200	43	108
1987	49	227	14	214	55	163
1988	92	319	89	304	24	187
1989	96	415	85	388	81	268
1990	129	544	164	552	83	352
1991	354	898	197	748	94	445
1992	1,702	2,600	1,219	1,968	231	677

续表

年份	合同数目		合同金额（百万美元）		实际利用金额（百万美元）	
	当年	累计	当年	累计	当年	累计
1993	3,538	6,138	2,256	4,223	541	1,218
1994	1,890	8,028	3,502	7,726	1,015	2,233
1995	1,389	9,417	3,851	11,576	1,521	3,754
1996	1,087	10,504	3,924	15,501	2,006	5,759
1997	1,056	11,560	3,851	19,351	2,511	8,271
1998	859	12,419	3,637	22,989	2,518	10,789
1999	575	12,994	3,620	26,609	2,532	13,321
2000	626	13,620	4,600	31,209	2,560	15,881
2001	618	14,238	4,630	35,839	3,220	19,101
2002	816	15,054	5,812	41,651	3,806	22,907
2003	941	15,995	3,513	45,164	1,633	24,540
2004	1,102	17,097	5,589	50,753	2,472	27,012
2005	575	17,672	7,323	58,075	3,329	30,341
2006	1,050	18,722	8,112	66,187	4,131	34,472
2007	906	19,628	11,519	77,706	5,278	39,750
2008	691	20,319	13,256	90,962	7,420	47,170
2009	596	20,915	13,838	104,800	9,020	56,189
2010	592	21,507	15,296	120,096	10,849	67,038
2011	634	22,141	16,837	136,933	13,056	80,094
2012	632	22,773	18,585	155,518	15,016	95,111
2013	564	23,337	20,733	176,251	16,829	111,940

资料来源：《天津统计年鉴》（多个年份）。

中国香港是天津外资最重要的来源，占1991年至2013年期间天津吸收外资总额的44%，日本和韩国位于其后，所占比重分别为9%和7%。其他重要投资来源地为美国、英属维尔京群岛和新加坡，分别占这一时期天津吸收外资总额的约6%—7%。1991—2013年，流向制造业的外资大约占到51%，不过近年来制造业的重要性呈下降趋势，从2006年之前的60%以上降至后来的45%左右。房地产是吸收外资的第二大行业，占1991年至2013年期间天津吸收外资总额的13%（天津，多个年份）。

外商投资和外资企业的重要性

大概在1993年之前，外商投资仅占天津资本形成总额和固定资产投资的一小部分（图 5.3）。1997 年外商直接投资在天津资本形成总额中的比例达到峰值 31%，2003 年以来该比例开始逐渐下降，直至百分之十几。1998 年外商直接投资在天津固定资产投资中的比例达到峰值 27%，2009 年下降到不足 10%，2013 年继续下降至 6%。就具体工业行业而言，外资企业占通信设备、计算机和其他电子设备制造业以及啤酒制造业行业收入的 60% 以上，占运输设备和通用设备制造业收入的 50% 以上，占其他几大行业收入的 40% 以上（表 5.5）。

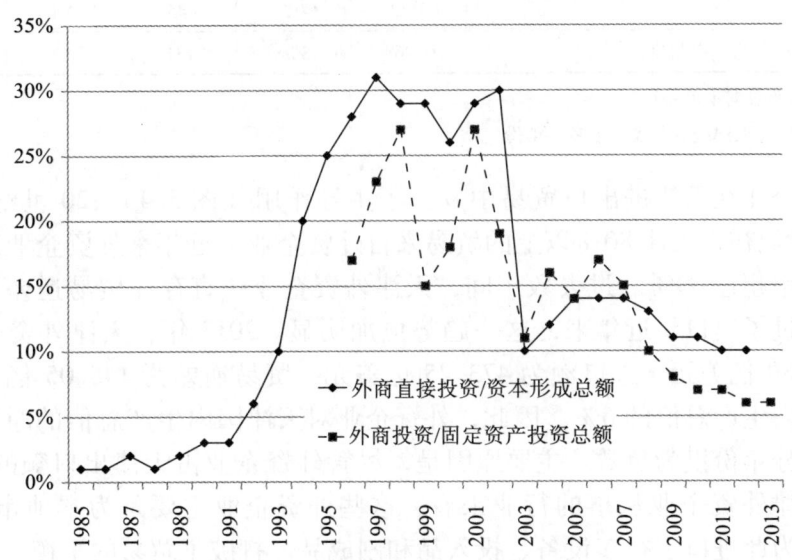

图 5.3　天津的外商投资与总投资

资料来源：《天津统计年鉴》（多个年份）。

表 5.5　2011 年天津不同行业的外商投资工业企业

行业	收入（百万元）	在总量中的占比	利润（百万元）	在总量中的占比	外资企业利润/收入
制造业	700,137	31%	39,346	26%	5.6%
—通信设备、计算机及其他电子设备制造业	185,975	61%	6,743	34%	3.6%
—运输设备制造业	143,875	57%	10,716	48%	7.4%
—通用设备制造业	56,265	56%	7,649	94%	13.6%
—电气机械和设备制造业	44,822	46%	2,336	42%	5.2%
—化工原料及化工产品制造业	30,228	22%	1,704	38%	5.6%
—专用设备制造业	17,079	16%	752	12%	4.4%
—非金属矿产品制造业	15,344	45%	381	21%	2.5%
—纺织品、服装配饰、鞋帽制造业	14,449	46%	1,240	29%	8.6%
—医药制造业	14,440	28%	864	14%	6.0%
—黑色金属冶炼与压延业	13,965	3%	139	1%	1.0%

续表

行业	收入（百万元）	在总量中的占比	利润（百万元）	在总量中的占比	外资企业利润/收入
—食品生产业	12,836	12%	1,076	6%	8.4%
—饮料制造业	11,867	63%	397	NA	3.3%
—塑料制造业	9,462	21%	255	8%	2.7%
—纺织业	1,432	14%	-45	NA	-3.1%
电力、燃气和水的生产与供应	6,968	8%	131	4%	1.9%

注：总资产数据不可获得。

资料来源：《天津统计年鉴》（多个年份）。

外资企业在天津进出口贸易中发挥了主导作用（图5.4）。20世纪90年代末至21世纪初，天津80%以上的贸易来自外资企业，近年来外资企业对天津贸易的贡献率超过60%。过去数年间，天津外资企业一直存在贸易逆差，也就是说进口超过了出口。近年来，这一趋势愈加明显。2013年，天津外资企业出口额为322.80亿美元，进口额为473.25亿美元，贸易逆差为145.05亿美元，约占天津国内生产总值的6%。因此，外资企业对天津国内生产总值的净出口贡献值在大部分年份里为负数。主要原因是，尽管外资企业占天津出口额的大部分，但是就天津外资企业从事的行业来看，这些外资企业主要是为本地市场服务。外资企业为此进口了很多设备、投入品和制成品，打破了贸易的平衡。

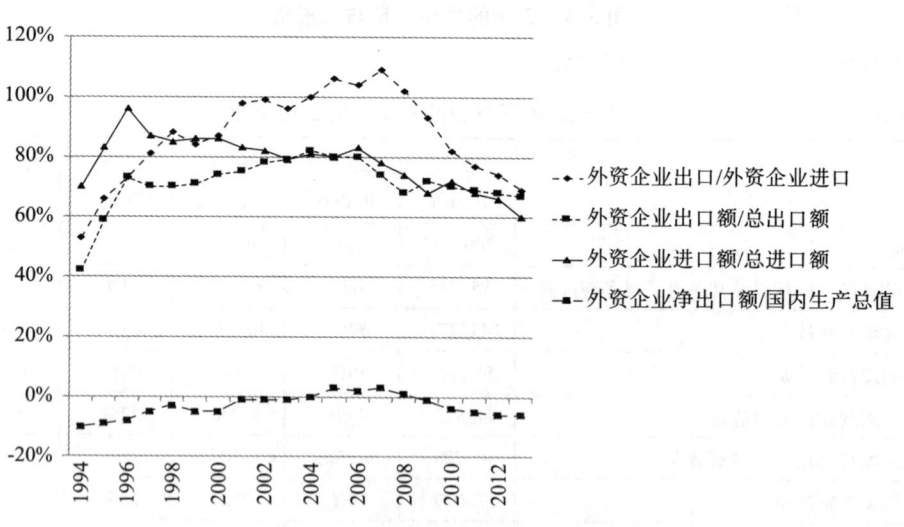

图5.4　天津外资企业的贸易表现

注：外资企业贸易数据来源于《中国统计年鉴》，天津贸易数据来源于《天津统计年鉴》，统计口径可能存在差异。

资料来源：《天津统计年鉴》（多个年份）；《中国统计年鉴》（多个年份）。

外商投资和外资企业对天津的经济影响

在本节中,我们将运用前述经济影响分析工具来估算外资企业对天津产出、增值(GDP)和就业的影响。我们能够获得天津21个行业的外资企业销售额和就业方面的统计数据(天津,2012)。天津公布了自己的投入产出表,可以用于生成天津的乘数。本分析所涵盖的行业大约占到天津1991年至2013年期间吸收外商直接投资总量的51%。分析的年份是2011年,即我们可以获得天津外资企业运营数据的最近年份。

2011年外资在投资期所产生的影响估值为:产出205.55亿美元,增值64.11亿美元,就业314,909人。其影响占2011年天津国内生产总值的3.7%,占就业总人数的3.7%。2011年,天津总收入的34%来自外资企业。从事采矿业、制造业和公用事业的外资企业在运营期所产生的经济影响为:总产出1,386.67亿美元,增值320.51亿美元,就业927,437人,占天津国内生产总值的18%和各行业就业总人数的11%。需要指出的是,这只是一部分外资企业在运营期所产生的影响结果,仅涵盖约占天津1991年至2013年期间吸收外资总量的51%的行业。如果将服务业也包括在内,影响估值会更高一些。2011年,天津全部外资在投资期的经济影响,加上从事采矿业、制造业和公用事业的外资企业的销售额,合计影响估值为:产出1,592.32亿美元,增值384.61亿美元,就业1,242,346人,相当于天津国内生产总值的22%和各行业就业总人数的15%。

我们还要指出的是,这里所说的外资企业运营影响仅涉及采矿业、制造业和公用事业,因为这些行业外资企业的销售数据可以获得。这些影响并不包括服务业外资企业运营的影响。需要说明的是,由于乘数来自天津投入产出表,估值不包括对天津以外的中国经济整体的更为广泛的溢出效应。因此,这些估值并没有充分反映出天津外资和外资企业对中国经济的贡献。

表5.6显示了2011年我们可获得数据行业的外资企业运营的经济影响。外资企业运营在计算机、通信和其他电子设备行业(直接收入为1,859.75亿元人民币)的总影响为:产出341.46亿美元,增值74.15亿美元,就业222,538人;在运输设备制造业(直接收入为1,438.75亿元人民币)的总影响为:产出283.07亿美元,增值56.43亿美元,就业135,980人;在通用设备业(直接收入为562.65亿元人民币)的总影响为:总产出107.87亿美元,增值28.15亿美元,就业71,690人。

表 5.6　　2011 年天津从事采矿业、制造业和公用事业的外资企业的运营对不同行业的影响

行业	产出（百万美元）	增值（百万美元）	就业（人）
计算机、通信及其他电子设备制造业	34,146	7,415	222,538
运输设备制造业	28,307	5,643	135,980
通用设备制造业	10,787	2,815	71,690
电气机械和设备制造业	8,697	2,005	52,222
化工原料及化工产品制造业	5,720	1,466	30,362
专用设备制造业	3,274	854	27,527
黑色金属冶炼与压延业	2,895	671	12,273
非金属矿产品制造业	2,869	662	18,065
医药制造业	2,733	700	20,912
纺织品、服装及服装配饰制造业	2,609	671	73,655
食品生产业	2,454	670	27,852
酒类、饮料和精制茶制造业	2,269	619	22,498
橡胶制品制造业	1,791	459	23,302
纺织业	269	69	4,734
其他制造业	24,693	5,830	166,858
采矿业	3,761	1,149	7,913
电力、燃气和水的生产与供应	1,404	352	9,056

资料来源：恩莱特·司各特咨询公司的分析。

天津篇小结

天津一直是中国领先的商业城市，因此相对于中国其他城市来说，天津的经济发展的起点更高。天津也是地区经济的领头羊，同时还与外资企业建立了良好的互动关系，这使天津从吸引和利用外资中受益匪浅。在天津开放的最初几年里，外资增长较为缓慢，直至 20 世纪 90 年代中期，天津才开始大规模吸收外资。近年来，尤其是滨海新区建立以来，外资增长迅速。外资企业成为许多重要行业的中坚贡献力量，并主导了天津国际贸易的发展。

然而，相比深圳，天津外资与外资企业的经济影响要小一些，这一点是可以理解的。毕竟深圳有毗邻香港的地理位置，也有白手起家的独特历程，在经济开放和外资进入之前，深圳并没有任何现成的设施和制度。我们的分析结果远不能体现外资和外资企业的实际重要性，因为我们并未计算服务业外资企业的销售影响（占 1991 年至 2013 年期间外商投资的 49%），也不涉及其他催化效应，比如对当地经济的溢出效应、对当地企业生产力的影响、对天津技术和管理能力的影响以及外资企业的社会贡献率等等。

结果表明，即便是天津这样的传统制造中心，也从外资和外资企业那里获得了大量益处。同时，我们注意到，天津下一阶段的主要发展规划里包含了吸引更多外资与外资企业的内容。京津地区是中国重要经济区环渤海经济圈的领头羊，因此天津外资与外资企业对全国经济的重要性远超过了对天津经济本身的影响。

上　海

上海吸收的外资规模和拥有的外资公司数量远超中国其他城市。例如，1996—2013年，上海获得了1,390亿美元的外商投资，远高于吸收外资第二大城市天津的1,080亿美元。到2014年年底，上海总共吸引了76,300个外商投资项目，合同外资额达到2,741亿美元，实际吸收外资1,691.6亿美元。根据上海官方统计数据，上海实际利用外资占全国实际利用外资总额的10%。上海还吸引了490家跨国公司地区总部，381家外资研发中心和216家外资金融机构。据上海市外国投资促进中心估计，2014年上海三分之二的出口、进口和工业产值来自外资企业。外资企业还贡献了上海2014年税收和就业的三分之一（投资上海，2015）。据上海市外资企业协会统计，到2015年4月，上海拥有506家外资企业地区总部，384家外资研发中心。

上海外商投资和外资企业的发展变化

外商投资造就了旧中国时期上海的经济面貌。20世纪上半叶，上海是亚洲领先的商贸中心。在当地特色和西方影响的共同作用下，上海成为"东方巴黎"和中国领先的制造业中心、港口和金融中心。1949年之后，上海因经济规模和重要性下降而被亚洲其他中心所超越。1979年中国改革开放初期，南部沿海地区是发展重点，上海只获得少量外商投资。改革开放后，上海第一家中外合资企业是上海联合毛纺织有限公司，由上海实业控股（上海市政府成立的企业）和香港投资商于1981年合资成立（上海实业，2003）。尽管起步较早，但在1984年中国开始下一轮开放之前，进入上海的外国公司寥寥无几。

上海的开放

上海是1984年中国政府确定进一步开放的14个城市之一。上海市政府设立相关部门吸引外资，并建立了多个开发区，包括闵行经济开发区、虹桥经济开发区和漕河泾科技开发区。一批重大外资项目在此期间启动。阿尔卡特1984年在上海成立的合资企业是中国第一家真正意义上的高新技术合资企业（电信设备合资企业）（上海贝尔有限公司，2014）。2000 年，阿尔卡特将其亚太区总部迁至上海，成为第一家将亚太区总部设在中国的西方重要跨国公司（中国电信，2000）。中国汽车行业第一批合资企业之一，大众汽车与上海汽车合办的合资企业也成立于 1984 年，该企业最初注册资本只有 1.6 亿元人民币，2013 年已增至 115 亿元人民币（中国出口信用保险公司，2013）。美国化学公司格雷斯在获准设立中国第一家外商独资企业之后，于 1987 年在上海闵行经济开发区建立了其第一家中国工厂（Hui，2010）。

中国国务院最初于 1985 年提出开放上海浦东地区。1990 年，浦东开放终于获准通过，成为上海发展进程中的关键一步。金融、贸易、基础设施和高科技产业被确定为浦东的战略发展重点。外高桥保税区和港区、陆家嘴金融贸易区、金桥出口加工区和张江高科技园区等四个功能区享受一系列吸引外资的配套政策，包括减免税收和关税、降低进入门槛、实施更灵活的土地使用权、拥有外资审批权等。

浦东的开放预示着中国的发展重点再次回到上海和长江三角洲地区。中国领导人已经从深圳和珠江三角洲的开放中积累了经验，认为开放和开发上海的时候到了，这个城市原本就是中国领先的经济城市和主要经济区域。1992 年 2 月，邓小平在视察南方时视察了上海，进一步推动了上海的发展。邓小平表示，上海应当成为中国的新增长中心。他说：

> 上海目前完全有条件搞得更快一点。上海在人才、技术和管理方面都有明显的优势，辐射面宽。（Jacobs 和 Hong，1994，第 224 页）

时任中国国家主席和中共总书记的江泽民也提到，浦东将在这个发展过程中发挥重要作用。在 1992 年 10 月召开的中共十四大上，他在讲话中谈道：

> 以上海浦东开发开放为龙头，进一步开放长江沿岸城市，尽快把上海建成国际经济、金融、贸易中心之一，带动长江三角洲和整个长江流域地区经济的新飞跃（Jacobs 和 Hong，1994，第 225 页）。

据报道，邓小平曾说过，"我的一个大失误就是搞四个经济特区时没有加上上海"。不过，上海很快获得了强有力的支持，足以实现其雄心勃勃的发展目标，这些支持来自时任国家主席江泽民和时任总理朱镕基，这两位都曾担任过上海市市长和市委书记。发展浦东成为国家战略重点，政府鼓励上海之外的省级政府和国有企业在浦东投资。

进入上海的外资开始大幅增长，1991 年仅为 2.79 亿美元，1992 年就达到了 18.6 亿美元。浦东成为上海经济的推动力，1992 年浦东合同外资额为 13.53 亿美元（前一年仅为 1.01 亿美元），占 1992 年上海合同外资总额的 73%。浦东国际机场（1999 年建成）、上海新国际博览中心（德方管理的中德合资企业，于

2001 年开业）和洋山港（2004 年开放第一期）的开业进一步推动了浦东的发展。陆家嘴金融贸易区是上海证券交易所的所在地。这里还林立着中国最大、世界上最高的几栋建筑物。陆家嘴最终从一片不毛之地发展成为世界领先的城市中心。洋山港和较早时期的外高桥港的发展，则使上海成为吨位和集装箱吞吐量方面都领先的世界级港口城市。

在发展浦东之前成立的经济开发区（如闵行、虹桥和漕河泾开发区）也获得了更大规模的外资。新旧开发区内的外资企业都享受政府提供的优惠政策（如低税率和免税期）和配套服务（包括开发区特有的基础设施）。到1998年年底，闵行开发区吸引了142个外资项目，外商直接投资总额达17.86亿美元；虹桥开发区吸引了105个外资项目；漕河泾开发区吸引了234个外资项目，外商直接投资总额达13.5亿美元（上海市政府，2015）。

上海对外国投资者极具吸引力。作为中国领先的商业城市，上海拥有技术、能力和庞大的市场，同时兼具富有成效的政策和与国际投资者融洽工作的能力。这让上海迅速成为中国内地对国际业务最"用户友好"的城市。许多外国公司在上海工作进展顺利，并开始把上海作为其总部和进入中国其他区域开展业务的切入点。

经济的多元化

1993—2002 年，上海吸收的外资中约有 56% 流向了第二产业，包括电子、汽车、生物医药、石化、设备制造和钢铁行业。上海汽车与通用汽车于 1997 获准成立合资企业，该企业后成为中国最大的汽车生产商之一。到 2015 年，上汽大众和上汽通用估计占中国轿车市场 23.4% 的份额（《证券时报》，2015）。从 1988 年起，巴斯夫在上海建立了几家合资企业，并于 2005 年在上海设立了其在中国的首家全资子公司（巴斯夫，2014）。到 21 世纪初，其他工业巨头都在上海进行了重大投资，包括 3M 公司、英特尔、日本电气公司、霍尼韦尔、思科、IBM、可口可乐、强生公司、杜邦、米其林、三菱、索尼、花旗银行、飞利浦、住友商事、ABB、欧姆龙、富士胶片、联合利华和辉瑞等。

1993 年至 2002 年期间，上海吸收的外资中有 44% 进入了第三产业。在这 44% 中，又有大约一半进入了房地产行业。中国于 20 世纪 80 年代末开始对外资开放房地产行业。上海首个由外国开发商完成的大型项目是 1990 年建成的位于南京路的上海美国中心（又称波特曼大楼，以其美国开发商的名字命名）。该项目包括酒店、服务型公寓、住宅、写字楼、商场、进口商品超市和展览厅。这栋大楼迅速拉近了上海与国际商务人士和企业之间的距离。直至 20 世纪 90 年代末，这栋大楼仍是上海很大一部分外国公司和领事馆的办公场所。[3]

香港开发商是上海房地产行业的主要参与者。上海最重要的两条商业街是淮海路和南京路。在淮海路上，由九龙仓集团、新鸿基地产和新世界发展有限公司等香港开发商开发的项目随处可见。不过，淮海路最引人注目的项目还是瑞安集团开发的新天地/太平桥综合发展区。该项目占地52公顷，既有餐厅、画廊和商店林立的历史建筑重建区，也有现代化的写字楼和住宅综合体。瑞安集团在上海其他地区亦有综合开发项目。其他香港开发商，如恒隆和嘉里集团，也在南京路上开发标志性项目，而新鸿基的国际金融中心是浦东陆家嘴金融贸易区的地标性建筑之一。其他地标性建筑，如上海环球金融中心（日本森大厦株式会社开发），也由外国公司开发。尽管上海本土企业已经发展起来，规模也超过了外国开发商，但是外国开发商仍在上海的尖端项目中发挥着重要作用，瑞安在上海西部开发的虹桥交通枢纽项目（于2015年开业）就是一个例子。

零售业也获得了相当可观的外商投资。获得中国批准的首个外资购物中心是日本八佰伴在浦东投资1亿美元所建的综合性商厦。到1999年，来自中国香港、中国台湾、法国、美国、日本和欧洲的企业在上海建立了40多家连锁店，这些商店占上海零售销售总额的6%—7%（Gamble, 2003）。外国"仓储式"零售商也紧随其后进入了上海。外国零售商引入了外国品牌、新型业态、新型销售模式、新型分销系统和新型商业模式，成了当地竞争对手竞相效仿的潮流引领者。不断有新的外国零售商进入上海市场，而原有的零售商也在发展壮大，这导致竞争越来越激烈，加上本地竞争对手越来越强大，最终一些外国零售商被迫离开了上海。到2015年，著名的购物中心包括新天地（瑞安）、恒隆广场（恒隆）、嘉里中心（嘉里集团）和国际金融中心（新鸿基）等。

20世纪90年代初，相比其他行业，上海金融业的开放最受世界瞩目。1990年，中国颁布了《上海外资金融机构、中外合资金融机构管理办法》。很快，三十家外资银行提交了经营许可申请，六家银行（美国两家，日本两家，法国两家）在1991年年初获得了批准。[4] 第一家获得批准的外国保险公司是美国国际集团（AIG），该集团于1992年在上海设立了办事处。1994年年底，有三十家外国金融机构在上海设立了分支机构，其中有许多是世界领先的金融机构（Fu, 2000）。据上海市银监局统计，截至2014年年底，一半以上的在中国的外资银行及其分支机构在上海注册，上海占中国所有外国银行总资产的47.3%。据称，外资银行占上海银行资产的11.7%，而全国的平均比例仅为1.7%（《中国日报》，2015）。对某些外国金融机构来说，进入上海意味着重返上海。美国国际集团最早创办于上海，汇丰银行的创始之地是香港和上海。美国国际集团全资附属公司友邦保险，早在20世纪二三十年代就在黄浦江沿岸的外滩拥有办公楼，这一次，他们甚至迁回了原址。

加入世贸组织对中国产生了重大影响，对上海的影响尤其重大。入世协议要求中国对外国公司开放众多经济领域，特别是服务业。许多外国公司将目标锁定在上海，因为这座城市有着中国最大的市场，最优秀的人力资源，是中国大陆最先进的经济体之一；在跟外国人和外商投资打交道方面，上海也拥有丰富的经验。上海市政府出台了一系列与服务业外商投资有关的文件，在 2003 年发布的《上海市外商投资产业导向》中，八个服务行业被列为鼓励外资的重点行业，包括金融、物流、商贸、社会服务（教育、文化、体育）、科学研究和技术服务、房地产、旅游和信息服务。到 2013 年，第三产业占上海外资的比例已上升到 81%。第三产业占上海 GDP 的比例也从 2002 年的 46% 上升到 2013 年的 62%（上海，2014）。在吸收外资方面排名靠前的服务行业包括房地产、租赁和商务服务、运输和仓储、信息和计算机服务以及金融业。

高价值活动

上海也开始加大吸引外国公司高价值活动的力度，具体政策包括《上海市关于鼓励外商投资设立研发中心的若干意见》和《上海市鼓励跨国公司设立地区总部的规定》。上海市政府认识到，相比其他活动，这些活动具有更多的知识密集性，能够培训和雇佣本地知识型工人、满足高级配套服务的复杂需求、对本地企业产生溢出效应和示范作用（作者的采访）。据上海市外资企业协会统计，截至 2015 年 4 月，上海有 506 家外资地区总部和 384 家外资研发中心（Wang，2015）。2014 年 12 月，58 家跨国公司在同一天获得了在上海设立地区总部的许可，包括德尔福派克电气系统有限公司、美国船级社（中国）有限公司、朝日啤酒（中国）有限公司、明电舍（上海）企业管理有限公司和汉堡王（中国）有限公司等（Wang，2014）。

一些外国公司将其全球业务部门或业务总部迁到上海，把上海纳入了全球管理结构。2006 年，ABB 公司将其机器人业务（ABB 五大业务之一）的全球总部设在了上海（ABB，2006）。2008 年，IBM 在上海设立了其全球"新兴市场"总部，负责其在亚太（不含日本）、拉美和俄罗斯、东欧、中东和非洲的业务（《上海日报》，2008；IBM，2013）。2011 年，拜耳材料科学公司将其聚碳酸酯业务全球总部从德国迁至上海（拜耳，2012，第 5 页和第 32 页）。同年，罗氏中国宣布上海将成为该公司继巴塞尔和旧金山之后的第三个全球战略运营中心（Wang，2011）。

新的挑战和发展方向

2010 年，国家发展和改革委员会筹划在上海建立一个大型自由贸易区。中国（上海）自由贸易试验区（"上海自贸区"）于 2013 年 9 月正式启动。上海自贸区最初由外高桥保税区、洋山保税港区和浦东机场保税区组成，总面积 29 平方公里。2015 年 3 月，陆家嘴金融贸易区、金桥开发区和张江高科技园区也纳入了上海自贸区，自贸区面积扩大至 121 平方公里。上海自贸区被宣传为经济改革的实验室、金融开放的试验田和把上海打造为国际金融中心的加速器。自贸区内实行零关税政策，对知识产权予以国际标准级的保护，人们因此认为国外公司能够在此大显身手。自贸区还致力于实现经济和监管透明度，不再给国有企业提供补贴，开放金融服务以为货币自由兑换铺平道路。

然而，能做什么和不能做什么的不确定性困扰着自贸区。截至 2016 年，已有数千家外资企业在自贸区注册，但是自贸区内的经济活动依旧没有全面展开。自贸区的建立以及它所提供的有限的额外自由再次证明，中国（和上海）意识到，要取得更大的繁荣，就要让外资和外资企业作出更多贡献，但同时又不愿意进一步开放，以让这一目的得以实现。许多分析师预计，外资企业在上海自贸区内被允许开展的活动会越来越多，在外国公司的有力参与下，自贸区最终将为上海创造新的增长动力。由此可见，上海自贸区的建设是一个长期规划，如今还只是处于刚刚起步的阶段。

上海外商投资和外资企业概况

上文表明，上海一直都对外国投资者具有强烈的吸引力。在中国开放之初，上海位居中国商业城市和国内市场之首，上海的技术和能力远胜于中国其他地区，这让上海成为外资的投资焦点。上海市领导者的前瞻能力和指引更加强了上海的吸引力。20 世纪 90 年代初，随着上海再次成为发展重点，浦东新区对外开放，上海的外商投资开始腾飞；在 21 世纪初中国加入世贸组织之际，上海外资迎来了第二次飞跃（表 5.7）。1991 年上海实际利用外资达到 1.75 亿美元，1992 年增至 12.59 亿美元，2000 年增至 31.6 亿美元，2013 年增至 167.8 亿美元。到 2013 年年底，累计合同外资额达 2,421.98 亿美元，累计利用外资达 1,509.81 亿美元。可以预见，在未来一段时间内，上海的外商投资仍将保持在较高水平。

表 5.7　　　　　　　　　　上海吸收外商直接投资的情况

年份	合同数目		合同金额（百万美元）		实际利用金额（百万美元）	
	当年	累计	当年	累计	当年	累计
1980	100	100	3	3	—	—
1981	300	400	6	9	3	3
1982	700	1,100	17	26	3	6
1983	600	1,700	47	73	11	17
1984	4,100	5,800	195	268	28	45
1985	9,400	15,200	305	573	62	107
1986	6,200	21,400	95	668	98	205

续表

年份	合同数目		合同金额（百万美元）		实际利用金额（百万美元）	
	当年	累计	当年	累计	当年	累计
1987	7,600	29,000	129	797	212	417
1988	21,900	50,900	166	963	364	781
1989	19,900	70,800	177	1,140	422	1,203
1990	20,300	91,100	214	1,354	177	1,380
1991	36,500	127,600	279	1,633	175	1,555
1992	201,200	328,800	1,860	3,493	1,259	2,814
1993	365,000	693,800	3,757	7,250	2,318	5,132
1994	380,200	1,074,000	5,347	12,597	3,231	8,363
1995	284,500	1,358,500	5,360	17,957	3,250	11,613
1996	210,600	1,569,100	5,808	23,765	4,716	16,329
1997	180,200	1,749,300	5,320	29,085	4,808	21,137
1998	149,000	1,898,300	5,848	34,933	3,638	24,775
1999	147,200	2,045,500	4,104	39,037	3,048	27,823
2000	181,400	2,226,900	6,390	45,427	3,160	30,983
2001	245,800	2,472,700	7,373	52,800	4,391	35,374
2002	301,200	2,773,900	10,576	63,376	5,030	40,404
2003	432,100	3,206,000	11,064	74,440	5,850	46,254
2004	433,400	3,639,400	11,691	86,131	6,541	52,795
2005	409,100	4,048,500	13,833	99,964	6,850	59,645
2006	406,100	4,454,600	14,574	114,538	7,107	66,752
2007	420,600	4,875,200	14,869	129,407	7,920	74,672
2008	374,800	5,250,000	17,112	146,519	10,084	84,756
2009	309,000	5,559,000	13,301	159,820	10,538	95,294
2010	390,600	5,949,600	15,307	175,127	11,121	106,415
2011	432,900	6,382,500	20,103	195,230	12,601	119,016
2012	404,300	6,786,800	22,338	217,568	15,185	134,201
2013	384,200	7,171,000	24,630	242,198	16,780	150,981

资料来源：《上海统计年鉴》（多个年份）。

中国香港是上海外资的主要来源，占1991年至2003年间上海吸收外资总额的36%，其次是中国澳门（11%）和中国台湾（8%），这三大投资来源合计占上海吸收外资总额的55%。其他重要外资来源包括日本（6%）、韩国（4%）和新加坡（3%）。上海虽然并没有公布非常详细的按行业划分的外资吸收情况，但已有数据显示出上海吸收外资部门结构上的一个突出特点：1991—2013年，上海吸收的外资中有64%流向了第三产业（服务业），仅有35%流向工业部门（包括采矿业、制造业和公共事业）。这一比例结构几乎与中国大多数地方，甚至与整个中国的情况都相反。2011—2013年，上海吸收的外资中只有17%流向了工业部门，而有82%流向了第三产业。

上海外商投资和外资企业的重要性

20世纪90年代,外商投资在上海总投资中占据了重要地位。从1992年开始,至少到2012年,外资一直都占上海资本形成总额的10%以上;自1996年起,固定资产外商投资每年都占上海固定资产总投资的10%以上。外资在上海资本形成总额中的比重于1994年达到峰值24%,在固定资产投资中的比重于2004年达到峰值28%,此后则稳定保持在的两位数的水平——20%以下(图5.5)。在工业领域,2013年外资工业企业总收入为2.147万亿元人民币,总资产为1.662万亿元人民币,总利润为1,460亿元人民币,分别占上海市总量的62%、50%和61%。考虑到大部分外资都进入了服务业,这些成绩还是相当惊人的。

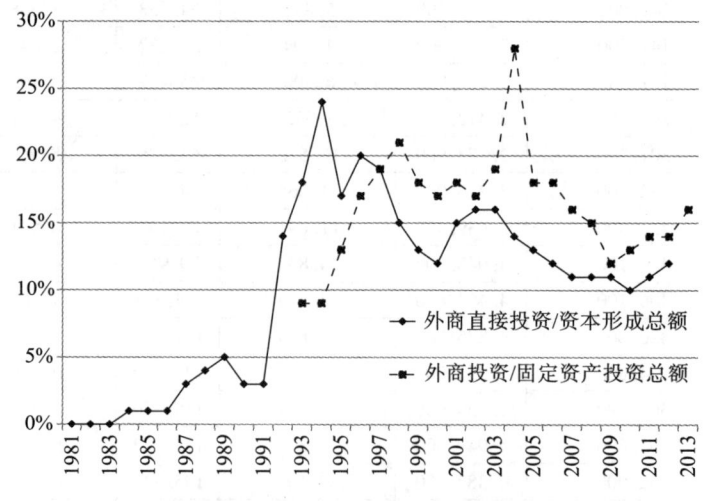

图5.5 上海的外商投资与总投资

资料来源:《上海统计年鉴》(多个年份)。

外资企业占上海进出口贸易的60%—70%,这些企业在大多数年份里都存在贸易逆差(图5.6)。一方面是因为进口设备、机器和投入品,另一方面是因为进口成品在当地市场销售。2013年,上海外资企业出口额为1,367.4亿美元,进口额为1,518.21亿美元,贸易逆差为150.81亿美元,相当于上海GDP的4%。

外商投资和外资企业对上海的经济影响

由于缺乏可用数据,对深圳、天津和重庆所做的经济影响分析无法适用于上海。如前所述,上海市外国投资促进中心估计,2014年上海三分之二的出口、进口和工业产出来自于外资企业。外资企业还贡献了上海2014年税收和就业的

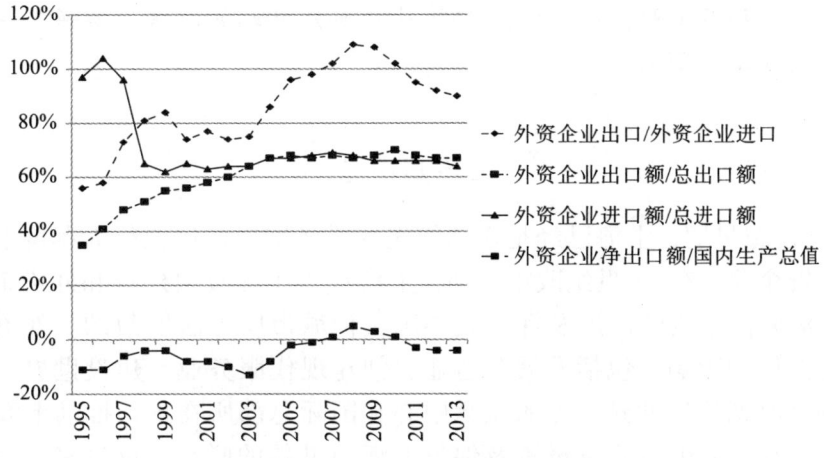

图 5.6　上海外资企业的贸易表现

注：外资企业贸易数据来源于《中国统计年鉴》，上海贸易数据来源于《上海统计年鉴》，统计口径可能存在差异，1995—1997 年的比例奇高可能由此造成。

资料来源：《上海统计年鉴》（多个年份）；《中国统计年鉴》（多个年份）。

三分之一。如果把实际投资本身的影响以及外资通过供应链产生的影响和外资在服务业产生的影响加起来，可以得出结论，外资和外资企业通过直接或间接方式对上海经济产生了相当可观的影响。

值得注意的是，外国企业对上海的成功和上海未来的发展规划仍然至关重要，特别是在高新技术、旅游业、金融业和总部经济等方面。例如，截至 2013 年，外资企业占上海高科技产出的 89.6%，高于十年前的比例（上海，2014）。再比如，上海旅游规划中的一个重要内容就是兴建迪士尼主题公园（已于 2016 年 6 月 16 日正式开园）。此外，上海市银监局于 2015 年表示，外资银行对上海的银行业发展起到了重要作用。银监局称：

> 在沪外资银行有助于上海巩固其国际金融中心的地位。这些银行努力发展跨国业务，支持中外企业扩大海外业务（《中国日报》，2015a）。

2015 年 8 月，上海市外商投资协会副会长朱文斌阐述了外资企业对上海建设全球性科创中心这一目标的重要性。《上海日报》对此作了报道：

> 外资企业是上海建设具有全球影响力的科创中心的重要力量……上海有吸引优秀外资企业入驻的传统……我们应当珍惜这个传统，并充分利用这个传统来推动上海的发展。

朱文斌说，许多驻沪外资企业都具有极强的研发能力，因而能够成为上海创新能力建设中的主导力量。

> 外商投资的确是上海经济增长的主要引擎……中国企业，无论是国有

企业还是私有企业，都应该虚心学习外国公司好的做法，增强自身的创新能力（Wang, 2015）。

上海篇小结

在 20 世纪早期，上海已经是亚洲领先的经济城市，这在很大程度上归功于外资和外资企业。在 21 世纪改革时期，上海成为中国吸引外资和外资企业的佼佼者。上海外商投资的广度和深度是中国其他城市所无法匹敌的。外资给上海带来了全方位的影响，包括发展制造业、创建现代服务业、建设世界一流的建筑、帮助上海崛起为世界领先的航运中心和国际总部所在地、推动上海发展为金融中心、在上海进行研发投资及促进上海与世界的联系。反过来，外国公司也在这一过程中受益，通过上海这一领先的投资中心，它们可以在全国开展投资和管理投资，此外上海还是它们的主要市场、人才来源地和重要的全球枢纽。

就上海自身来说，作为积极的地区领导者，上海始终确保其基础设施、行政环境和劳动力的发展与中外公司的需求相适应。这让上海对外国公司而言相当"用户友好"，许多外国公司也得以在上海蓬勃发展。显然，如果上海不具备这些优势，就不会吸引如此多的投资。

在上海开放后的三十多年时间里，外资和外资企业对上海的发展产生了惊人的影响。外资企业仍然占了上海将近 90% 的高科技产出，同时也是其他重要行业的主要参与者。此外，在上海发展经济的重大举措里，吸引外资和外资企业仍然是重要内容。从很多方面来看，上海都是中国最先进的商业城市。外资和外企企业若果真对上海有着如此重要的作用，那么，毫无疑问，外资和外资企业应当继续在中国的发展中发挥重要作用。

重 庆

重庆是中国西部唯一具有省级地位的城市，21 世纪初开始成为外商投资目的地。1996—2013 年，重庆市吸收外资总额为 273.8 亿美元，在中国城市中排名第九（重庆 2014；中国经济数据库，2015）。[5]外资企业在化工、汽车、电子和房地产行业中的地位尤为重要，在整个重庆经济中也占有很大比例。外资在零售业、金融服务业和酒店业的表现也很突出。2008 年，在重庆开展业务的世界 500 强企业有 93 家；2013 年则达到了 225 家（荷兰领事馆，2014b）。截至 2014 年年底，共有 243 家世界 500 强企业在重庆开拓了业务（香港贸发局，2015a）。重庆是中国发展过程中的后动者，形成了外资和经济增长的独特模式。

重庆外商投资和外资企业的发展变化

1992年以前,重庆的外商投资微不足道。重庆既不是1980年中国改革第一波浪潮中的城市,也不是1984年开放的14个城市之一。1992年8月,中国国务院根据邓小平同志指示的"开放沿海、沿江和省会城市"的方向,批准开放另外16个中国城市,其中包括重庆。重庆对外资开放以后产生了立竿见影的影响。1991年,重庆合同外资额为4,300万美元,1992年上升至3.79亿美元,增长了近9倍(重庆,2014)。

1997年3月,重庆被确定为中央政府直接管辖的第四个直辖市,升级为中国的省级市,中央政府可以直接干预和监管三峡大坝项目及项目所需解决的大规模安置问题(作者的采访)。在此之前,重庆是四川省的一部分,而四川省的省会是成都。更高一层的自主权、中央政府的关注和高效的地方政府让重庆迅速发展起来。2000年,中央政府决定实施"西部大开发"战略,缩小中国沿海地区和西部内陆地区之间的经济差距,让生活在远离发达沿海地区的3.6亿西部地区人民富裕起来。这项战略,加上中央政府制定的引导投资流向重庆的积极政策以及大规模的基础设施投资,使进入重庆的投资大幅度增加。

工业发展

重庆从20世纪90年代开始就建立了多个工业园区以吸引外资,包括1993年建立的重庆经济技术开发区,1991年的重庆高新技术开发区和2001年的长寿化工园区。重庆经济技术开发区是中国西部第一个国家级开发区。到2006年,该开发区吸引了来自22个国家的447家投资商,包括福特、爱立信、麦德龙、本田和菲亚特等公司。重庆高新技术开发区于1991年被批准为国家级工业园区。到2006年,该开发区聚集了4,000家公司,其中300家来自日本、美国、德国、法国、中国香港和中国台湾(Gao, 2013)。建立长寿化工园区的目的是开发利用附近的天然气和矿产资源,该园区成为英国石油公司、巴斯夫、林德、德固赛、三菱和其他几家国内外企业的工厂所在地。

有些外国投资者是被重庆的自然资源吸引而来,这些资源包括天然气和40多种矿产。英国石油公司与中石化投资2亿美元成立合资公司,在重庆建立了乙酸工厂,该厂于1998年开始运营,后来不断扩大,年产能达到了35万吨。2008年,英国石油公司与中石化签署了一项协议,投资另一家年产能为65万吨的工厂,重庆由此成为中国最大的乙酸生产地。2007年,巴斯夫在重庆成立了一家合资企业,以建造产能40万吨的甲基二苯基二异氰酸酯工厂。2009年,林德成立了为重庆中石化提供工业气体的合资企业。2011年,林德同意在重庆设立一家合资企业，建立能够为重庆生产氢气和合成气体的工厂。2014年，美国自然资源集团与重庆能源集团成立合资公司，共同投资17亿元人民币，在重庆开展页岩气勘探和开采活动。到2012年，化工业约占重庆工业总产值的8%（重庆市政府，私人交流）。

还有一些外国公司被重庆的工业基础和中国的工业政策所吸引。重庆汽车工业最早生产的是军用卡车和摩托车。1984年中央政府开始更加重视民用产品，于是军用卡车供应商重庆长安集团开始寻求与外部伙伴的合作。1993年5月，长安、铃木和日商岩井成立了长安铃木汽车有限公司，该公司使用的是铃木"微型车"的设计和生产技术。2001年，福特汽车和长安成立合资企业长安福特，从2003年开始为中国市场生产较大型乘用车。当时，福特意欲进军中国市场，中央政府因势利导，指引其到重庆投资（作者的采访）。2002年，通用汽车与上汽集团（总部设在上海）、五菱汽车（总部设在广西）建立了重庆合资企业。2006年，马自达加盟长安福特，长安福特马自达汽车有限公司顺势成立。2007年，意大利工业车辆制造商依维柯与上汽集团成立合资企业，与重庆重汽集团（另一家具有军工基础的汽车制造商）签订合作计划，在重庆生产商用车。

到21世纪最初几年，重庆的汽车行业已覆盖了从原材料、零部件、配件到先进的研发设施和整车生产的整个供应链。重庆已成为中国西部最大的汽车生产商，2012年，重庆生产的汽车数量在全国排名第三。汽车行业对重庆极其重要，到2015年左右，汽车行业大约贡献了重庆工业总产值的22%。到2012年，外国品牌占重庆汽车产量的38.5%（荷兰领事馆，2014a），绝大多数产品供国内市场使用。此外，中国生产的摩托车中有三分之一来自重庆，雅马哈、铃木、本田和宝马等业界领先企业将相当一部分生产外包给重庆本地的合作伙伴。

建设重庆

开放重庆、将重庆确定为中国西部唯一的直辖市以及将投资引向重庆的政策，促使大量投资涌入重庆的酒店和房地产行业。2001年，房地产行业吸收了重庆实际利用外资的31%，2005年吸收了61%，2008年吸收了62%（重庆，多个年份）。重庆房地产外资所占的比例要比中国大多数城市都高，这反映了这样一个事实：重庆在建设现代化办公场所、工业设施和居民住宅方面存在大量需求，而本地资金却十分有限（作者的采访）。

香港和记黄埔海逸酒店是重庆第一家国际五星级酒店，该酒店于1998年开业，成为重庆豪华酒店市场的起点（Savills，2013）。然而，到2008年，重庆只有三家五星级酒店（中国国家旅游局，2009）。到2012年，约有20家酒店应大建设热潮而起（《魅力重庆》，2012）。重庆酒店业的国际品牌包括万豪、希尔顿、索菲特、洲际酒店、丽笙、艾美、威斯汀、凯悦、喜来登等等。除了传统的酒店投资者，重庆酒店业还吸引了外资股权基金的投资。例如，中国首批外资股权投资基金之一 Atkis（重庆）从 2006 年开始投资重庆酒店（Chen，2011）。

1986 年，重庆只有 19 家房地产注册开发商，到 1999 年时已经有 1,339 家，其中 150 家为外国公司或中外合资企业（重庆，1999）。在重庆海逸酒店开业之后，和记黄埔又在数年间开发了几个商业和住宅项目。例如，开发于 1997 年的大都会广场多年来一直保持着重庆市领先甲级写字楼的地位，促进了外国公司的入驻。和记黄埔还开发了重庆第一个大型住宅项目以及第一个高端别墅项目（Jones Lang LaSalle，2007）。2003 年，香港开发商瑞安房地产与重庆市政府签订协议，将旧城华龙桥地区改建为包括商业区、写字楼和住宅区在内的现代化区域，预计总投资额在人民币 100 亿元以上。其他外资公司，如仁恒（新加坡）、恒隆地产（中国香港）、九龙仓（中国香港）、置地（中国香港）、恒基兆业（中国香港）和新世界发展（中国香港）等，都在重庆开发地产项目。

2011 年，新加坡开发商凯德集团与其他投资者合作，以总价 65 亿元人民币购买了重庆市中心的地块，计划将其开发为重庆的综合型地标性建筑群（《每日经济新闻》，2015）。该投资是新加坡企业在中国最大的单笔投资。外国开发商改善了城市的实体面貌，为企业提供了高品质的实体环境，提高了住宅建设的标准，并建立了许多服务于当地人民的购物中心。这反过来使重庆的商业条件更为便利，对其他外资者更具吸引力，最终形成一个良性循环。

外资还参与了重庆的公用事业建设。中法水务公司是一家由苏伊士环境集团和新世界（中国香港）创办的合资企业。2002 年，重庆授予该公司经营三个水处理厂 25 年的特许权。该公司还负责重庆几个地区水的生产、饮用水销售、水处理和配套新设施的建设以及供水管道的建设和运营。在这项特许权安排中，中法水务公司还获得了重庆江北自来水公司 60% 的股权。行业分析师认为，截至 2005 年，中法水务公司取得的成就包括：充分改进了客户服务系统、更新和拓宽了低泄漏管道系统、提高了技术和监管工作、改善了水质及大大促进了管理培训和发展（Fu 等，2008；中法水务，2011）。

服务和技术发展

重庆利用主办 2005 年亚太城市峰会的机会向世界展示自己，并加快了吸引外资的步伐。2005 年，第三产业占到重庆吸收外资总额的 69%，此后，第三产业吸收的外资一直高于第二产业。除了房地产，外商优先投资的服务行业还有租赁和商务服务业、金融业、批发和零售业。2006 年 5 月，爱立信在重庆建立了其第四家全球采购中心。2006 年 12 月，霍尼韦尔在重庆投资 3 亿美元，为中国和全球工业企业开发专用软件。2005 年 10 月，利宝互助保险公司决定将其中国总部设在重庆,成为第一家将中国总部设在重庆的财富500强公司。荷兰银行于2007年1月开设重庆分行,渣打银行于2007年6月开设重庆分行。截至2014年年底,共有17家外资银行在重庆开设了分行(人民网重庆频道,2015)。沃尔玛、百安居、麦德龙、家乐福、新世界(中国香港)、美美、远东百货公司(中国台湾)等外国零售商也纷纷入驻重庆。

在外资的大力拉动下,重庆已经成为全球领先的个人计算机生产地之一。2008年,惠普决定在重庆建立其在中国的第二家工厂,专注于生产在中国销售的笔记本电脑和台式电脑。工厂于2010年开始运行,年产能为2,400万台。此后,众多外资计算机和电子公司在重庆成立,包括英业达(中国台湾)、广达(中国台湾)、宏碁(中国台湾)、富士康(中国台湾)和很多元件供应商(英文旺报,2012)。2015年,奥特斯宣布到2017年年中,将其在重庆的投资从3.5亿欧元(合3.88亿美元)增加到4.8亿欧元,建成中国首批高端集成电路基板厂之一(Ma,2015)。2013年,重庆生产笔记本电脑5,500万台,同比增长29.5%,价值人民币1,570亿元。个人计算机占该市工业产值的比重从2008年的0%上升到2013年的10%(do Rosário,2015)。2014年,重庆生产了6,400万台计算机,绝大多数用于出口,其中包括占全球40%的笔记本电脑和占全球产量三分之一的各类计算机(重庆新闻,2015年)。[6]

由个人计算机制造带动的外资增长是重庆历史上规模最大的一轮外资增长。2006年之前,重庆年均合同外资额从未超过10亿美元。2007年,重庆外资总额为44.05亿美元,2011年为62.46亿美元。2013年,通信、计算机和其他电子设备的工业总产值为2,128.33亿元人民币,约为2006年37.01亿元人民币的58倍。2013年,重庆88%的产值来自外资企业(重庆,2014)。

新的挑战和发展方向

新投资大部分进入了两江新区。2010年,两江新区成为中国继上海浦东和天津滨海之后第三个副省级"新区"。新区面积为1,200平方公里,其中550平方公里可用于开发,旨在打造先进制造业、贸易、商业、运输和物流中心。两江新区内设有中国第一个内陆保税区,交通条件便利,西有铁路通向欧洲;南有公路和铁路;东有公路、铁路和水路。吸引外资是新区战略的核心。2014年,新区吸收外资44.9亿美元,同比增长40%以上,约占当年重庆吸收外资的三分之一。到2015年年初,世界500强企业中已有200多家在两江新区落户。在新区投资的知名公司包括福特、通用、现代、川崎、ABB集团、奥特斯及许多优秀的中国公司。例如,2015年6月,韩国现代集团开始在新区建设价值12亿美元、年产量可达30万辆汽车的新工厂(Zhuang,2015)。

根据两江新区的发展规划,新区经不仅要成为重庆发展的引领者,更要成为中国西部地区的引领者。因此，作为中国西部的门户，将中国与中亚、中东、南亚和东南亚以及欧洲联系起来的"一带一路"倡议的起点，两江新区具有重要的国家和国际意义。新区享受类似于浦东和滨海新区的优惠政策，同时还享受中国鼓励西部开发和城乡一体化的特殊政策与安排。到2020年之前按15%税率征收企业所得税；"高新技术"企业可以按10%来征收，获利年度起三年内按有关规定提取风险补偿金可税前扣除。重庆市政府还承诺投入100亿元人民币以建设该地区的基础设施（重庆市政府，2014；作者的采访）。

建设新区是重庆最为重要的经济发展举措。与此同时，重庆也是中国"一带一路"和长江经济带上的重要城市。"一带一路"是中国的重大战略，旨在通过投资、贸易、基础设施建设和经济合作把亚洲、欧洲、中东和非洲的近70个国家和地区联系起来。重庆是通往中亚和欧洲铁路和物流的重要连接点。长江经济带旨在把长江两岸的主要城市连接起来，增强互通、合作和发展，而重庆是长江经济带的西部重镇。两个规划都进一步增强了重庆的吸引力，并为重庆带来更多的国内外企业。

重庆外商投资和外资企业概况

在21世纪初以前，重庆吸收外资的规模很小。1992年重庆实际利用外资首次达到1亿美元，2005年首次达到5亿美元（表5.8）。从2007年起，外资开始进入了真正意义上的腾飞时期。2006年，重庆吸收外资6.96亿美元，2011年上升到58.26亿美元，2012年减少到35.24亿美元，2013年减少到41.44亿美元。这些变化是以下因素共同作用的结果：外商投资"成群"而来、两江新区开放、大量投资涌向房地产行业、个人计算机制造商及其供应商大规模入驻重庆。

表5.8　　　　　　　　　　重庆吸收外商直接投资的情况

年份	合同数目		合同金额（百万美元）		实际利用金额（百万美元）	
	当年	累计	当年	累计	当年	累计
1985	—	—	—	—	4	4
1986	6	6	15	15	8	12
1987	10	16	8	23	19	31
1988	18	34	19	42	21	52
1989	15	49	71	114	8	60
1990	55	104	62	176	3	63
1991	80	184	43	219	10	73
1992	443	627	379	598	102	175
1993	681	1,308	729	1,327	259	434

续表

年份	合同数目		合同金额（百万美元）		实际利用金额（百万美元）	
	当年	累计	当年	累计	当年	累计
1994	364	1,672	479	1,806	450	884
1995	280	1,952	746	2,552	379	1,263
1996	160	2,112	242	2,794	219	1,482
1997	229	2,341	460	3,254	385	1,867
1998	222	2,563	476	3,730	431	2,298
1999	169	2,732	507	4,237	239	2,537
2000	190	2,922	357	4,594	244	2,781
2001	172	3,094	443	5,037	256	3,037
2002	148	3,242	502	5,539	281	3,318
2003	187	3,429	553	6,092	311	3,629
2004	258	3,687	663	6,755	405	4,035
2005	208	3,895	802	7,557	516	4,550
2006	223	4,118	1,116	8,673	696	5,246
2007	240	4,358	4,405	13,078	1,029	6,275
2008	135	4,493	2,088	15,165	2,452	8,727
2009	161	4,654	2,443	17,608	3,376	12,103
2010	232	4,886	4,028	21,636	3,043	15,145
2011	326	5,212	6,246	27,882	5,826	20,971
2012	248	5,460	5,057	32,939	3,524	24,495
2013	192	5,652	3,825	36,764	4,144	28,639

资料来源：《重庆统计年鉴》（多个年份）。

中国香港是重庆最大的外资来源，占1991年至2013年间重庆吸收外资总额的63.1%。2005年以后，流入重庆的外资大幅增长，中国香港投资的重要性更加突出。新加坡是重庆第二大外资来源，占1991年至2013年间重庆吸收外资总额的8.5%，其次是日本（3.5%）、美国（2.5%）和中国台湾（2.0%）。在中国很多地方，制造业是外资的主要目标，但重庆的情况有所不同，房地产是吸收外资的主要行业，占1991年至2013年重庆吸收外资总额的37.5%。同期，工业行业（如采矿业、制造业和公用事业）吸收外资占总量的34%；其他吸收外资的重要行业包括租赁和商业服务（7.7%）、金融中介服务（7.4%）、批发和零售业（4.9%）。

重庆外商投资和外资企业的重要性

相比本章所述的其他城市，重庆外资作为资金来源的作用并不是那么突出。在过去二十多年里，外资约占重庆资本形成总额的2%—7%，约占固定资产投资总额的1%—9%（图5.7）。重庆在吸引外资方面相对要晚一些，因为最初重庆的经济不像沿海城市那么发达，对外国投资者吸引力的也没那么强。此外，在中国整体上缺乏足够国内投资的时候，外资占资本形成总额和固定资产投资的比例相对较高，深圳、天津和上海都是这样的情况。而在重庆开放并对外国投资者具备吸引力的时候，中国大规模配置国内资本的能力已经形成，因此，外资在重庆资本形成总额或固定投资中所占的比例不会像其他城市那么高。

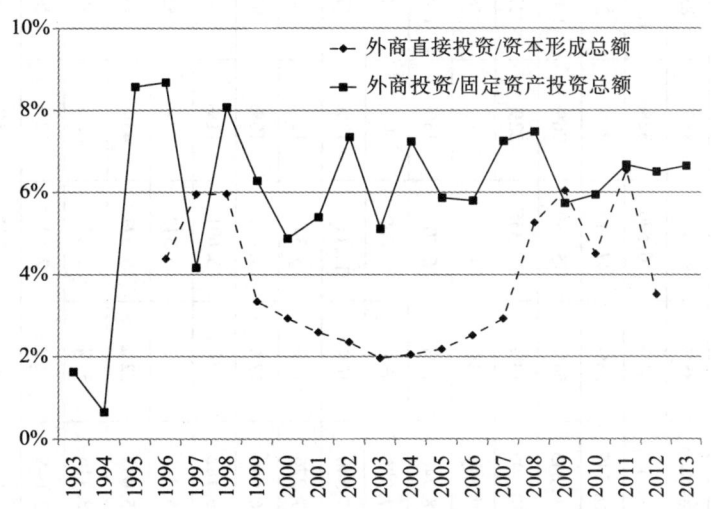

图 5.7　重庆的外商投资与总投资

资料来源：《重庆统计年鉴》（多个年份）。

总体来看，2013年重庆外商投资工业企业占重庆所有工业企业总收入的28%，总资产的24%，总利润的22%（表5.9）。2013年，重庆计算机、通信及其他电子设备制造业（2013年收入为1,848.85亿元人民币）和汽车制造业（2013年收入为1,211.79亿元人民币）合计占到重庆所有工业行业外资企业总收入的71%。外资企业发挥特别重要作用的行业包括计算机、通信和其他电子设备制造业（外资企业占行业收入的88%）、汽车制造业（41%）、纸和纸制品制造业（54%）、酒类、饮料和精制茶制造业（32%）、家具制造业（37%）。

表 5.9　2013 年重庆不同行业的外商投资工业企业

行业	收入（百万元）	在总量中的占比	资产（百万元）	在总量中的占比	利润（百万元）	在总量中的占比	收入/资产	利润/收入	利润/资产
所有工业行业	431,797	28%	327,686	24%	19,680	22%	132%	4.6%	6.0%
通信设备、计算机及其他电子设备制造业	184,885	88%	86,412	85%	884	31%	214%	0.5%	1.0%
汽车制造业	121,179	41%	76,570	32%	12,521	50%	158%	10.3%	16.4%
黑色金属冶炼与压延业	18,147	25%	47,713	70%	-2,452	-229%	38%	-13.5%	-5.1%
纸及纸制品制造业	10,843	54%	15,882	76%	1,076	60%	68%	9.9%	6.8%
非金属矿产品制造业	10,192	13%	20,355	22%	272	5%	50%	2.7%	1.3%
橡胶制品和塑料制品制造业	9,504	25%	9,183	41%	565	20%	103%	5.9%	6.2%
通用设备制造业	8,746	18%	6,205	13%	1,053	26%	141%	12.0%	17.0%
铁路、船舶、航空及其他运输设备制造业	7,985	6%	4,009	4%	372	5%	199%	4.7%	9.3%
化工原料及化工产品制造业	7,540	10%	11,006	13%	178	22%	69%	2.4%	1.6%
农产品食品加工业	7,226	11%	3,343	13%	165	4%	216%	2.3%	4.9%
有色金属冶炼与压延业	6,680	12%	4,602	10%	639	45%	145%	9.6%	13.9%
电气机械和设备制造业	6,182	8%	5,691	11%	665	11%	109%	10.8%	11.7%
电力和热力的生产与供应	5,315	8%	6,349	4%	834	33%	84%	15.7%	13.1%
酒类、饮料和精制茶制造业	5,033	32%	5,577	43%	431	27%	90%	8.6%	7.7%
家具制造业	3,116	37%	2,679	48%	394	49%	116%	12.6%	14.7%
专用设备制造业	3,048	11%	2,526	12%	267	9%	121%	8.8%	10.6%
燃气的生产和供应	2,852	26%	6,271	45%	346	31%	45%	12.1%	5.5%
文化活动、办公用测量仪器和设备制造业	2,606	19%	1,606	11%	257	24%	162%	9.9%	16.0%
食品生产业	2,018	12%	2,181	18%	249	18%	93%	12.3%	11.4%
纺织品、服装、鞋帽制造业	1,990	21%	1,401	30%	124	13%	142%	6.2%	8.9%

第五章 外商投资对中国城市的影响

续表

行业	收入（百万元）	在总量中的占比	资产（百万元）	在总量中的占比	利润（百万元）	在总量中的占比	收入/资产	利润/收入	利润/资产
纺织业	1,599	9%	348	4%	100	8%	459%	6.3%	28.7%
印刷业，记录介质复制业	1,498	14%	1,338	19%	140	17%	112%	9.3%	10.5%
医药制造业	1,295	4%	1,720	4%	288	9%	75%	22.2%	16.7%
金属制品制造业	934	3%	860	3%	37	1%	109%	4.0%	4.3%
文化、教育、工艺品、美术、体育和娱乐用品制造业	589	11%	1,100	27%	220	25%	54%	37.4%	20.0%
水的生产和供应	541	23%	2,571	18%	44	11%	21%	8.1%	1.7%
煤矿开采和洗涤业	127	0%	46	0%	4	0%	276%	3.1%	8.7%
木材加工业，木材、竹、藤、棕、草及其制品制造业	89	3%	27	1%	12	5%	330%	13.5%	44.4%
非金属矿物制品制造业	20	0%	103	2%	-9	-1%	19%	-45.0%	-8.7%
皮革、毛及其制品制造业	19	0%	11	0%	1	0%	173%	5.3%	9.1%
废物资源综合利用	—	—	—	—	—	—	—	—	—
石油和天然气开采业	—	—	—	—	—	—	—	—	—
化学纤维制造业	—	—	—	—	—	—	—	—	—
烟草制造业	—	—	—	—	—	—	—	—	—
黑色金属矿的开采与加工	—	—	—	—	—	—	—	—	—
有色金属矿的开采与加工	—	—	—	—	—	—	—	—	—
其他采矿业	—	—	—	—	—	—	—	—	—
采矿业支持活动	—	—	—	—	—	—	—	—	—
其他制造业	—	—	—	—	—	—	—	—	—
石油加工、炼焦及核燃料加工业	—	—	—	—	—	—	—	—	—
金属制品、机器和设备维修服务	—	—	—	—	—	—	—	—	—

资料来源：《重庆统计年鉴—2014》。

外资企业在重庆的贸易中发挥了关键作用（图5.8）。2005—2012年，外资企业占重庆进口总额的60%以上，2013年占54%。2001—2003年，外资企业在重庆出口中所占的份额不足10%，2010年不足20%，但是在2013年大幅增长至55%左右。早期外资企业进口货物以在当地市场销售，进口资本设备用于为国内市场生产而设立的生产设施。在外资企业投资的以出口为导向的计算机行业兴起以后，重庆的外资企业才开始大量出口，出口额开始大幅超过进口额。值得注意的是，仅仅是计算机行业拉动的外资企业净出口额就贡献了2013年重庆国内生产总值的7%。

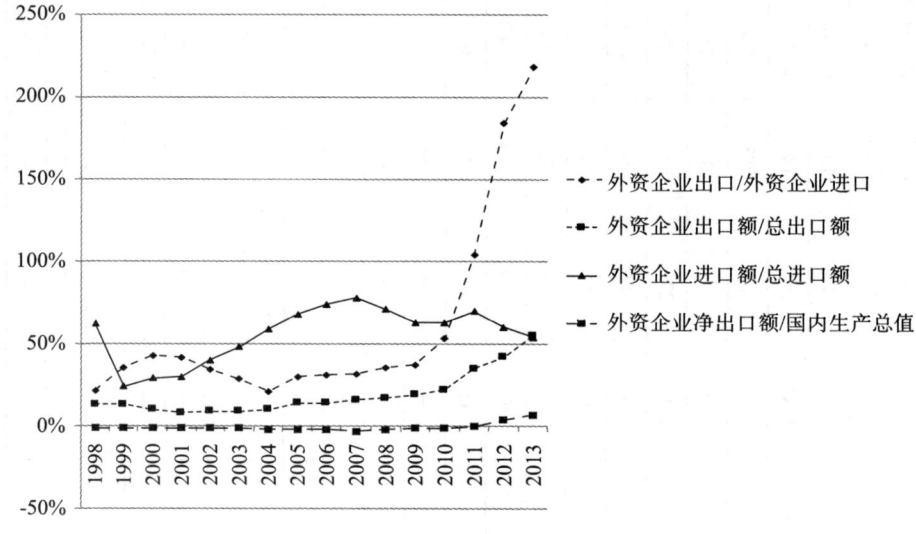

图5.8　重庆外资企业的贸易表现

注：外资企业贸易数据来源于《中国统计年鉴》，重庆贸易数据来源于《重庆统计年鉴》，统计口径可能存在差异。

资料来源：《重庆统计年鉴》（多个年份）；《中国统计年鉴》（多个年份）。

外商投资和外资企业对重庆的经济影响

在本节，我们将运用前述经济影响分析工具来估算外资企业对重庆的产出、增值（GDP）和就业的经济影响。我们能够获得重庆33个行业的外资企业销售额、增值和就业方面的统计数据（重庆，2014）。重庆公布了投入产出表，可用于生成该市的乘数。本分析所涵盖的行业大约占到重庆1991年至2013年期间吸收外资总量的34%。分析针对的是2013年的情况，因为2013年是我们可以获得重庆外资企业运营数据的最近年份。

2013年，外资在投资期所产生的影响估值为：产出80.76亿美元，增值28.57亿美元，就业173,647人。外资投资期影响占重庆国内生产总值的1.4%，就业总人数的 1.0%。从事采矿业、制造业和公用事业的外资企业在运营期所产生的经济影响为：总产出 964.45 亿美元，增值 300.77 亿美元，就业 957,925 人，相当于 2013 年重庆市国内生产总值的 15%，就业总人数的 5.7%。2013 年，重庆外资在投资期全部投资的经济影响，加上从事采矿业、制造业和公用事业外资企业的销售产生的影响，总计影响估值为：产出 1,045.21 亿美元，增值 329.34 亿美元，就业 1,131,572 人，相当于重庆国内生产总值的 16% 和重庆就业总人数的 6.7%。同样，我们需要说明，这里所说的外资企业运营的影响仅涉及采矿业、制造业和公用事业，因为这些行业里外资企业的销售数据可以获得。这些影响并不包括服务业外资企业运营的影响。因此，这些影响来自 1991 年至 2013 年期间占重庆总外资 34% 的那部分外资。如果考虑到其他 66% 外资对重庆的影响，那么外资对重庆国内生产总值和就业的影响将远高于 16% 和 6.7%。

表 5.10 显示了 2013 年外资企业运营对重庆不同行业的经济影响。外资企业运营在计算机、通信和其他电子设备制造业（直接收入为 1,848.85 亿元人民币）的总影响为：产出 378.23 亿美元，增值 126.06 亿美元，就业 337,042 人。在运输设备制造业（直接收入为 1,291.64 亿元人民币）的总影响为：产出 307.79 亿美元，增值 81.19 亿美元，就业 250,456 人。在黑色金属及有色金属的冶炼和压延加工业（直接收入为 248.28 亿元人民币）的总影响为：产出 52.99 亿美元，增值 14.16 亿美元，就业 40,313 人。

表 5.10　2013 年重庆从事采矿业、制造业和公用事业的外资企业的运营对不同行业的影响

行业	产出（百万美元）	增值（百万美元）	就业（人）
计算机、通信及其他电子设备制造业	37,823	12,606	337,042
运输设备制造业	30,779	8,199	250,456
黑色金属和有色金属冶炼与压延业	5,299	1,416	40,313
纸及纸制品制造业；印刷业、记录介质复制业；文化、教育、体育活动用品制造业	2,799	843	31,690
非金属矿产品制造业	2,417	795	31,305
橡胶、塑料、化纤制品制造业	2,252	760	30,168
电力、燃气和水的生产与供应	2,204	978	28,524
通用设备制造业	2,080	636	22,464
农产品食品加工业	1,969	841	43,770
化工原料及化工产品制造业	1,787	603	18,715
电气机械和设备制造业	1,473	419	16,018
酒类、饮料和精制茶制造业	1,372	586	35,799

续表

行业	产出（百万美元）	增值（百万美元）	就业（人）
木材加工和家具制造业	805	246	12,108
专用设备制造业	725	222	8,475
食品生产业	550	235	13,686
文化活动、办公用测量仪器和设备制造业	533	178	5,837
纺织品、服装及服装配饰制造业	520	152	10,954
纺织业	491	172	12,579
医药制造业	307	104	3,775
金属制品制造业	228	72	3,660
采矿业	34	16	588

资料来源：恩莱特·司各特咨询公司的分析。

重庆篇小结

重庆在吸引外资方面曾一度落后。然而，随着经济发展的浪潮涌向中国西部，大规模基础设施投资的增加，引导投资流向重庆政策的实施，重庆成为重要的外资目的地。与此同时，外资对重庆的发展起到了至关重要的作用。在重庆的几大重要行业中，如化工、汽车、计算机和房地产等，外国企业或者发挥了主导性作用或带来了重大贡献。在重庆崛起为经济大市的过程中，这些行业和其他行业里的外资发挥了举足轻重的作用。与此同时，重庆也对外资企业极为重要。例如，2016年，惠普公司（2015年惠普公司分拆后的两家公司之一）全球产出的60%由重庆提供。

外资和外资企业对重庆的经济影响不如对深圳和天津那么大，这一点是可以理解的。深圳和天津对外资开放早于重庆，又有着有利的沿海地理位置，因此更容易开展国际贸易。重庆的外商投资也有其独特之处，一是外资在房地产行业中占有很大份额，从根本上促进了重庆城市的建设；另一特点是计算机行业的迅速崛起几乎完全得益于外国公司的投资，这使外资企业对重庆经济的净出口贡献率仅在几年内就从负值转为正7%。还需指出的是，进一步发展重庆经济的主要举措以及两江新区的成立也在很大程度上取决于重庆吸引外资的能力。这表明，外资对这个后动城市的发展有着至关重要的作用，对于中国其他后动城市而言也有很多启示意义。

本章小结

关于中国的发展以及外资和外资企业发挥的作用，城市案例研究提供了很多重要观点。其中一个结论是，中国对外资的开放呈现出有序性的特点，这个特点体现在开放的地理位置、对外资企业组织形式的要求和开放的产业上。深圳是对外资开放的先行者，接着是天津和上海，然后是重庆。地理不对称的观念仍然贯穿着中国的投资促进和发展策略，重点以"经济特区"和"新区"来促进发展。

在产业结构方面，深圳最早开放的是出口导向型产业，而上海和天津在开放初期的重点是面向国内市场的生产。最终，吸引外资和外资企业的重点转向发展关键产业、技术型产业和服务业。与此同时，外资在基础设施、房地产、零售等领域的投资推动了现代经济和商业基础的建立。倘若没有外商投资，很多城市的重点产业就不会存在。外资和外资企业的相对重要性既因中国发展阶段的不同而不同，也因外资企业经验的不断增加而不同，但不管是哪种情况，更大规模的投资和更深程度的参与是大的发展趋势。这些城市和外国企业也从中学习到，吸引和利用外资是一条双向路，企业和地方都能从中获得极大收益。

即使我们以每个城市的部分外资为基础进行估算，外资和外资企业对这几座城市的经济依旧很大。以可获得数据的最近一年为例，在深圳，外商投资加上外资额占累计外资总额66%的行业里外资企业的运营共同产生的影响，占到深圳国内生产总值的41%，就业的43%。在天津，当只包括占累计外资总额51%的行业的外资企业运营时，外商投资和外资企业运营产生的影响占到天津国内生产总值的22%，就业的21%。在重庆，当只包括占外资总额34%的行业外资企业运营时，外商投资和外资企业运营的影响占重庆国内生产总值的16%，就业的7%。还有一些行业的外资和外资企业影响无法追索，但如果这些影响与其他行业类似的话，那么外资与外资企业在这些城市的影响还要大得多，大概占到国内生产总值的35%到60%以上。对于上海来说，目前尚没有可用数据能进行此类分析，但是官方资料表明，外资企业占上海出口、进口和工业产出的三分之二；占税收和就业的三分之一；占高新技术产出的90%。

当然，这些城市本身为此也作出了巨大努力，如完善政策、投资基础设施和人力资本，提高城市管理水平等。外资企业与这些城市的互动交流固然影响到了城市所采取的措施，但是这些措施的实施离不开中央政府的指导下。案例研究表明，在推动这些城市进一步发展的新举措中，吸引和留住外国投资并为外国公司提供更多的行动自由仍然是重要的组成部分。深圳、天津、上海和重庆这四座城市显然是中国吸引和利用外资成功带来经济和社会进步的典范。它们也是各自地区发展的引领者，因此我们希望中国其他城市能够学习它们的成功经验，从外商投资中获得各种益处。

注　释

1. 恩莱特·司各特咨询公司的董梅（Ella Dong）和山德森大卫（David Sanderson）承担了本章的辅助工作。
2. 需要注意的是，中国内地的统计来源经常把来自中国香港和澳门的投资合并为一类。
3. 本书作者曾在1999年开展过一个上海外国公司的研究项目，90%的相关采访竟得以在三座大厦或综合楼内完成，这三座建筑是，上海美国中心、瑞安广场（由香港瑞安集团开发）和一栋德国投资的综合性大厦（位于虹桥机场附近）。
4. 美国的花旗集团和美洲银行，日本的兴业银行和三和银行、法国的东方汇理银行和里昂信贷银行。
5. 累计利用外资数据来自2014年《重庆统计年鉴—2014》，排名来自中国经济数据库（2015）。中国经济数据库中的重庆外资数据比《重庆统计年鉴》的数据要大。
6. 需要注意的是，其他来源显示的比例略低于这个比例。例如，根据荷兰领事馆2014年发布的消息，2013年重庆在全球笔记本电脑生产中所占的份额为25%。

参考文献

ABB, 2006, 'ABB Global Robotics Business Headquarters Opens in Shanghai', ABB Press Release, 4 April.

Alcatel – Lucent Shanghai Bell, 2014, Company Presentation, January.

BASF, 2014, BASF in Greater China.

Bayer, 2012, Annual Report 2011.

Binhai New Area, 2015, Binhai New Area Briefing.

CEIC, 2015, CEIC Database, accessed October 2015.

Cheng, G., 2010, 'Hat trick pulled off in Tianjin', China Daily, 22 September.

Chen, K., 2011, 'Foreign Equity Investment Fund Establishment in Chongqing – First Investment Amount of 5 Billion in Chongqing Tourism', Chongqing Economic Times, 22 June.

Chen, X. and T. de' Medici, 2010, The Instant City Coming of Age: China's Shenzhen Special Economic Zone in Thirty Years, Trinity College Working Paper, no. 2.

China Briefing Media, 2004, Business Guide to the Greater Pearl River Delta, Hong Kong, China Briefing Media.

China Daily, 2015a, 'Foreign banks eye Shanghai to open branches', China Daily, 6 August.

China Daily, 2015b, 'Industrial Parks in Tianjin', China Daily, October 21.

China Economic Review, 2005, 'Tianjin', in China Business Guide 2005, Beijing, China Economic Review.

China Telecom, 2000, 'Alcatel to Establish Headquarters in Shanghai', China Telecom Monthly Newsletter, February, p. 10.

Chongqing, various years, Chongqing Statistical Yearbooks.

Chongqing, 1999, Chongqing Urban Development Yearbook 1999, Chongqing Urban Development

Office.

Chongqing, 2014, Chongqing Statistical Yearbook 2014.

Chongqing Currents, 2012, 'Chongqing Currents Talks to Raymond Bragg, General Manager of Kempinski Chongqing', Chongqing Currents, March – April, p. 4.

Chongqing Government, 2014, Introduction of Liangjiang New Area.

Chongqing News, 2015, 'Chongqing made computers take up 1/3 of world output', Chongqing News, 9 January.

CNTA, 2009, The yearbook of China tourism statistics, 2008, Beijing, China National Tourism Administration.

do Rosário, L., 2015, 'Carriage of Trade – Railway from Chongqing opens new Silk Road to Europe', Macau Hub, 6 March.

Fu, J., 2000, Institutions and Investments: Foreign Direct Investment in China during an Era of Reforms, Ann Arbor, University of Michigan Press.

Fu, T., M. Chang, and L. Zhong, 2008, Reform of China's Urban Water Sector, London, IWA Publishing, 2008.

Gamble, J., 2003, Shanghai in Transition: Changing Perspectives and Social Contours of a Chinese Metropolis, London, Routledge.

Gao, R., 2013, Regional China: A Business and Economic Handbook, London, Palgrave Macmillan.

Gu, G. Z., 2006, China and the New World Order, Palo Alto, Fultus Books.

Hendrischke, H., 1999, 'Tianjin – quiet achiever?', in H. Hendrischke and F. Chongyi, eds, The Political Economy of China's Provinces, London, Routledge, p. 183 – 206.

HKTDCa, 2015, Chongqing Market Profile, Hong Kong Trade Development Council.

HKTDCb, 2015, Tianjin Beichen High – tech Industrial Park, Hong Kong Trade Development Council.

Hui, Z., 2010, 'Trailblazer – Tracing the First Wholly Foreign – owned Company in China', China Today, December.

IBM, 2013, IBM in the Growth Markets.

Invest Shanghai, 2015, About Shanghai.

Jacobs, J. B. and L. Hong, 1994, 'Shanghai and the Lower Yangzi Valley', in D. S. G. Good and G. Segal, eds, China Deconstructs: Politics, trade and regionalism, London, Routledge, p. 224 – 52.

Jones Lang LaSalle, 2007, Emerging City Winners Profiles: Chongqing, April.

JPRD, 1983, 'Wage System in Shenzhen Special Economic Zone', Journal of the Pearl River Delta, 82822, 8 February.

Leong, A. and S. Pratap, 2011, China's Capitalist Development and Its Implications for Labour with Special Reference to the Shenzhen SEZ, Hong Kong, AMRC.

Liu, Y., 2015, 'Tianjin Binhai New Area's GDP leaps in the past decade', China Daily, 10 March.

Ma, Z., 2015, 'AT&S expands Chongqing site for next – generation PCB', China Daily, 6 May.

Netherlands Consulate, 2014a, Automotive Industry in Chongqing, Sichuan, and Hubei, Consulate General of the Kingdom of the Netherlands in Chongqing.

Netherlands Consulate, 2014b, Chongqing Municipality Profile, Consulate General of the Kingdom of the Netherlands in Chongqing.

Savills, 2013, Chongqing Hospitality, 2H 2013.

Shanghai, 2014, Shanghai Statistical Yearbook.

Shanghai Daily, 2008, 'IBM locates new unit HQ in Shanghai', Shanghai Daily, 25 April.

Shanghai Government, 2015, 'The second economic development: Introduction of foreign capital', Shanghai Government Blog.

Shanghai Industrial, 2003, 'Shanghai Industrial to Acquire A – Share Company SI United Holdings' Control Interest for HK $817m', Shanghai Industrial Press Release, 22 May.

Shenzhen, various years, Shenzhen Statistical Yearbooks.

Shenzhen, 2000, To Commemorate the 20th Anniversary of the Establishment of the Shenzhen Special Economic Zone, Shenzhen Government.

Shenzhen, 2014, Shenzhen Statistical Yearbook 2014.

Shenzhen ETO, 2013, 'Shenzhen Economic Statistics Review', Shenzhen Economic and Trade Office Sydney: Newsletter, May.

Sino – French Water, 2011, Committed to China's Sustainable Development.

Tianjin, various years, Tianjin Statistical Yearbooks.

Tianjin, 1996, Tianjin Statistical Yearbook 1996.

Tianjin, 2005, Doing Business in Tianjin – 2005, Tianjin Government.

Tianjin, 2012, Tianjin Statistical Yearbook 2012.

Tianjin, 2015, Tianjin Statistical Gazette 2015.

Wang, H., 2011, 'Roche sees new Shanghai center one of its hubs', China Daily, 15 April.

Wang, Y., 2014, 'Another 58 multinational companies locate headquarters in Shanghai', Shanghai Daily, 10 December.

Wang, Y., 2015, 'Foreign firms leading force in Shanghai's innovation center drive', Shanghai Daily, 11 August.

Want China Times, 2012, 'Quanta to move almost all production to Chongqing', Want China Times, 18 August.

Wilson, S., 2009, Remade in China: Foreign Investors and Institutional Change in China, Oxford, Oxford University Press.

The World Bank, 2013, Urbanization beyond Municipal Boundaries, Washington DC, The World Bank.

Wu, W., 1997, 'Proximity and Complementarity in Hong Kong – Shenzhen Industrialization', Asian Survey, August.

Xie, Z., G. Zhong, H. Yu, N. Tian, and Y. Wang, 2013, Research on Shenzhen's Role in Facilitating the Transformation of Chinese Migrant Workers, Shenzhen, Survey Office of the National Bureau of Statistics in Shenzhen.

Zhu, J., 1999, The Transformation of China's Urban Development: From Plan – controlled to Market – led, Westport CT, Praeger.

Zhuang, T., 2015, 'Liangjiang New Area at core of China's growth', China Daily, 13 August.

渤海早报：《外资企业新区投资执着猛》,《渤海早报》, 2015 年 1 月 23 日。

每日经济新闻：《嘉德联合体斥资 65 亿重庆拿地　行业低谷或成外资房企抄底良机》, 每经网, 2011 年 12 月 1 日。

人民网重庆频道：《重庆已开业外资银行达 17 家　数量位居中西部首位》, 人民网重庆频道,

2015 年 1 月 23 日。
商务部：《当前深圳市吸收外资形势特点及主要问题》，2015 年。
天津日报：《天津日报》，1994 年 8 月 8 日。引自 Hendrischke（1999）。
天津日报：《自贸试验区首批入驻的 26 家金融机构获颁许可证》，《天津日报》，2015 年 4 月 22 日。
证券时报网：《上半年销量前十车企 5 家下滑　合资亟待补齐 SUV 短板》，证券时报网，2015 年 7 月 16 日。
中国出口信用保险公司：《新兴市场中先动者优势的取得——大众汽车在华业务的分析及其启示》，中国出口食用保险公司，2013 年 6 月 9 日。

第六章

企业案例研究

引　言

前几章侧重于外商投资和外商投资企业对中国发展的总体贡献,本章将着重分析中国香港先驱投资者、美国消费品公司宝洁、丹麦航运与物流公司马士基和韩国电子产品公司三星对中国发展的具体贡献。这些公司在中国的发展道路不尽相同,对中国的贡献也各具特色,但其发展历程均能让我们对外资的经济贡献有进一步深入的了解。

中国香港的企业堪称在中国投资的先锋。香港毗邻深圳经济特区,与中国内地文化相通,血脉相连,又有着发达的轻工业和紧密的全球商业和金融关系网,这使得香港投资者敢于在他人犹豫之时率先与中国内地建立商业联系。香港有能力将中国的土地、劳动力和资源推向全球市场,也有能力引进全球资金、技术和能力以满足中国的发展需要,因此,来自香港的先驱企业成了中国制造业、基础设施、公用事业、房地产、酒店和服务业的主要投资者。香港企业率先进入了中国的很多行业和地区,虽然今天人们对其开创性作用不再津津乐道,但香港投资者确实对中国众多的行业和地域作出了重大贡献。

宝洁是早期进入中国的西方主要跨国公司之一。宝洁从很早就开始致力于开发中国市场,在获准在中国大陆销售产品三年之前,投资们就已经在中国开展品牌宣传活动了。宝洁公司向中国推出了此前这个市场一无所知的全套新产品系列,还投资培养了最终被纳入其全球供应链的供应商,并帮助中国许多地区创建了分销体系。宝洁和其他同行公司还将现代营销和广告实践引入中国。同时,宝洁还致力于培养本地员工,使宝洁中国成为该公司管理人才的净输出者。此外,宝洁开展了广泛的企业社会责任实践活动,包括在公共健康、卫生意识、教育和国际博览会等方面的投资。宝洁的投资和运营对中国经济产生的影响值几倍于其投资和销售总量。

马士基与中国的交流互动体现在多个方面。马士基一直是中国造船厂的主要客户,正是在马士基的帮助下,一些中国船厂达到了世界领先水平。在投资港口和航运业务,以推动中国与世界相连,促进中国成为世界贸易大国方面,马士基发挥了引领作用。该公司还率先将高效的港口业务规范引入中国，在此过程中降低了成本，改善了环境。在马士基物流部门的协助下，中国国内以及中国与海外市场之间的货运成本得以降低。该公司还通过各种企业社会责任活动支持中国发展。

三星是中国最大的外国投资者之一。三星在中国创建的结构可与其在母国韩国的结构相比。三星在中国进行了广泛投资，包括生产设施、研发、市场营销与销售。该公司还帮助中国制定了电信标准，通过在国际上倡导开放标准，间接帮助了中国电子公司的兴起。三星吸引了众多外国供应商在中国开展业务，促进了中国供应商的发展。不过，随着在中国的成本上升以及竞争加剧，三星的生产活动也在多元化。特别值得一提的是，三星正在越南投资建厂，规模与其在中国的业务规模相当。这或许是一种警示，如果在中国的投资成本过高，或者中国对外国企业不像其他国家那么友好，那么大型跨国公司会另寻他处。

鉴于篇幅有限，我们不可能对中国成千上万的外资企业做公平的介绍。来自中国台湾、日本、新加坡、德国、法国、英国和其他各国和地区的企业同样影响着中国。尽管中国的外资企业绝大多数为小企业，但是在本章我们将侧重于选择大型公司，并重点论述外资企业对中国经济的影响，而不是外国公司从中国的经营活动中获得的收益。但是，外商投资显然是一条双向路，许多外国公司在中国实现的销售和利润比它们在其他任何市场都要多。中国在主要跨国公司的战略中也扮演了越来越重要的角色。在本章，我们主要用企业案例描述外国公司对中国经济的影响。我们希望其他的研究者能够对更多中国外资企业的案例进行研究，让这部分文献不断充实。

中国香港先驱企业[1]

自改革开放以来，中国香港就是中国内地最大的单一外资来源地。除了令人瞩目的投资规模，中国香港和香港企业对中国经济发展所作出的贡献也同样令人瞩目。中国香港企业是首批在中国投资出口导向型产品生产的非内地公司，帮助内地开发了供应链和生产系统，使中国（尤其是华南地区）成为世界领先的制造地和出口地之一。中国许多和外资有关的制度最初都是在香港投资和香港投资者进入内地之时制定的，包括法律制度、产权、出口加工规定、海关制度、劳动条例和土地使用规定。

中国香港企业还是中国基础设施的早期投资者，使中国与全球经济的联系更加紧密。这些投资包括了对中国重要制造和出口地区港口和道路方面的投资。中国香港开发商率先开展多用途开发，使中国的城市成为跨国公司与外国居民眼中的"用户友好型"城市。中国香港投资者在将技术、管理能力和世界市场知识介绍到中国的过程中发挥了重要作用，在中国改革开放初期尤为如此。虽然这些年来香港投资者的相对重要性已有所下降，但他们依然为中国作出了重大贡献。若没有香港的投资及其关系网，中国很难如此迅速地发展成为世界领先的经济体。

投资与就业

中国香港是截至目前中国内地最大的外资来源。中国国家统计局报告称，1985—2014 年，香港向中国内地直接投资 7,448 亿美元，占中国内地外商直接投资的 47%。[2]虽然有些可能是来自中国内地的"返程"投资，也有些可能是外国公司从香港调配至内地的投资，但香港和香港企业依旧是中国内地的主要投资者，对邻近香港的广东省而言尤为如此。而在上海及其他许多中国主要城市和省份，香港企业即便不是主要投资者，也是重要投资者。

香港投资者还为其他外国投资者进入中国铺平了道路。中国从 1979 年开始向外国投资者开放。当时，管理外国投资的法规和中国经济的发展前景尚存在很多不确定性。早年间，香港商人主要对祖籍所在地进行投资，并比较倚重家族关系（Leung，1993）。究其原因，一是为家乡发展作贡献的观念，另一比较现实的原因是，许多香港企业家仍有家人或朋友居住在这些地方，他们的帮助可以减少相关的不确定性和风险。总之，当时中国正处于制定外国投资策略的过程中，法律制度尚不完善，执行协议尚存在不确定性，是这些香港的企业家甘愿承担风险，首先找到了在中国开展业务的方法。

大部分早期香港投资都进入了制造业。1979—1984 年，香港在广东省的投资有 69% 进入了第二产业，28% 进入了第三产业，仅有 2.4% 进入了第一产业（中山大学，2002，第 7—8 页）。在极低的土地和劳动力成本的吸引下，香港在此期间的大多数投资都流向了劳动密集型出口加工业（Wang，1994，第 169 页）。投资目标大多是香港企业已具备很强竞争力的行业，由于这些行业在香港的成本太高，香港企业开始利用中国制造的产品为其现有的销售和分销网络供货。他们的投资集中在深圳经济特区和广深铁路沿线地区，尤其是东莞地区，这样可以从最大程度上缩短从香港到投资目的地所需的时间，因为当时即便是到邻近的中国城市也需要花费数小时或更长的时间（中山大学，2002，第 7 页；Li 等，2002，第 38 页）。早期投资者的成功吸引了新的投资者，而且随着基础设施项目的开发，从香港到珠江三角洲东部地区的交通变得更为便利。香港对中国的投资快速增长，投资目的地逐渐从毗邻香港的地区延伸到珠江三角洲内部，甚至是更远的地区。

1992 年邓小平视察南方之后，中国启动了第二轮改革和经济开放，吸引了来自香港的新一轮投资。1992—2002 年，香港对中国的投资额增长了将近十倍。这一轮投资仍然集中在广东省珠三角地区的传统产业（《香港商报》，2002；《大公报》，2002a；《大公报》，2002b）。到 2000 年，珠三角地区的港资企业约有 70% 是从事纺织品、服装、电子产品、玩具、金属制品、塑料制品及其他劳动密集型轻工业品的生产。香港约 80%—90% 的塑料业、约 85% 的电子业和 90% 的手表和玩具业已转移至珠三角地区。绝大多数此类工厂从事出口加工贴牌生产或定牌生产的出口活动（中山大学，2002，第 10 页）。据香港中华厂商联合会估算，截至 2001 年 10 月，该联合会有 86.1% 的会员在中国内地设厂生产；中国内地港资实体总数达 198,188 家，其中大部分为位于广东省的制造业公司（《大公报》，2002a）。香港企业通常会将生产流程之前及之后的部门留在香港，如设计、开发、营销、销售和物流以及高级管理和财务部门，将生产和与生产密切相关的活动分散在中国内地（作者的采访）。

邓小平视察南方及随后的发展带来了中国服务业的进一步开放，确定了长江三角洲地区作为第二大经济增长引擎和外国投资目的地的地位。随着香港企业对金融、保险、房地产、建筑材料等各类服务行业的投资，香港的投资也变得更为多元化。从地理区域看来，投资仍集中于珠三角区域，但也开始转向广东省其他地区。许多在上海有家族联系的香港企业家开始在长三角地区开拓商机。来自香港的投资连续多年占上海外商投资的 50% 以上，香港开始被视为上海的发展合作伙伴（香港贸易发展委员会，2001）。

虽然在中国内地投资的香港制造公司大多规模较小，但大量公司凭借其在中国的生产设施成了国际知名企业，如德昌电机（微电机）、伟易达集团（电子产品和玩具）、金山工业（电池和电子产品）、创科实业（工具）、联业制衣有限公司（服装）、溢达集团（服装）等。除制造商和贸易商之外，香港的房地产开发商、基础设施公司、零售商、银行、物流公司等也加入到对中国内地的投资中来。在香港与中国内地签订《内地与香港关于建立更紧密经贸关系的安排》及其后续补充协议之后，这些公司进入内地的道路变得更为平坦。《内地与香港关于建立更紧密经贸关系的安排》最早签署于 2003 年，旨在为香港企业进入内地市场提供更多便利。与此同时，小型香港企业在内地所面临的状况在 21 世纪初开始发生变化，原因是内地竞争对手涌现；珠三角地区经营成本上升；有些重要的投资所在地开始注重可持续发展，支持制造工艺更为清洁的投资项目，将技术含量更高的投资作为吸引目标。虽然如此，2003—2013 年，香港在中国内地的投资存量约增长了两倍。

香港投资还为中国内地尤其是广东省珠三角地区带来了就业岗位。1981 年，香港制造企业雇用了约 87 万名生产工人，大部分工人在香港工作，仅少量工人在其他国家工作。到 2001 年，香港制造企业仅在香港本地雇用了约 23 万名生产工人（香港政府统计处，2002）。根据我们的估算，截至 2002 年，香港企业在珠三角地区（直接和间接）雇用了多达 1,000 万到 1,100 万名工人，在亚洲其他地区雇用了 50 万到 100 万名工人。[3] 我们未能找到之后年份香港企业在中国内地促进就业的相关研究，但我们注意到，2003—2013 年来自香港的外商直接投资存量增加了大约两倍；而且，2003 年雇用的 1,100 万名员工仅是香港企业投资的一个省的数据，不过大部分香港投资都流向了该省。

让中国与世界相连

长期以来，香港和香港企业在促进中国与世界建立联系方面起到了重要作用。例如，在地理交通上，香港通过其港口和机场与中国相连；在商业上，通过贸易、展销会和贸易洽谈会与中国相连；同时，还将中国连接到全球资本市场。在中国实行改革的头二十年中，香港港口将华南地区的海路出口货物运往全世界。直至 1996 年，香港在华南地区直接出口集装箱运输中所占的比例仍在 95% 左右。随着广东省的港口接受了大规模投资，吞吐量进一步增加，效率提高，香港所占的比例才开始下降，2001 年这一比例降至 76%；2006 年降至 47%；2011 年降至 40%（香港运输及房屋局，2008；香港运输及房屋局，2014）。因此，虽然现在香港的重要性有所下降，但香港在中国改革头二十年中所作的贡献有目共睹，是香港为华南地区提供了通往世界的港口通道，让华南在这一段时间里发展为全球主要出口地。

香港是使中国走向世界的主要航空货运服务供应商。2004 年，香港国际机场约占泛珠三角地区总航空货运量的 70%、国际航空货运量的 90%（Lam，2005）。2014 年，香港国际机场约占泛珠三角地区总航空货运量的 65%、国际航空货运量的很大比例。[4]

香港成为商品交易、展销会和国际商务交流的领先地区。2013 年，香港进出口贸易部门雇用了 516,700 人（香港政府统计处，2014），[5]其中绝大部分与中国贸易事务有关。在贸易会展领域，既有香港利丰集团这样的大贸易公司，也有成千上万家小公司，它们互相展开竞争。在香港举办的以及由香港会展运营商（如环球资源公司和香港贸易发展局）组织的贸易展销会每年多达 100 多场，吸引了几百万采购商。大多数展销会都以中国制造的商品为主。香港还是领先的商务洽谈媒体中心，这个中心虽然不能说是将中国采购商和供应商推向世界的唯一平台，却也是非常重要的平台。上文提到的环球资源公司在这个媒体中心中发挥了重要作用。

香港还是中国内地公司获取国际资本的主要途径。来自中国内地的首家"红筹"公司于 1973 年在香港证券交易所上市。[5]1993 年，青岛啤酒成为中国内地首家在香港证券交易所上市的"H 股"公司。[6]截至 2015 年 9 月底，内地共有 212 家 H 股公司、144 家红筹公司和 564 家非 H 股私营企业在香港证券交易所上市。这些公司的总市值达 14.3 万亿港元（约 18,500 亿美元），约占香港证券交易所上市公司总市值的 62%（香港证券交易所，2015）。近年来，大部分中国公司在港进行的首次公开募股由国际投行和中外合资的投行负责管理,但在早期阶段,香港百富勤投资集团有限公司(在 1997 至 1999 年间的亚洲金融危机中破产)才是引领中国公司进入国际资本市场的领导者。

在中国金融业的国际化方面,香港也实现了多个"第一"。2004 年,香港成为第一个启动人民币业务的离岸中心,并成为人民币交易结算、融资和资产管理的主要全球中心。2014 年香港推出了沪港通,首次为外国投资者提供了进入上海股票市场的渠道。上述例子表明,作为中国金融市场国际化的实验室,香港发挥着重要作用。

在中国建设基础设施和公用事业

香港企业一直是投资中国基础设施的先驱,特别是广东省珠三角地区的基础设施投资。无论在陆运、海运、公用事业,还是能源领域皆为如此。在中国改革开放早期,大多数外国投资者并不愿意投资中国的基础设施。在缺乏明确的法律框架和先例的情况下,许多潜在的外国投资者担心其在中国投资受到法律法规变化的影响,进而影响投资成果。而香港企业却愿意承担风险,与中国同行一道找到解决问题的办法。

香港企业早期就对中国的陆路运输进行了投资,特别是珠三角地区的陆路运输(作者的采访;Yeung,1994,第 149—150 页)。合和实业、新世界基建、长江实业、太和集团、惠记集团等香港企业帮助建设了道路和桥梁,使广东省大部分地区都能畅通无阻的接纳外资。香港在道路方面的投资不仅带来了资本,还带来了收费高速公路等新概念。香港对基础设施的投资惠及中国多个地区,对珠三角地区产生了尤为重要的影响。20 世纪 90 年代,得益于香港对基础设施的投资,珠三角地区高速公路的密度在中国内地名列前茅,推动了珠三角地区的工厂与香港和深圳的港口相连,进而与世界相连。

香港企业在中国港口的发展中发挥了关键作用(Comtois 和 Slack,2000,第 16 页)。深圳盐田港由深圳东鹏控股公司和香港和记港口控股公司共同开发。香港和记港口控股公司是世界领先的港口投资者和运营商,同时也是上海、宁波、惠州、厦门、珠海、佛山和江门等地港口的主要投资者和运营商。现代货箱码头有限公司曾属于香港太古集团,现为香港九龙仓集团的子公司。该公司投资了蛇口的大铲湾、广东的赤湾以及太仓港(江苏省)的港口设施。新世界基建投资了厦门和天津港的集装箱码头。除投资之外,香港企业还为中国最重要的几大港口提供了管理经验和专业知识,并与中国海关及其他机构合作,简化流程和文书工作。这些合作使中国港口得以按照世界标准运营,如果没有香港企业的帮助,中国港口很难做到这一点(作者的采访)。香港企业仍是中国最重要的几大港口的主要投资商和运营商,这表明香港仍在作出巨大贡献。

香港企业还率先在中国的其他基础设施领域进行投资。香港地铁公司是首家在中国投资并运营地铁线路的非内地公司，活跃于北京、深圳和杭州等地（香港地铁公司，2014）。香港机场管理局是首个在中国内地投资兴建机场的非内地实体，于2006年收购了杭州萧山国际机场35%的股权，并于同年设立了合资企业来管理珠海机场，于2009年开始管理上海虹桥机场的终端和零售业务（香港机场管理局，2014）。香港地铁公司与香港机场管理局的投资在中国开了先河，为其他外国实体后来在这些行业的投资打下了基础。

香港企业还投资了中国内地的公用事业和能源领域。新世界基建在广东和四川投资建设了发电厂，并在中山、四平（吉林省）、保定（河北省）、郑州（河南省）、盘锦（辽宁省）、昌都（辽宁省）、大连（辽宁省）、上海、三亚（海南省）、重庆、天津、武汉和成都投资建立了水厂和/或水处理设施（新创建集团，2015）。长江基建在珠海投资建设了发电厂，在湖南建设了供水设施，在南海建设了天然气田（长江基建，2015）。合和实业是广东省发电厂的主要投资者（合和实业，2015）。中电集团在广西、北京、天津和山东投资建设了煤电厂；在广东省建设了核电厂；在辽宁、云南、四川、山东、上海、贵州、河北、内蒙古、黑龙江、新疆、甘肃、吉林和广东建设了风电场；在四川、云南和广东建设了水力发电设施；在甘肃、江苏和云南建设了太阳能发电设施（中电集团，2015）。香港企业往往能在不确定的环境中找到解决方案，因而成为首批投资中国公用事业的投资者。香港企业通常与中国官员一起努力，共同制定投资这些领域的规章制度，为其他外国投资者的进入铺平了道路。

开发中国城市

中国香港开发商是在中国几大主要城市进行房地产开发的先锋。20世纪90年代，香港开发商在中国开发的项目，如瑞安在上海开发的瑞安广场和嘉里集团在北京开发的国贸中心，使中国的城市成为跨国公司与外国居民眼中的"用户友好型"城市。瑞安地产在上海的新天地和太平桥开发项目推动了中国城市中心开发标准的建立。新鸿基地产、和记黄埔、九龙仓、恒隆地产和恒基兆业地产等香港开发商也是在中国的外资开发商中的佼佼者。截至2015年10月，嘉里集团已在内地20多个城市中拥有已竣工或正在建设中的项目，九龙仓在15个城市拥有项目，恒基兆业地产在16个城市拥有项目，恒隆地产在8个城市拥有项目。香港开发商还以极具特色的开发重点而知名，如瑞安集团的城市中心历史保护性开发项目、恒隆的零售综合商厦开发项目、嘉里集团的多用途城市中心开发项目、新鸿基地产的大型办公和零售综合商厦开发项目。香港开发商在上海的表现尤为突出，淮海路最繁华的路段是上海最重要的商业街之一，因香港开发商的投资而被称为"香港街"。

香港企业还在内地积极开发酒店，许多城市的首家国际水准酒店都由香港企业开发。1983 年开业的白天鹅宾馆和 1984 年开业的中国大酒店就是由香港合资企业开发。这两家酒店多年来一直都是外籍商务人士在广州的首选酒店。中国大饭店与附近的盛贸饭店（由嘉里集团开发）多年来一直都是前往北京的外籍商务人士的首选。香港开发商的早期投资促进了其他公司在中国的投资。截至 2015 年下半年，嘉里集团在中国内地投资了 54 家酒店，包括香格里拉、盛贸和其他品牌。其他一些香港酒店集团也在中国内地进行了大量投资活动，如朗廷（截至 2015 年 10 月，已有 12 家酒店）、新世界（9 家酒店）、九龙仓集团（8 家酒店）、富豪（8 家酒店）和马可波罗（7 家酒店）。东方集团（怡和集团旗下公司）、太古酒店集团和香港上海大酒店（半岛酒店品牌）等集团在中国拥有的地产较少，但知名度都很高。

香港企业是首批进入中国房地产和酒店业的外来投资者，他们不断将新的质量标准和国际最佳实践引入中国，成为中国开发商纷纷效仿的典范。他们与中国地方官员合作，制定了一套管理制度，推动了外国投资进入这些领域。他们还为其他国家的开发商铺平了投资中国的道路，扩大了香港企业的整体影响。因此，尽管截至 2015 年，活跃于中国内地的香港开发商在体量上比内地主要开发商要小得多，但他们依然在中国很多城市中占有突出地位。

技术和管理知识转让

在中国改革初期，香港不断向珠三角地区和中国其他地区转让技术和管理知识，在这方面发挥了重要作用。主要转让方式包括随香港企业投资而来的直接转让、中国内地企业效仿香港的技术和管理实践以及香港成为中国与世界之间的媒介，推动技术和管理实践的转让。

伴随着香港企业投资而来的是大量技术和管理知识的转让（Wang，1994，第 172—173 页）。在经济封闭自守三十年之后，中国创造或吸收所需技术或管理知识的能力有限。如果中国准备满足国内需求并为出口市场生产产品，那么就需要外国的技术和管理能力。在改革初期，大部分转让的技术体现在香港投资者进口的资本设备中，而管理知识则体现在香港经理人身上。香港企业带来了现代化的产品设计、生产设备、生产管理、质量控制、包装专业知识和营销知识（作者的采访；Cheng and Zheng，2001；Wong，2003）。本地公司很快开始效仿香港企业的做法。这种形式的转让一直持续到 20 世纪 90 年代晚期，其时许多中国公司已经提高了自身的能力和吸收或推广外国技术的能力。

自 20 世纪 90 年代中期以来，在将技术和管理知识引入中国的过程中，香港所起的作用也在发生改变。在技术方面，香港企业承担起了媒介作用，将其在全球获得的技术引入中国。在管理方面，随着内地教育的进步和经验的增加，本地公司管理能力得到了提高，于是在港资企业中，一般是香港人担任高管、市场营销、财务和国际职位，而内地经理人则担任具体业务职位。在许多重要跨国公司中也能看到同样的模式，即香港人通常担任负责中国区业务的高管和国际职位。应当注意的是，香港企业培养的许多内地经理人后来成为促进中国私有经济发展的企业家（作者的采访）。

香港的贡献

中国香港和香港企业对中国内地经济发展所作的贡献难以估量。中国的统计显示，香港一直是中国外商直接投资的主要来源。虽然有些声称来自香港的资本实际上来自其他地区，但这仍然说明了香港在将中国与世界相连的过程中所起的作用。香港企业和香港模式在各行各业和各个政策领域中都对中国的发展产生了极大影响。

一个简单的例子就可以说明中国香港对中国发展的价值所在。例如，我们来对比一下珠三角地区两组城市的情况，一组是深圳市与东莞市，另一组是中山市与珠海市。深圳位于香港以北，珠三角地区东部，是1980年中国首批经济特区之一。珠海位于澳门以北，珠三角地区西部，同样也是中国首批经济特区之一。1980年，深圳市和深圳以北的东莞市的GDP共计为6.5亿美元，而珠海和珠海以北的中山市的GDP共计为7.6亿美元，前者明显低于后者。1990年，这两组城市的GDP分别为42亿美元和18亿美元；2002年分别为354亿美元和99亿美元；2008年分别为1,654亿美元和343亿美元；2013年分别为3,226亿美元和694亿美元，差距超过2,500亿美元。

GDP出现差距的主要原因是深圳与东莞的出口优于珠海和中山，而这种出口差距则主要由这两组城市在吸收外资方面的差距所致，吸收外资的差距在很大程度上是由于大多数投向珠三角地区的外资都投向了距离香港车程较短的地区。事实表明，从香港来的各类投资方都愿意采用乘车而非渡船的方式前往投资所在地，不管是香港企业的所有者和经理人、总部位于香港的跨国公司的经理、香港的服务提供商，还是飞往香港想要视察所购商品之生产工厂的国际采购商，这些人都会优先选择珠三角地区的东部，而不是西部。正是由于珠三角东部一直都有着通往香港的更便捷的陆路交通，深圳与东莞的GDP才能比另外两个城市高出2,532亿美元，尽管从珠海与中山出发，乘轮渡前往香港的时间不足两个小时。[8]

很明显，香港企业在中国发展的诸多方面，尤其是在中国与世界的沟通交流方面，起到了先锋示范作用，在制造业、贸易、运输、基础设施、房地产、酒店和服务行业均是如此。虽然香港目前的影响力远低于中国开放早期时的影响力，但近年来的活动表明，香港在中国开放方面仍起到了开创性作用。

宝洁公司

宝洁公司（P&G）是全球最好的消费品公司之一。宝洁公司在中国宣布经济开放后不久就开始探索中国市场的潜力。然而，在20世纪80年代初，外国公司仍然无法在中国销售产品。宝洁公司于1985年开始在北京和上海开展市场研究；同年，开始在中国进行广告宣传，以便扩大在中国的知名度；三年后，才获准在中国销售产品（Dyer等，2004，第387页）。宝洁公司于1988年与香港和记黄埔共同建立了合资企业，从此正式进入了中国市场。宝洁公司最初占该合资企业69%的股份，随后于1997年将股份增至80%，并于2004年增至100%。

宝洁公司于1988年在中国推出了首款产品海飞丝洗发水。该产品拥有多种规格尺寸，售价最低的是0.5元人民币的一次性袋装洗发水，满足了较为贫穷的中国人在特殊场合的需求。[9]宝洁公司随后推出了护肤品玉兰油（1989年）、飘柔洗发水（1989年）、潘婷洗发水（1911年）、舒肤佳香皂（1991年）、佳洁士牙膏（1997年）以及帮宝适纸尿裤（1997年）。至2015年，宝洁公司已将伊卡璐、沙宣、激爽、护舒宝、碧浪、汰渍、SK2、塞巴斯汀、博朗、吉列、海肌源和金霸王等品牌引入中国（宝洁，2015a）。零售咨询公司坎特传媒（Kantar Media）的统计表明，2009年，98%的中国家庭至少购买过一种宝洁的产品，85%的中国家庭购买过联合利华的产品（坎特传媒，2010）。

宝洁公司在中国的首批生产设施设于广州和上海。到2005年，宝洁公司已在广州、上海、北京、成都（华西地区，四川省）和天津开设了工厂和子公司；在广州、北京、上海、成都、天津、东莞和南坪开展了运营活动；在广州设立了中国总部；在北京设立了技术中心。天津工厂是宝洁公司在全球最大的工厂，而广州分销中心是其在全球第二大分销中心。

在中国建立产品类别

宝洁公司将产品分类的概念引入了中国，优化了为本土消费者提供的产品。例如，在中国部分地区，洗发水并非是包装好的产品。人们使用普通肥皂，或从本地商店购买散装洗发水。宝洁公司率先在中国推出独立包装的洗发水，并首先引入了抗头皮屑配方的洗发水以及加入了护发素的洗发水。虽然中国早在20世纪初就建立了牙膏厂，但也是宝洁公司最先采用现代机械化生产技术，将含二氧化硅的特殊抗蛀牙牙膏引入中国。宝洁公司还开展大力宣传，将现代牙科卫生学引入了中国尚未养成每日刷牙习惯的部分地区（Young, 2006）。

在宝洁公司于1997年将帮宝适品牌引入中国之前，纸尿裤尚未成为一种产品类别（Grant，2005）。到 2011 年，纸尿裤已获得了 39% 的市场份额，而宝洁公司也成了该市场的领导者（Lockett，2014）。到 2014 年，纸尿裤在中国的销量预计已超过了美国（Neff，2015）。20 世纪 90 年代初，宝洁公司在中国推出了首款玉兰油牌的美白护肤产品。该产品是根据中国市场的感知需求引入的，因为在此之前玉兰油品牌并无美白产品。AC 尼尔森公司的数据表明，截至 2014 年，中国通过零售渠道销售的美白/防晒产品中，玉兰油的销量位居第一，占市场份额的 20.1%（化妆品观察，2015）。

在中国进行消费者研究

2000 年，宝洁公司开始实施一项旨在大幅提高其在发展中市场地位的战略计划（Penhirin，2004），中国成为这一战略的重中之重。宝洁公司开始详细研究中国消费者，并专门针对中国消费者的需求以及可负担的价位进行产品开发。数以千计的宝洁公司员工被派往中国各地，与消费者或潜在消费者共同生活并进行观察，同时宝洁公司还推出了专门的产品测试计划。宝洁公司发现，由于缺水，中国部分地区的人们在使用洗发水洗头时只会使用数杯水；在没有浴室的家庭中，由于隐私问题，人们通常会在身上涂上肥皂泡后冲掉；他们认为盐有利于清洁牙齿；认为茶叶可以解决口臭问题；还认为用手洗衣服和用洗衣机洗衣服所需的洗涤剂不同等等。为应对中国各地水和水质的区别，宝洁公司开发了多个系列的汰渍洗衣粉。佳洁士全优 7 效牙膏也是根据中国消费者对多功能牙膏的偏爱而开发得来的（凤凰财经，2012）。

在中国经济飞速发展之际，收入差距产生，消费者市场出现了不同价位的细分市场。据宝洁公司的估计，到 2005 年左右，其在中国的销售额中，高端市场贡献了 15% 的销量和 30% 的销售额，中端市场贡献了 30% 的销量和 40% 的销售额，低端市场贡献了 55% 的销量和 30% 的销售额。此外，同一个人或同一个家庭可能会购买高端护肤产品、中端牙膏和低端洗涤剂。因此，宝洁公司必须找出办法，以服务在不同细分市场中购买不同产品的同一消费者（Penhirin，2004）。

为满足中国多层次的市场需求，宝洁公司必须开发不同类型的产品。宝洁公司开始开发特定价位的产品，如每片价格 0.10 美元的纸尿裤。一名宝洁公司的高管表示："我们改变了创新标准，以便能够为全球更多的消费者提供服务。因此，对于目标消费者而言，宝洁公司会提供比竞争对手更好的品牌体验以及更低的产品成本结构"（Grant，2005）。在中国开展的研究已经应用到宝洁公司在全球的活动中。2015 年 4 月，宝洁公司在北京举办了一场活动，展示其在上一年为中国开发的创新产品，包括蓝牙智能牙刷（全球首款）和其他 10 款尖端产品（新华网，2015）。

在中国构建供应链，提高分销能力

为提高在中国的供应和分销能力，宝洁公司进行了大量投资。在进入中国的早期阶段，宝洁（中国）一方面从国外进口设备和原料，另一方面也与来自中国本土和外国的供应商开展广泛合作，以便提高原料的质量和稳定性，而这也是世界级企业所必需的（Young，2006）。为了降低设备成本，宝洁公司在亚洲和拉丁美洲开发了低成本零件供应商网络，并在上海建立了装配厂，这一体系使宝洁公司将生产线的成本大幅削减了30%。该体系大获成功，宝洁公司甚至开始从中国向美国和欧洲出口设备。因此，宝洁公司不仅将中国发展为最终产品的市场和生产地，也将其发展为精密生产设备供应商（Grant，2005）。在此过程中，宝洁公司还帮助其中国的原料和设备供应商实现了国际化。

宝洁公司率先在中国构建起自己的分销和零售力量。宝洁公司进入中国之初，中国的消费品分销渠道还极为有限。大多数零售采购在本地的小型商店中完成，国有分销商负责为这些商店供货。大多数品牌为本土品牌，物流方面的专业知识也十分有限，而且物流通常建立在成交（而非关系）的基础上。截至2010年，宝洁公司已在中国建立了近150家自有分销中心。2010年开设的宝洁广州中心，是宝洁公司在亚洲最大的分销中心，也是其全球第二大分销中心。宝洁公司为其中国分销中心配备了最新的移动技术，以确保这些中心能顺利运营。2012年，宝洁公司在云南省昆明市投资2.5亿元人民币（4,000万美元），建设了占地16英亩的分销中心（云南网，2012）。2014年，宝洁公司在深圳建设了一个9,000平方米的仓库和一处占地1,300平方米的二次包装厂，便于向香港市场跨境供货（Dyer等，2004，第391页）。

宝洁公司还帮助培养了中国各地的第三方分销商，向其传授现代分销和库存管理技术（Dyer等，2004，第391页）。宝洁公司甚至为主要经销商建立了跟踪管理结构，监督其日常活动并对其进行分销管理培训。在宝洁公司这一计划下成长起来的分销商成为中国最高效的消费品分销商力量（Hexter和Woetzel，2007，第140页）。宝洁公司还推动开发了众多零售网络，覆盖了中国城市和农村地区的50多万家店铺。例如，宝洁公司与中国商务部签订了一项非正式协议，对1万名中国村镇从事零售业的人员进行培训，旨在将更多消费品带到中国农村地区，提高当地的生活质量（Roberts，2007）。2009年，宝洁公司要求其在中国的100家分销商设立分支机构，覆盖中国3万个村镇（网易财经，2010）。随着中国消费市场电子商务的发展，宝洁公司也开始拓展其在线分销渠道。自2009年起，宝洁公司允许其分销商在淘宝开设网店（《每日经济新闻》，2009）。2013年，宝洁公司在淘宝上推出了同类产品的中国首个在线体验中心（宝洁，2013）。

将绿色标准引入中国

宝洁公司将其最先进的工厂设计和概念带到了中国。宝洁公司的天津工厂是其在全球最大的工厂。太仓（江苏省）工厂于2012年开始投入运营，是宝洁公司全球首个根据美国绿色建筑委员会领先能源与环境设计（US Green Building Council's Leadership in Energy and Environmental Design）标准注册成立的工厂。该标准要求工厂尽量降低用水量，最大限度地进行废水利用，减少能源消耗，使用自备太阳能电池等可再生能源，同时最大限度地回收利用垃圾，避免产生需填埋的垃圾。太仓工厂仅使用可再生能源、可再生或可回收包装材料，无垃圾掩埋场，并通过产品设计尽量降低产品对环境的影响，这在宝洁全球计划中尚属首次（Greener Buildings，2011）。该工厂的行政大楼和厂房分别通过了领先能源与环境设计的金牌认证和银牌认证（宝洁，2015c）。该工厂全部使用风电，每年可减少5,000吨二氧化碳排放（宝洁，2014d）。2013年11月，宝洁公司在广州市萝岗区设立了一座已通过领先能源与环境设计认证的工厂，该工厂的所有生产废弃物均可回收利用（宝洁，2014d）。

宝洁公司多次因其在中国的环保绩效而受到好评。2010年，宝洁公司荣获搜狐网和科尔尼管理咨询公司（A. T. Kearney）颁发的"中国绿金奖"（宝洁，2010b）。在2010年中国绿公司年会上，宝洁公司被评为"中国绿公司百强"公司，在所有在中国的外资企业中排名第四，在快速消费品公司类别中排名第一（宝洁，2011a）。2012年12月，宝洁公司荣获国际设计协会授予的"国际绿色设计贡献奖"（World Green Design Contribution Award）（宝洁，2012）。2014年7月，宝洁公司在中国道路运输协会举办的中国绿色货运行动中被评为绿色货运最佳实践企业（宝洁，2014c）。同年，宝洁公司第四次名列"中国绿公司百强"（宝洁，2014a）。

此外，宝洁公司一直致力于推动其中国供应商的可持续发展，并将此作为公司全球计划的一部分。截至2011年，全球共有600多家供应商参与了该项计划，其中包括来自7个行业的24家中国供应商。在计划实施的第一年中，63%的供应商降低了能源消耗，64%的供应商降低了温室气体排放，62%的供应商提高了用水效率。据报道，中国供应商的改进程度甚至超过了全球平均水平（宝洁，2010c）。2015年，宝洁公司启动"先锋计划"，为优秀的中国大学生社团环保项目提供资助，以期培养未来的中国环保领导力量（宝洁，2015d）。

打造中国营销力量

宝洁公司被认为是少数几家将现代广告与品牌建设实践引入中国的国际领

先消费品公司之一。有学者称："1979 年，现代广告又回到了中华人民共和国"（Wang，2003，第 247 页）。事实上，在"文化大革命"期间，企业被严禁进行广告宣传。宝洁公司在真正进入中国市场销售产品之前就已经在中国进行了多年的广告宣传。后来，宝洁公司在引入新的产品类别之前，通常都会开展大规模的广告宣传活动。宝洁公司成为中国最大的广告客户。到 2012 年，按照德意志银行分析师的说法，"宝洁公司已稳稳立足于中国。宝洁公司很早就开始投资，如今他们的品牌已拥有极高的声望"（引用自 Beattie，2012）。据报道，宝洁公司与众多一流的在中国的广告公司开展合作，其中包括盛世长城（Saatchi & Saatchi）、葛瑞集团（Grey Group）、威顿肯尼迪公司（Wieden & Kennedy）、李奥贝纳公司（Leo Burnett）、天联广告公司（BBDO）、阳狮集团（Publicis）等（Beattie，2012）。大多数国际主要广告代理公司都跟随像宝洁公司这样的客户进入中国。

《广告时代》（Advertising Age）估计 2009 年宝洁公司在中国的广告支出为 11 亿美元，2013 年为 18 亿美元（远高于欧莱雅的 10 亿美元以及联合利华的 8.42 亿美元）（Wentz，2009；Madden，2014）。宝洁公司将大部分广告预算投向了电视广告，但他们也广泛利用中国的出版物和其他形式的媒体，包括腾讯微博等在线媒体，并在中国最大的网上商城淘宝商城上建立了旗舰店。宝洁公司还通过微博推广其在中国的希望小学项目（新浪财经，2015）。

2015 年 10 月，宝洁公司凭借玉兰油、潘婷及舒肤佳的营销项目在艾菲奖（Effie Awards）（大中华区）颁奖典礼上斩获 5 个奖项（宝洁，2015g）。同月，宝洁公司在上海举行的金投赏国际创意节（ROI Festival）上凭借极具创意的广告和营销项目荣获 17 个奖项，其广告和营销项目涵盖了宝洁公司在社交媒体、互联网、户外、公共服务和其他营销渠道上开展的营销活动。宝洁公司还在金投赏国际创意节上被评为"年度最佳品牌"（宝洁，2015f）。在中国工业和信息化部的指导下，中企品研公司发布了 2015 年中国品牌力指数，其中宝洁公司旗下如舒肤佳、玉兰油、飘柔、汰渍、帮宝适和护舒宝等多个品牌都在其所在类别中名列前茅（宝洁，2015b）。

在中国开展全球研究

宝洁公司在中国开展了全球规模的研发。1998 年，宝洁公司投资 1,000 万美元在北京建立了一座研发中心，在其最初聘用的 200 名科学家中约有 80% 为中国人。该中心位于中国领先的科研中心清华大学附近，其最初使命是确保全球产品满足中国消费者的需求，获取中国的科技资源，并努力改善其全球市场范围内的产品。研发中心实验室开发了诸多为中国市场定制的配方，并成为宝洁公司在洗涤剂和牙膏方面的全球卓越中心（Walfish，2001）。2010 年，宝洁公司投资 8,000 万美元在北京建立了一座新的研发中心，这是其在全球最大的研发中心。新研发中心聘用了来自 16 个国家的 500 多名科学家，预计将成为宝洁公司全球研发中心网络中负责全球研发的一个主要中心，以及全球唯一一个研究宝洁公司所有产品类别的研发中心。

宝洁公司还与中国机构开展科研合作。例如，2011 年宝洁公司与中国科学院签署了战略合作备忘录，在可再生生物材料、石油替代品、表面技术和消费心理学等领域开展合作研究（宝洁，2011c）。2014 年 12 月，宝洁公司在广州设立实验室，以便与广东省微生物研究所开展合作（GIM，2014）。

在中国发展人力资源

自进入中国市场开始，宝洁公司就集中精力建立本地就业基地。宝洁公司也是最早在中国各大高校积极招聘的外国公司之一，同时还为中国员工制定了大量的培训项目。它在中国所采用的模式与其在美国和其他地区所采用的模式相同，即雇用本地人作为基层员工，然后再对这批人进行提拔。在最初进入中国时，宝洁公司派遣外籍人士担任关键职位，但随着时间推移，越来越多的中国本地人担任了高层职位。到 2015 年，宝洁（中国）的员工中仅 2% 左右为外籍人士，高级管理人员中中国人所占的比例由 10 年前的 30% 提高至 65%（《广州日报》，2015）。宝洁（中国）已成为宝洁公司管理人才的净输出方，也就是说，由宝洁（中国）派到其他国家宝洁管理层的中国人的数量要多于宝洁（中国）外籍管理者的数量。

宝洁公司被认为是中国最受欢迎的雇主之一。2008 年，中国领先的人力资源公司前程无忧将宝洁公司评为"最佳校园招聘典范"第一名，"最佳企业培训典范"第二名，"2008 中国人力资源典范百强企业"（宝洁，2008）。2011 年 5 月，根据优信咨询对 46,000 名大学生进行的调查，宝洁公司被评为"中国最理想雇主"之一。在大学生最想去的单位中，宝洁公司在商科专业中位居第二；在自然科学专业中位居第一；在工科专业中位居第七（宝洁，2011b）。2014 年 9 月，宝洁公司在优信咨询进行的一次"中国理想雇主"调查中位列第七（宝洁，2014b）。

对中国经济的影响

截至 2014 年，宝洁公司在中国通过零售商实现的产品销售额（含分销和零售加价）估计为 100 亿美元，与 2009 年相比增长了约 63.3%（Coolidge，2014）。宝洁公司对大中华区零售商和分销商（其中绝大部分为对中国内地零售商和分销商）的销售额约为 64.4 亿美元。[10] 若假设这些销售额中有 85% 销往中国内地，则内地销售额为 54.7 亿美元。这表明，宝洁公司的分销商和零售商在大中华区所销售宝洁产品的加价额（mark-up）达 45.3 亿美元。宝洁公司首席执行官罗伯特·唐纳德（Robert McDonald）曾在 2010 年访问中国期间表示，宝洁公司自 1988 年以来已在中国投资了 15 亿美元，并且计划在 2015 年前在中国再投资 10 亿美元（Reingold，2011）。

根据上述信息，我们能够粗略估计宝洁公司对中国产出、增值和就业的经济影响。为此，笔者对宝洁公司在中国的投资额和销售额以及下游分销商和零售商的销售额进行了估算，并采用了中国投入产出表中得出的经济影响乘数（中国统计出版社，2009）。借此我们能够估算出宝洁公司的各项活动所造成的影响，其中包括其供应和分销链的活动所带来的影响，但不包括对中国经济产生的任何其他溢出效应。

假设 25 亿美元的资本投资中有三分之一用于土地和建筑，三分之一用于支持服务，另外三分之一用于机器和设备（同时，进一步假设一半的机器和设备从他国进口，因此对中国的影响有限），则我们估计宝洁公司资本投资的总累积影响在产出方面为 70 亿美元，增值约 21.5 亿美元（基本上相当于对 GDP 的贡献）和 247,863 全职人力工时（一份工作一年的全职人力工时为 1）。我们注意到这些是累计影响，而非年度影响。如果计算 30 年间累计就业影响的平均值，则仅资本投资、实体投资一项，每年的就业影响就能达到提供 8,262 个就业岗位。

若将 2014 年宝洁公司在中国内地销售额估算为 54.7 亿美元，并将宝洁产品经销商和零售商的利润估算为 45.3 亿美元，按上述方法进行计算，则宝洁公司 2014 年自身收入的总影响估值为：产出约 202.5 亿美元，增值约 65.3 亿美元，就业约 355,523 多人。宝洁公司经销商和零售商收入的影响估值为：产出约 89.3 亿美元，增值约 47.5 亿美元，就业约 246,499 人。上述各方面可统称为"宝洁体系"，这一体系的总影响估值为：增值约 112.8 亿美元，就业仅 2014 年就达到了 61.2 万多人。我们认识到，这些估值仅为推测性结果，采用了诸多假设，并且所采用的乘数法可能夸大了经济影响。虽然如此，这些估计数据仍表明了一家大型外国公司对中国的影响程度之深。

在中国的企业社会责任活动

宝洁公司密切关注中国的企业社会责任。宝洁公司与中央和地方政府在教育、公共卫生和农村发展等领域开展合作，并参与了中国领导人重视的其他项目。2010 年，宝洁公司连续第四年被中国胡润研究院评为"企业社会责任 50 强"之一，并在外国公司"最受尊敬的企业社会责任项目"中名列第九。宝洁公司为"企业社会责任 50 强"中仅有的两家消费品公司之一（宝洁，2010a）。

同年,《南方周末》杂志将宝洁公司评为"世界500强企业在华贡献奖"榜单的入选公司之一。宝洁公司连续第四年在日化行业中位居第一,并在2010年的总榜中位居第八。同时,宝洁公司在"世界500强在华慈善公益榜"的子榜中位列第二名。宝洁公司对社会的贡献还包括其在教育、健康和可持续发展方面所作出的努力,宝洁公司由此而备受赞誉。

截至2013年6月,宝洁公司已在中国28个省份建立了200所希望小学,在数量上远多于其他外国公司,相当于捐赠了7,600万元人民币(1,200万美元)。在宝洁希望小学中进行学习和已毕业的儿童数量超过20万(宝洁,2015e)。宝洁公司于1997年发起学校健康教育计划,到2007年,宝洁公司已向该计划捐款3亿元人民币。宝洁公司将其在中国的一部分销售额捐赠给慈善项目,预计2008年至2012年间捐赠了2亿元人民币,用于支持健康、牙科、卫生和青少年健康事务。据宝洁公司估计,截至2010年,在中国31个省份的600多个城市中有超过1.6亿的学生获得了学校健康教育计划的帮助。2010年,宝洁公司还与中国官方合作开展"万村千乡市场工程",该工程"旨在于中国农村地区创建日用品分销网络"(宝洁,2010e)。在2013年四川地震发生后,宝洁公司向赈灾基金捐赠了800多万元人民币(120万美元)。在地震发生后两周内,宝洁公司在龙门乡建立了一所拥有20间教室的希望小学(宝洁,2014d)。

宝洁公司还参加了许多备受瞩目的活动和论坛。中国领导人将2010年上海世博会作为展示中国的重要世界舞台,在这一届世博会上,宝洁公司签约成为美国馆的官方首席赞助商,并为健康、美尚和家居护理产品品类的独家赞助。宝洁全球对外事务执行官克里斯·哈索尔(Chris Hassall)表示:

"这项赞助体现的是宝洁公司的宗旨与上海世博会主题的完美契合,因为宝洁公司的宗旨是'在全世界更多的地方,更全面地亲近和美化更多消费者的生活',而上海世博会的宗旨是'更美的城市,更好的生活'。宝洁公司致力于在全球范围内以优质超值的品牌产品和服务,美化世界各地消费者的生活,并积极投身公益事业,与我们生活和工作所处的社会共同繁荣……我们非常高兴能够通过与美国馆的合作,为上海世博会的成功以及为加深中美两国人民和世界各国人民的友谊尽一份微薄之力。"(宝洁,2009)

为中国作出全面贡献

宝洁公司对中国的贡献远远不止于资本投资和销售所带来的贡献。宝洁公司为中国消费者带来了新的产品分类,率先在中国创建了先进的供销网络,在中国开展了世界一流的研发活动,为中国带来了新的广告和营销知识,并且培养了派往宝洁全球各地公司的中国管理人。宝洁公司还对公共卫生、教育和农村发展作出了重大贡献。

中国政府官员在多个场合表达了对宝洁公司为中国所做贡献的赞赏。上海市政府副秘书长在 2014 年与宝洁公司高管的会议中指出了宝洁公司对当地经济的贡献，并表示上海市政府愿意在经营和人才政策方面为宝洁公司提供支持（《浦东时报》，2014）。广州市政府党委书记、福建省副省长和苏州市政府党委书记也表达了他们对宝洁公司对当地经济贡献的认可。

商务部副部长王超在 2010 年 8 月宝洁北京研发中心的开幕式上发表讲话。也许，这番讲话最能表达出对宝洁公司的赞赏。他表示：

> 宝洁公司是中美经济合作的成功典范。我对宝洁公司在中国的未来非常乐观。外商投资企业是中国国民经济的重要组成部分。其带来的先进的技术、管理知识和理念对中国经济和社会生活的各个方面都产生了深远影响。外商投资企业积极促进中国高技术产业、劳动密集型产业和服务业的发展，推动了中国经济的发展和中国融入全球化的进程。中国将以更加开放的姿态发展与世界各国的经贸往来，并为各国企业来华投资提供更完善的外部环境（宝洁，2010d）。

马士基

马士基是一家在 130 多个国家开展业务的航运和物流综合企业。2014 年，马士基的收入为 476 亿美元，拥有 89,200 名员工。马士基旗下企业包括马士基航运公司（Maersk Line，航运）、马士基集装箱码头公司（APM Terminals，集装箱码头和港口运营）、马士基石油天然气公司（Maersk Oil）、马士基钻井与服务公司（Maersk Drilling and Services）、丹马士物流（DAMCO）（物流）以及其他航运和服务公司。

1924 年，马士基前往中国的第一艘船停靠在上海某码头。马士基在中国约有 26,000 名员工，与中国相关业务所带来的收入达 110 亿美元。据马士基集团估计，1996—2014 年，其在中国的直接投资以及购买船只与其他物品的支出总共超过了 150 亿美元（马士基，2014c）。仅 2013 年，马士基在中国的采购额便达到了 22.4 亿美元，2014 年的采购额为 26 亿美元（马士基，2015a）。截至 2014 年，马士基旗下航运公司马士基（中国）有限公司在中国 28 个城市设立了分支机构，其物流公司则在 17 个城市设有分支机构。马士基一直是中国港口业务的重要参与者，其于 2015 年在青岛、大连、广州、上海、天津以及香港均有业务活动。

马士基对中国的影响不仅在于其提供的就业机会和投资额。马士基一直是投资中国港口的先驱，是向中国船厂转移大量技术的大客户，是促进中国物流发展的动力，也是推动中国发展为贸易大国的推动者。

让中国与世界相连

马士基航运公司于 1924 年首次与中国港口发生业务往来，并于 1984 年在中国内地设立了首个办事处。2000—2012 年，马士基在中国港口的停靠数和集装箱操作量的增幅分别达 310% 和 270%。2012 年，马士基为中国 13.3% 的集装箱货物提供装卸服务，占中国港口总停靠数的 16.2%，并且还为中国与其主要贸易伙伴间 14.5% 的集装箱货物提供运输服务（马士基，2014b，第 21 页）。

马士基以其强大的实力，将中国与世界相连，对中国产生了显著影响。根据一份马士基委托的报告，集装箱货船连通性的改善为中国贸易的增长作出了巨大贡献。连通性的改善能够降低贸易成本，促进贸易和经济增长。该报告称：

> 海运成本的直接影响来自于更低的贸易成本和更便利的市场通道。结果表明，若集装箱航运水平提高 10%，则中国贸易成本就会下降 3%，同时中国制成品进口额会增加 6%，出口额则会增长 9%。
>
> 这意味着，自 2004 年至今，班轮运输连通性的改善促进制成品进口额增长了 30%，制成品出口额增长了 40%，约占此期间累计同比增长的四分之一。若转换为贸易额，则该同比增长额外创造了 6,860 亿美元的进出口额，相当于 2004 年至今贸易增长总值的 35%……
>
> 若将马士基所占的市场份额考虑在内，则结果显示，马士基航运公司的航线服务和运力每提高 10%，中国进口额和出口额将分别增长 0.8% 和 1.1%。（马士基，2014b，第 5 页）

2004—2012 年，马士基在中国港口的停靠数和集装箱操作量的增幅分别达 107% 和 115%。根据上述数据以及所引用报告中的结果，笔者估计，在 2004 年到 2012 年间，马士基中国相关运力的增长带来了显著影响，使中国的出口总额每年增加了 1,200 亿—1,350 亿美元。[11] 此外，若将马士基 2012 年在中国海运出口市场的所占份额定为 14.5%，同时中国海运出口额占总出口额的 69.5%（中国海关，2012），则马士基为 2012 年中国出口额中价值约 2,060 亿美元的商品提供了运输服务。[12] 显然，马士基的航运业务帮助中国公司和工厂增加了出口。马士基是为中国贸易提供服务的最大外国航运公司，但并非是唯一的一家航运公司。根据中国国务院 2014 年的一份报告，中国航运公司仅为约 25% 的中国海上贸易商品提供运输服务，其余 75% 的商品由外国公司负责运输（Nicholson，2014）。

此外，马士基集团旗下公司也帮助中国公司实现了生产系统的全球化，从而扩大了中国的国际影响力。例如，马士基旗下的丹马士物流公司推动了众多中国公司的国际化进程。在丹马士物流的帮助下，许多中国公司开始使用连接中国与欧洲的铁路，节省了时间和成本。丹马士还提供海陆空航道全套组合服务（Shao，2014）。丹马士为山东科瑞控股集团提供了物流解决方案，使这家油田产品与服务提供商能够为 40 多个国家的客户提供服务（丹马士，2014）。丹马士还为汽车制造商吉利和家用电器制造商海尔提供物流解决方案，帮助这两家公司将零部件和未装配元件出口至其他地区的组装厂，中国公司由此扩大了其制造市场和国际影响力（Yang，2015；马士基，2014c）。丹马士还通过运用目前中国公司尚不具备的全球物流能力，为开展水电站项目、油气勘探和生产、基础设施建设和电信项目的中国公司提供支持（Guan，2015），从而大大促进了这些领域内中国公司的国际化。

与中国供应商开展合作

马士基与中国造船厂开展广泛合作，并早在 1996 年就开始向中国造船厂下达订单。当时，中国新船交货量仅占全球新船交货量的 4% 左右。截至 2014 年，中国新船交货量约占全球新船交货量的 40%。1996 年至 2014 年间，马士基从中国造船厂订购了 117 艘各类船舶，累计价值超过 35 亿美元，在中国的总采购额和直接投资达 150 亿美元（马士基，2014b，第 5 页）。截至 2015 年，马士基总共从中国订购了 118 艘船（马士基，2015a）。

马士基与中国造船厂，尤其是广州造船厂，开展了广泛合作。马士基派遣工程师前往中国工作数月甚至数年，以便传授有关如何生产世界一流船舶的专业技术和知识。马士基在中国成品油船和化学品运输船的开发中起到尤为重要的作用。1998—2001 年，中国造船厂中半数订单（按重量计）来自马士基。马士基与中国造船厂合作开发了仅需 14 人便可操作的成品油船和化学品运输船，而此前这类船舶需要 30—40 人合作操作。在此过程中，马士基帮助中国造船厂确立了造船领域中的领先地位。中国造船厂凭借在与马士基合作过程中所获得的经验，培养自身能力，将所造船舶销售给世界各地的客户。1998—2001 年，马士基的订单在中国造船厂获得的成品油船和化学品运输船订单中所占比例约为 50%，在 2008 年到 2013 年间降至不足 3%（马士基，2014b，第 5 页）。当时，马士基的订单仅占中国新船交货量的很小一部分。马士基的集装箱业务也影响了供应商。马士基一直都是起重机制造商振华重工的最大客户，双方已就改善设计和性能开展合作，但合作程度不如马士基和造船厂的合作那么深入。

马士基制定了详尽的供应商合规程序，用以改善供应链的社会和环境绩效。在马士基的采购计划中，国际反腐败和社会与环境标准均被纳入其内部及其供应商的采购流程中。2014 年，马士基对中国、喀麦隆、韩国、新加坡和土耳其的供应商进行审计，发现在健康和安全、工作时间和薪酬以及环境绩效方面仍有待改善。为提高供应商的社会和环境绩效，马士基的责任采购团队还远赴科特迪瓦、缅甸、安哥拉、喀麦隆和中国举办供应商发展研讨会，重点强调马士基的采购标准（马士基，2014d）。丹马士和马士基集团旗下其他公司也将责任采购实践带入中国，并与供应商就提高标准开展合作。

提高中国的港口和物流效率

数十年来，马士基一直致力于提高中国的港口和物流效率。1994年，作为最早的投资者之一，马士基与香港和记黄埔合作对盐田港（深圳）进行投资（马士基随后于2010年转让了该股份）。马士基还投资了上海的外高桥港区四期集装箱码头和洋山港二期。截至2014年，马士基已投资了大连、广州、天津、厦门、青岛和上海的港口，其中，位于青岛、大连、上海和天津的四个港口名列全球效率最高的十大港口（按每小时集装箱操作量排名）之列（JOC集团，2013）。2010年，马士基出售了盐田港，该港口是又一进入全球前十大的港口。

马士基与中国港口就提高运营效率开展广泛合作。在马士基的安排和推动下，中国港口、集装箱码头和政府机构的代表奔赴全球各地的一流工厂，进行研习访问和实情考察。马士基还与集装箱码头运营商进行合作，减少船舶停靠中国港口所需要的处理时间，这项技术后来便被集装箱码头运营商应用于其他客户的船舶。马士基集装箱码头合作项目是马士基航运公司集装箱码头运营商之间的一个合作项目，旨在减少在港停留时间，提高效率，减少排放。该项目认为，中国港口船舶的在港停留时间可减少27%至40%。截至2014年，该项目已降低了12%至18%的船舶在港停留时间。若能减少30%的在港停留时间，则马士基航运公司的船舶每年的总在港停留时间会减少11,436小时（马士基，2014b，第41页）。如果集装箱码头对其他航运公司的船舶也采用类似规划流程，那么码头的收益会比现在高10倍或11倍。据经济学家估计，集装箱码头效率提高10%，贸易量就会增长3.2%，这说明减少船舶在港停留时间能带来大量收益。

中国一直深受物流问题的困扰。2012年，中国物流成本约占其国内生产总值的18%，而在北美和欧洲国家，物流成本占国内生产总值的比例仅为9%。在中国，物流成本预计占生产成本的30%至40%（马士基，2014a）。受马士基委托进行研究的经济学家估计，2007—2012年，中国物流效率提高了6%，贸易成本下降了19%，中国制成品出口额由此增长了27%，中国贸易额增加了2,130亿美元（出口额与进口额总和）（马士基，2014b，第43—44页）。

马士基旗下的丹马士物流公司运用流程优化、网络优化和库存优化等综合方式，努力提高中国客户供应链的效率。流程优化是利用集中托运和包装的方式来简化流程；网络优化则利用最佳的运输和仓储解决方案来提高效率。通过这些方式，很多项目的物流成本降低了10%到20%。如果我们取以下估值，即丹马士占中国对美洲和欧洲出口货物运输市场份额的估值、出口利润的估值、中国出口物流成本的估值及物流成本可节省 15% 的估值，那么我们可以估算出丹马士在 2014 年为中国出口商节约的物流成本可能已超过 13 亿美元。[13]

提高中国的环境绩效

实现环境可持续发展已成为中国政府和在中国的外资企业的一大要务。2007—2014 年，马士基航运公司平均每个集装箱的二氧化碳排放量减少了 34%，并计划到 2020 年减少 40%。马士基也是首家签署《乘风约章》（Fair Winds Charter）的航运公司。《乘风约章》是一项约定使用低硫油的自愿性协议。使用低硫油已经使马士基的硫排放减少了 80%。由于马士基是中国货物国际航运首选的航运公司，中国是马士基最大的市场，因此这些减排的影响在中国表现得最为明显。

马士基航运公司的集装箱码头合作项目也带来了环境效益。船舶在中国港口每停留一小时都会带来燃油消耗和污染排放。马士基预计，若马士基航运公司的船舶在厦门、盐田、上海和香港的停靠时间能够缩短 30%，则马士基每年停靠于这四个港口的船舶能节省 10,000 吨以上的燃料，并减少 552 吨二氧化硫排放。因此，这些集装箱码头有充足的动力对其他船舶也采用类似的规划流程，一旦这种流程得到全面推广，那么每年停靠于这四个港口的船舶能节省 11 万吨燃油，并减少 6,450 吨二氧化硫排放（马士基，2014b，第 41 页）。

马士基还为中国提供技术咨询，同时，为确保以对环境无害的方式处理废弃船只，马士基也同意在中国以低于市场的价格出售废弃船只（Galley，2014，第 206 页）。马士基甚至设立了一个内部小组对船舶的处理进行管理，并为其他船东进行船舶处理。为确保能将船舶处理对当地工人和环境的影响降至最低，马士基制定了与中国船厂合作的标准。中国已建立了若干全球最先进的船只拆卸厂。事实上，马士基在 2016 年 2 月发布的一份声明表示，只有中国和土耳其的少量船厂能够负责任地回收船舶（MarEx，2016）。尽管马士基承诺仅起用指定的合格船只拆卸厂，但 2016 年马士基在其他标准较低的国家处理废弃船只，这一举动受到了指责。作为回应，马士基表示其努力帮助其他国家的船厂提高标准（Zawadzki 和 Bartunel，2016）。

马士基旗下的丹马士物流公司一直致力于减少中国供应链的二氧化碳排放，并开展了多个项目。这些项目表明，许多供应链可减少约 11% 的二氧化碳排放，有些甚至可以减少 27% 的二氧化碳排放。丹马士引入了一套"五步走"方法，即绘制现有供应链、计算碳排放、报告碳排放热点区域、评估降低成本和排放的潜力以及实施解决方案（马士基，2014b，第 43—44 页）。丹马士也对自身的活动进行了审计，检查能效和减排情况。

在中国发展人力资源

马士基一直致力于培养中国的本土员工。截至2015年，马士基在中国的26,000名员工（包括大部分管理人员）中绝大多数是中国人。马士基还在中国大量投资培训项目，不仅提供针对运营岗位的培训，还将马士基的船舶、销售以及世界领先[14]的 CARE PRO 客户服务培训体系和最先进的安全培训引入中国，每种培训体系都有助于提高中国运输与物流业的标准。丹马士也开展了大量培训活动。例如，到2014年第一季度，中国已有800名员工接受了有关先进的 Kewill 全球运输业务平台的培训。为提高员工能力，丹马士还将其 International Graduate、IMPACT 和全球人才培训计划引入中国（丹马士，2013，第19页和第27页）。

马士基还在培养本地管理能力方面进行了投资。本地管理能力包括正式培训、持续指导以及可以在公司不同岗位工作的能力（马士基，2015b）。根据一项举措，马士基启动了一个项目，每年为马士基的中国业务部门培养约400名中层管理人员。该项目包括课堂教学、实习培训和受训者主管的参与，以培养受训者的领导能力，应对在中国工作所面临的特别挑战（Neal，2007）。另一项举措旨在培养主管级别的领导者，即通过为期四年的项目培养受训者的管理能力，项目期间表现良好者将会得到晋升。在为期四年的项目快要结束时，所有参与者无一人跳槽（Huang，2013）。这些项目帮助马士基将本土员工培养为重要管理岗位负责人。例如，截至2015年11月，马士基华北地区业务部门的新任负责人从1993年做见习生开始逐渐进入了公司管理层（IS Maritime 360，2015）。同样，2015年5月马士基任命的华东与华中地区业务部门负责人也是1994年加入公司，从销售代表开始做起的员工（Lakshmi，2015）。

马士基集团的各个公司都采取措施提高中国员工留存率。丹马士制定了开创性计划，允许采用弹性工时，鼓励资源共享（包括组建保姆站），从而帮助成为妈妈的职工能继续工作。该项目使生育后重返工作岗位的女性员工数量大幅增长，从而增加了员工家庭收入，减少了员工流动方面的成本。"婴儿护理计划"最先由丹马士深圳办公室推出，随后推广至其在中国的其他办事处（马士基，2013）。

不过，与众多大型公司一样，马士基在中国的人力资源形势仍然面临着挑战。2008年，马士基东莞集装箱厂发生罢工和骚乱，导致暂时停工，马士基不得不与工人代表召开会议。马士基还因此招致非政府组织的批评。作为应对，马士基聘用了独立第三方对工作环境进行审计，并雇用了一家员工权利咨询公司。对非法解雇、中层管理之间的裙带关系和工作条件恶劣的指控最终促成了雇佣、晋升和安全政策方面的多项变革（马士基，2009，第8页和第68页）。

对公司整体而言，在 2008 年和 2009 年经济衰退期间，马士基在中国进行的裁员损害了其雇主声誉，使马士基不得不审查其中国人力资源战略，并在薪酬结构、福利和员工沟通方面做了改变，以便更好地吸引并留住关键人员（Knowledge@Wharton，2010）。

采购与投资的经济影响

我们可以利用从中国投入产出表中得出的经济影响乘数，以及对马士基的支出分布所做的假设，粗略估算出马士基的直接投资与采购对中国经济的影响。假设马士基在中国进行的 150 亿美元"直接投资和采购"中有一半用于采购，一半用于直接投资，并进一步假设直接投资中有三分之一用于土地和建筑，三分之一用于支持服务，还有三分之一用于设备（一半设备为进口）；假设采购的主要商品为船只、船用设备和一两类投入品，我们就可以对马士基的支出对中国经济的影响作出估计。

在以上假设的基础上，我们估计马士基直接投资的总累积影响（包括直接影响、间接影响和诱发影响）约为：产出约 215 亿美元，增值约 67 亿美元，就业约相当于 991,000 全职人力工时（一份工作一年的全职人力工时为 1，相当于在此期间每年平均创造近 5 万个就业岗位）。马士基进行采购的总累积影响为：产出约 258 亿美元，增值约 79 亿美元，就业约相当于 112.5 万全职人力工时（相当于在此期间每年平均创造 5.6 万多个就业岗位）。[15]

在中国的企业社会责任活动

马士基（中国）自 1994 年在中国内地成立以来，就积极为所在社区作贡献，融入当地社区之中。据报道，马士基及其子公司每年开展 100 多次当地企业社会责任活动，其中包括侧重于农村教育、社区发展和环境的各种活动（马士基，2014c）。马士基及其子公司资助建设了 20 多所希望小学，为四川贫困儿童提供冬季服装，通过财政捐款和献血等方式为应对自然灾害（如地震和洪水）作出贡献，并在中国各地进行了其他慈善捐款（丹马士，2013）。马士基还因其在 2008 年 5 月的四川大地震中所采取的救灾措施，尤其是把集装箱改造成教室的举动，荣获四川省政府授予的企业"优秀责任建言奖"（航运在线，2009）。

马士基还为中国的航运和物流业制定了教育方案。此外，马士基常年接待参加哥本哈根和伦敦"中国高级领导项目"的中国商业领袖。该项目由发改委组织，派遣中国高级政府官员和国企领导前往剑桥贾吉商学院深造。马士基在哥本哈根和伦敦增设了学习项目，重点内容是"北欧经济发展模式"和成功企业集团的创建与管理（来自私人交流）。

马士基还加入了部分中国咨询机构，包括广东省和重庆市的国际顾问委员会。马士基还是中国欧盟与丹麦商会的活跃成员，参与了大量旨在帮助发展中国经济和航运业的商会与行业论坛。马士基将其在欧洲和美国的经验作为范例，定期与中国海关开展对话，促进海关流程的标准化、简化和自动化。

为中国作出全面贡献

马士基对中国的整体贡献已多次获得认可。在2013年6月举行的第十届中国货运业大奖颁奖典礼上，马士基荣获"综合服务十佳货运代理公司"、"亚欧贸易集装箱航运公司前三甲"和"亚洲—南美贸易集装箱航运公司前三甲"等奖项（世界海事新闻，2013）。在上海举行的2011年"亚洲货运与供应链大奖"颁奖典礼上，马士基航运公司荣膺"年度航运公司"奖项（世界海事新闻，2011）。丹马士与中国企业签署了多项合约，为这些处于国际化进程中的企业提供其所需的国际物流支持，推动中国实现"走出去"目标。马士基集装箱码头公司也荣获了无数奖项，包括在2009年中国港口协会科学技术奖中获得的五个奖项，其中之一为"中国港口集装箱码头行业贡献奖"（马士基集装箱码头公司，2009）。马士基也获得了众多中国官员的赞誉。2015年3月，上海市委书记韩正感谢马士基集团在上海成为国际航运中心过程中所做的贡献（《上海日报》，2015）。

然而，马士基对中国的总体贡献大部分都隐于幕后，很少为人所知。马士基通过提供具有成本效益的物流，推动中国发展为世界领先的贸易大国。作为早期的客户和技术合作伙伴，马士基为中国成为一流造船强国作出了贡献。作为一家世界级的航运公司，马士基开展了大量工作，改善中国港口的运营并简化海关流程。作为物流服务提供商，马士基帮助中国改善了其经济中最为低效的部分。因此，马士基对中国的贡献远远超过其投资、雇佣和采购的影响。

三星

三星集团的旗舰子公司三星电子是全球消费电子品、IT和移动通信以及设备解决方案领导者，是20世纪90年代首批进入中国的大型韩国公司之一。三星在中国的最初战略是利用低成本劳动力生产中低端价位的产品，并主要用于出口。20世纪90年代后半期，三星的重点开始转向附加值更高和技术更先进的产品，并且将中国作为这一新战略的启动基地。到21世纪初，三星认识到中国对其未来发展的重要性，并开始以韩国和中国为中心重新制定全球战略（Choi，2003）。2014年，三星电子的收入为206万亿韩元（约2,010亿美元），中国市场贡献了330亿韩元（3,200万美元），占三星全球销售额的16%（三星，

2015a）。三星15个区域性总部中有2个位于中国；38个全球生产基地中有13个位于中国；54个全球销售基地中有2个位于中国；36个研发中心中有7个位于中国；6个全球设计中心有1个位于中国（三星，2015d）。三星的子公司遍布中国各地，7家位于江苏省，6家位于天津市，3家位于上海市，3家位于北京市，2家位于陕西省，1家位于山东省，1家位于海南省。

投身中国

三星从很早就开始致力于在中国的发展，三星在中国的绝对投资额便是其努力的一个标志。1994年，三星投资近10亿美元在天津建立了一座一体化生产综合体，将三星的多个部门合并成一个生产电子产品和电子零件的综合体。继天津综合体之后，三星在苏州建立了生产家用电器的一体化生产综合体（Lee，2006）。2014年，三星电子在苏州投资30亿美元的液晶显示器制造厂竣工。当时，该笔投资是韩国企业在中国进行的最大单笔外国投资。三星电子还宣布与西安高科集团共同建立电动汽车电池生产基地，该基地成为中国最大的生产基地，总投资达6亿美元。预计到2020年，该基地收入将超过10亿美元。

2015年，三星电子在西安投资23亿美元的第一期NAND型闪存芯片生产综合体开始运营。这一投资计划分多期开展，总投资达70亿美元，是三星在中国的最大单笔投资。三星称，这也是中国迄今为止最大的单笔外国直接投资（三星，2012a）。该综合体是三星在中国的首个半导体生产综合体，预计年销售额将达50亿美元。随着该项目正式投产，三星已创建了一个全球性半导体生产体系，拥有三个主要生产基地，分别位于韩国（系统和半导体存储器）、中国（半导体存储器）和美国（系统半导体）。

三星集团于1995年设立了第一个中国总部（三星，2015c），负责管理包括三星电子、三星SDI和三星康宁在内的21家制造公司。21世纪初，三星集团设立了第二个中国总部，管理中国区的人员招聘部署及销售渠道，同时还负责确定三星（中国）市场的远期愿景，开展覆盖所有业务领域的市场调查及制定营销策略。此举的目的在于加强战略规划，充分发挥集团的协同效应。中国区负责人也被总裁提拔为三星全球副总裁（Choi，2003）。截至2011年，三星集团旗下的30家公司中有23家在中国进行了投资。凭借在中国的155家子公司和127亿美元的总投资额，三星被视为当时中国最大的外国投资者（Chen等，2015）。

2011年，三星（中国）副总裁兼负责人姜皓文表示："我们的目标是为中国打造一个全新的三星。在中国这个机会和风险共存的国家，成功的关键是'战略想象力'，这能帮助你超越身边正在发生的事，去考虑未来会发生什么"（三星，2011）。分析师认为，对于三星（中国）总部而言，这种策略相当于在中国创建一个独立的、本地化的"第二个三星"，而"第二个三星"会获得中国社会的尊重（Lee，2006）。从本质上说，三星已经做了其他外国公司从未做过的事情，即将中国业务部门和总部提升到几乎与全球公司总部相同的地位。

在中国建立产业链

与许多其他电子公司不同，三星并未将其品牌下出售的大多数产品外包出去，也并不仅仅只在中国进行低附加值的组装业务。相反，三星致力于在中国建立一个完整的电子产品生态圈，包括关键零部件、主要部件和成品。与仅仅进行电子产品组装相比，这种方式对当地经济的贡献更大，因为关键零部件通常包含更高水平的技术和更高的附加值，也比简单组装更可能产生技术溢出效应。尤其是，三星在中国不仅生产手机、通信设备、电脑、家用电子产品和家电，还生产液晶显示器、发光二极管显示器、屏幕和显示器、半导体产品、光电元件和其他关键零部件。在大多数情况下，三星给中国带来的是其全球最佳技术和实践，而很多外国公司带来的都是过去的技术和实践。

这些投资有时能带来新的发展动力。三星在西安高新技术产业开发区投资70亿美元，打造内存芯片生产综合体，预计将直接提供2,000个就业机会，并将间接为本土附属机构创造1.1万个就业机会（Lu和Ma，2015）。该设施预计吸引100多家零部件生产商，从而创建一个年产值160多亿美元的半导体制造产业集群。2013年，三星电子在苏州建立了液晶显示器生产线，很快集聚了一批本地生产商，其生产范围涉及液晶显示器产业链的每个环节，包括原材料、零部件及生产和物流等（英文旺报，2015）。

为利用既有的供应商网络，三星电子最初进入的都是已拥有电子和电气制造能力的地区，如天津、苏州和广东。即便如此，由于当地供应的产品质量不达标，三星电子仍需从韩国进口大量零件。于是，三星做了大量努力来培育中国本土供应商，如启动多个项目，使潜在供应商获得成为三星合作伙伴的机会（三星，2014a）。三星公司表示："作为合作伙伴，我们将一起努力，实现共同繁荣的双赢局面，达到所有企业的终极目标：成为全球最佳企业"。为实现这一目标，三星实施了"共同发展"政策。通过此政策，三星以培训、技术和提供资金的形式为其一级供应商提供支持，并且加强供应商与三星之间的沟通。目前，三星正将这一项目拓展至三星的二级和三级供应商（三星，2012b）。

三星还协助其中国供应商开发供应链管理系统。为确保零部件供应商和原材料供应商所供产品的质量，三星液晶显示屏总部建立了供应链管理（SCM）系统，涵盖了三星的企业资源规划（ERP）系统、制造执行系统（MES）、运输管理系统（TMS）和仓库管理系统（WMS）。三星还引入了一种新的供应链管理系统（SLJ网络），该系统将一级和二级供应商相连，从而降低库存水平，提高供应链网络效率（Park和Hong，2011）。

三星还为软件开发者提供免费培训研讨班,促进"三星(中国)生态圈"其他成员的发展。三星在中国主要城市举办研讨会,向开发者传播关于三星平台的信息并集合了数百名开发者,其中包括三星现有的合作伙伴、初创公司、个人开发者和大学生(三星,2013a)。三星还为盖乐世 Note(GALAXY Note)系列发起了全球智能应用挑战赛。2012年,来自70个国家的实体参赛,最终有80款应用被评为最终优胜者。中国是获胜人数最多的国家,其次是韩国和波兰(三星,2013b;三星,2012c)。

在中国构建分销关系

三星电子还与中国经销商建立了牢固的联系。它们与本土电子产品零售商合作,为零售商带来高利润,并淘汰了降价出售、伤害品牌形象的零售商(Moon,2002)。中国国内的电子产品零售商为三星产品进入中国东部沿海发达市场提供了良好通道,但三星在进入内陆城市之初时却受到了国内已有零售商网络的阻碍。为更好地进入市场,三星电子建立了自己的商店,专门将其产品引入到内陆城市。通过自有店铺,三星能够从消费者处获得更直接的反馈,使其能更好地适应中西方销售商之间的差异以及中国不同地区消费者之间的差异(Kwong 和 Song,2012)。前公司高管、分析师和业内人士表示,截至2015年,三星(中国)零售店的数量是苹果的三倍,在迎合消费者、与手机运营商进行合作方面也表现得更为积极(Lee 和 Kim,2013)。

在中国开展全球研究

三星是全球研发开支最高的公司之一,其全球研发网络遍布韩国、北美、欧洲和亚洲。在中国加入世贸组织后不久,三星就将大量研发工作迁至中国(富士通,2010)。当其他公司还在担心知识产权被盗用所带来的不良影响时,三星就已经决定进入中国,并认识到在为全世界开发产品的同时,必须专门为中国市场开发产品。20世纪初,三星决定从"中国制造"模式转变为"中国创造"模式。2011年,时任三星(中国)副总裁兼负责人的姜皓文表示:"凭借'中国创造'理念,我们将创造出旨在为中国市场服务的产品和商业模式,并最终将其出口到世界其他地区"(三星,2011)。

截至2015年,三星电子在中国共设了七家研发中心,其中三家为全球研发中心。到2015年,三星电子在中国拥有大约7,000名研发人员,占其全球研发人员的11%(三星,2011)。预计2015年三星电子在中国的研发支出将由2010年的1.8亿美元上涨至3亿美元(三星,2011)。三星电子的北京技术中心与中国手机制造商大唐移动合作,共同开发了 TD–SCDMA 手机(Kwong 和 Song,

2012);芯片制造部门与中国移动合作,制定了中国 3G 手机的 TD‑SCDMA 标准。三星位于西安的新制造综合体中也设立了研究中心,该中心将整合来自中国其他地区的专业知识,并与当地教育机构开展合作,研究最先进的 NAND 闪存芯片技术。

在中国发展人力资源

2014 年,三星电子在全球雇用了 31.9 万名员工(Jung, 2015),其中 25% 的员工(6 万人)位于中国。自 2010 年以来,三星电子在中国地区的平均员工人数每年增长 14%(三星,2014c)。三星主要根据员工和研究人员的可用性选择新厂址。三星表示,公司决定在西安修建半导体综合体的原因在于,西安拥有优越的投资环境、快速发展的电子行业、丰富的研究人员储备以及由 100 多家研究机构和大学提供的训练有素的劳动力。到 2014 年 5 月,三星已为西安项目聘用了约 1300 名当地大学毕业生(Lu 和 Ma,2014)。

三星(中国)极为注重中国人才的发展和晋升,这在普通员工和管理人员方面都有体现。至 2006 年,三星的子公司三星 SDI 中约有 95% 的高级管理人员为中国人(Li,2006)。2010 年,当时三星(中国)的首席执行官带头发起了一项本地化活动,要求高层管理者将公司打造得"更像中国公司,而不是韩国公司"。2010 年,三星在中国业务部门中有 20% 的部门主管是中国人,而到 2012 年,这一比例增至 70%(Kwong 和 Song,2012)。晋升为三星(中国)投资有限公司执行副总裁的王彤就是一名中国人,他曾表示:"本地化的最高水平体现在人才和决策结构上。中国人负责研发、生产和销售等在中国的业务,从而实现真正的本地化和更快的发展"(新浪财经,2014)。

在劳动力方面,三星(中国)的每家工厂都设有劳动委员会,以保障工人的福利和权利。劳动委员会努力创造一种文化,让管理层和员工能够就工作条件和工作环境等问题展开讨论。到 2013 年,三星(中国)设立的 16 个劳动委员会通过直接和匿名投票选出了 165 名员工代表(三星,2015a)。三星(中国)还开设了各种员工咨询中心,其中有一类是生活辅导中心,为那些在婚姻、育儿、职场等方面遇到困难的员工提供咨询服务。这些中心还提供专业的心理服务,包括性格测试和压力管理教育等,在此工作的咨询人员都是接受过系统教育和密集训练,并拥有执照的专业人士。中心为所有咨询信息保密,员工可以放心使用咨询中心的服务(三星,2015a)。

从 2014 年起,三星电子开始参与企业社会责任协会(BSR,专门开展企业社会责任活动的组织)发起的"中国工厂女性员工"计划。该计划为新入职的女性雇员和女性经理提供量身定制的教育机会;为新员工提供工作和生活技能培训,并将此作为入职指导的一部分;同时还为女性管理者提供技术和领导力培训。三星还与企业社会责任协会合作，为女性员工开发定制生活技能培训，培训重点内容为压力和健康管理（三星，2015d）。

三星由于其供应商雇用童工而饱受批评。对此，三星电子于 2014 年 6 月宣布实施"禁止雇用童工政策"，该政策由三星电子与总部位于中国的瑞联稚博合作制定，呼吁对使用童工的行为采取零容忍政策，并称三星及其供应商公司将遵守最高劳动标准（瑞联稚博，2014）。

支持中国标准与开放系统

中国领导人一直担心移动通信受制于外国标准，使中国消费者和企业处于不利地位，进而带来国家安全问题，因此，中国努力推进本国标准的制定工作。在这方面，三星体现了其一直以来的承诺，帮助中国制定通信标准，开发这些标准所需的技术，并将其推广至中国以外的广泛受众。通过这些努力，三星能够比国际同行更快地将可兼容产品引入中国，为中国消费者提供性能更强的产品和更好的选择。

在中国国内 3G 网络标准（TD－SCDMA）实施后一年，即 2007 年，三星就发布了与该标准兼容的手机，成为首批发布此类兼容手机的外资企业之一（Wei，2009；Middleton，2007），而苹果公司（Apple）直到 2013 年才发布了与该标准兼容的 iPhone 5。虽然 3G TD－SCDMA 标准在国际上的影响极小，但中国带头开发 4G TD－LTE 标准的举动获得了全球企业在 TD/FD LTE 设备方面的支持（Jakobs，2015）。三星与中国移动和华为等中国公司都是 TD－LTE 联盟的早期成员。在中国移动于 2013 年 12 月开启 TD－LTE 4G 网络时，苹果公司尚无可应对该标准的手机，但三星公司却已凭借三星 S4 做好了准备（Millward，2013）。TD－LTE 标准已在亚洲，尤其是印度和中国，逐渐普及。中国移动的 TD－LTE 用户预计在 2014 年年底达到 8,000 万。

三星对开放系统的支持推动了中国智能手机生产商的快速发展，这可能是三星的无心之举所带来的结果。苹果、诺基亚、黑莓和摩托罗拉等公司引入的首批智能手机采用了封闭的专有技术，但三星却为谷歌开发的开源安卓平台开发产品，并着手进行安卓操作系统的合法化。三星在智能手机方面所取得的成功引起了中国电子产品和手机制造商的关注。凭借三星支持的安卓操作系统，小米、华为、中兴等公司以及众多其他中国公司能够将研发重心放在硬件和专供中国实用的应用程序上，而无须开发自己需要获得认可的操作系统。若无三星对安卓系统的支持，中国智能手机制造商大概不会取得今天的优异成绩（作者的采访）。

将绿色标准引入中国

近年来,中国高度重视能源效率与环境清洁。在这方面,三星(中国)通过多种方式作出了贡献,如将其于1992年推出的全球绿色管理项目引入中国。三星通过实施全球环境、健康和安全体系(G–EHS),对环境信息的管理进行了整合,包括降低温室气体排放,针对产品环境法规采取应对措施,以及对环境和安全隐患预防进行绩效管理(三星,2015d)。

三星在中国的绿色管理体系包括管理的绿化(战略、规程和系统)、工厂的绿化(节能、温室气体减排与减轻污染)、产品的绿化(研发)以及社区的绿化。例如,三星(中国)实行绿色伙伴认证流程。根据该流程,原料供应商、零部件供应商以及三星电子的材料与工艺都须获得环保认证。自2005年起,三星(中国)在400多个维修服务中心设置收集箱并提供指导,以回收废弃的手机及配件。此外,三星还委托合格的公司对废弃物进行无害化处理,并对再生资源加以利用(Chen 等,2015)。

由于环境绩效突出,三星电子在中国备受好评。2014年和2012年,道农研究院授予三星"顶级绿色公司奖";2010—2013年,中国节能协会为其颁发"节能贡献奖";2012年,《第一财经日报》授予其"绿色勋章奖",以表彰其在绿色产品中采用先进技术;2012年,《经济观察报》因为其生产的优秀环保产品授予其"可持续发展奖";2012年,中国工业和信息化部因其生产的高效产品授予其"节能之星奖";2011年,在"绿色公司评估"中,三星被中欧国际工商学院(CEIBS)评选为前100名外资企业中最环保的公司(三星,2015b)。

在中国的企业社会责任活动

三星还为中国带来了先进的全球企业社会责任项目。在2014年中国企业社会责任排名中,三星在外资企业中居首位,在(国内外)所有企业中居第13位(三星,2014b)。

为满足中国的产业需求,三星希望培养更多的技术人才,一方面增强人们对蓝领工人的社会认同,一方面推动中国的职业教育。2002年,三星设立高校奖学金项目,到2013年,三星已与26所中国重点高校建立合作伙伴关系,提供5,000多项奖学金(广州招商网,2013)。2014年,三星与中华人民共和国人力资源和社会保障部共同发起"三星技术专家培训计划"项目,为中国职业院校的学生提供技术教育。该项目在天津、苏州、成都、沈阳和西安建立了主要培训基地,拥有300多名教员,为学员提供职业教育。三星计划在2015年底之前再建五座培训基地(Sun,2014)。

三星电子在中国的企业社会责任工作包括为偏远农村地区儿童提供暑期课程的"三星梦想课堂"以及自闭症儿童夏令营，为白内障患者提供帮助的基金会，三星员工开展的防污染活动和赈灾活动等（Yang，2013）。三星每年向中国残疾人福利基金会捐赠1,000万元人民币。2012年，三星一共组织了834次公益活动，活动参与者多达4.3万人。三星始终秉持"共享管理"的经营理念。2013年，三星为雅安地震灾区捐赠6,000万元人民币；2008年，为四川地震灾区紧急捐款3,000万元人民币；2010年，为青海玉树抗震救灾捐赠1,000万元人民币。三星电子利用其先进的医疗设备技术、产品与服务为大量医疗项目提供支持，此外，还在缺乏便利医疗设施的地区开设移动医疗中心，为地方医学协会提供医疗培训（三星，2015a）。

为中国作出全面贡献

三星电子为中国作出的整体贡献体现在多个方面。三星因其大规模投资而成为中国最大的外国直接投资者之一，直接为6万中国人提供了工作岗位，同时还通过供应链提供了更多工作岗位。三星在中国不仅进行电子产品装配，还开展先进元部件制造和大规模研发，并将其大部分最为先进的技术引入中国，促进了中国电子制造业的发展。三星支持安卓操作系统的举动无意中为众多中国公司开展智能手机业务铺平了道路。此外，三星还为中国电子业内先进功能的开发与利用作出了巨大贡献。

三星还在培养中国员工能力方面进行了大量投资，并将大部分关键管理和科研岗位设在中国。三星开展各类活动来提高中国能源效率，促进中国环境目标的实现。三星还通过其企业社会责任活动帮助中国推动教育、救灾及帮助残疾人项目。在此过程中，三星一直努力融入中国社会，而不是只想着从中国市场获利。

这些年来，三星多次因其为中国所作的贡献受到表彰。2005年，三星被评为"中国最佳外国投资者"；2006年，三星被评为在中国的外资企业中的"最大贡献者"（Zhang和Pearce，2012，第77页）。2006年和2007年，三星连续两年因其对中国社会的杰出贡献被授予"公益奖"（Lee，2013）。2013年和2014年，三星连续两年在中国社科院发布的外资企业社会责任排名中居首位（三星，2014b）。2015年，三星（中国）入选由商业出版物《经济观察报》评选的10家"中国最受尊敬的企业"，这也是三星第十次获得这一殊荣（中国新闻网，2015）。

中国高层领导人也高度评价三星为中国所作的贡献。2013年，中国国务院副总理刘延东会见三星集团首席副会长李在镕，双方强调了三星与中国之间合作关系的重要性，刘延东还对三星为推动中韩经贸合作发展所做的努力表示赞赏（新华社，2013）。2014年，中国国家主席习近平在出席中韩经贸合作论坛时，听取了韩国企业负责人的介绍，并在三星集团首席副会长李在镕的陪同下参观了三星集团产品展示。

向中国之外转移

三星在中国进行了大量投资，并做了各种努力。但种种迹象表明，出于成本增加以及投资激励措施方面的原因，三星正在向中国以外的地区转移。尤为值得关注的是，三星电子已经在越南进行了大量投资。2010年，三星在越南开设了第一家工厂。截至2015年，三星已向位于越南北宁省（Bac Ninh）的多家工厂投资了25亿美元，向位于越南太原省（Thai Nguyen Province）的一家装配厂投资了50亿美元，向越南胡志明市（Ho Chi Minh）的另一家工厂投资了14亿美元。到2015年年末，预计三星对越南的总投资达142亿美元，三星（越南）以绝对优势成为越南的最大外国投资者。越南官员称越南已成为三星电子最大的海外生产地。据报道，约三分之一的三星智能手机产自越南（越南新闻，2015）。2014年，越南的三星产品出口额达到263亿美元，占越南出口总额的17.5%，同时三星在越南的工厂雇用了11万多名员工（Bich，2015），约占三星电子全球总员工的三分之一，远高于三星在中国的员工数。2015年6月，三星宣布其2015年的目标是通过越南工厂实现40%的销售额增长（《朝鲜日报》，2015）。

三星不仅在越南进行电子产品组装，还为越南提供了完整的生产系统和科研支持。2012年，三星在越南开设了研究与软件中心。截至2015年，三星手机上使用的约10%的软件由该中心提供。该中心1,500名员工中仅有5名为外籍人士，三星计划在2018年之前将员工增至2,600人（越南新闻，2015）。三星还为越南工厂提供了各类设备，以开展更多精密制造业务。据报道，为生产出可与苹果iPhone系列抗衡的手机，三星已将两万台机器运至越南（Vincent，2015）。多家三星子公司设立生产设备为越南工厂提供服务。三星还在推动其他供应商在越南建厂，并积极开发本地供应商，与当地政府合作，共同促进越南电子行业的发展（Nhan Dan，2015）。截至2015年，约90家合作伙伴和供应商公司跟随三星进入越南，其中大部分合作伙伴和供应商公司来自韩国（Kang，2015）。

三星投资越南而非中国的主要原因是，由于政府进行了几轮工资上调，中国的劳动力成本上升，而越南的劳动力成本大概只相当于中国的三分之一。三星的越南工厂在投入运营后，前四年可享受免税政策，随后12年内税率为5%，34年内的税率为10%。三星还在越南享受免征进口关税和增值税的政策，并在土地开发、培训和海关方面享有补助。人口年轻、用工充足以及作为TPP准成员国的身份也是三星在决定开展新投资时偏向于选择越南而非中国的原因。

三星对越南产生了深远的影响。三星在越南开设第一家工厂之后两年内,二十年来越南的出口额首次超过了进口额。三星还大力投资越南,开发越南的劳动力,与当地大学达成协议,提供学习资料,资助图书馆,进行内容数字化,使图书内容能通过三星智能手机阅读(Tiblen,2015)。2015年,三星积极探索保险和能源领域的投资,并为具有发展前景的当地创业公司提供资助(Goh,2015)。三星为韩国公司开辟了一条新路,其他韩国公司有的在越南开设工厂,为三星供应产品,有的则从三星的铺路工作中受益良多,比如三星与越南政府协商、建立基础设施和商业系统等方面的工作。到2015年,韩国公司在越南的投资总额达392亿美元,韩国成为越南最大的外国投资者。据报道,三星不想被称为越南最大的出口商或外国投资者,而希望被称为"越南的民族企业"(Ngoc,2015)。

三星对越南的投资对中国来说是一种警示。三星已成为中国最大的外国投资者之一。由于在中国的成本增加,地方政府上调工资,中国竞争对手纷纷涌现,中国政府开始为本国科技公司提供比外国公司明显优惠的政策,于是三星转战越南,六年内对越南的投资额达到了其二十年内对中国的投资额。虽然在短期内大部分位于越南(而非中国)的岗位与生产活动仅涉及简单的装配作业,但三星正加速将具有较高附加值的生产活动与岗位转移至越南,三星还在说服其他公司也采取类似行动。虽然越南作为制造国或市场无法达到中国的规模(越南的9100万人口尚不足中国人口的十分之一),但三星的案例表明外国公司尚有其他选择,中国不能认为自己无所作为就能继续吸引某些类型的投资。

本章小结

通过公司案例研究,我们对在中国的外资企业的作用进行了深入剖析。中国香港企业也许没有在中国经济开放的各个方面都发挥先驱作用,但肯定是在很多方面都承担了先驱者的角色。在中国的每一个发展阶段,在众多的行业和活动中,新的开放领域总是意味着新的机遇,但机遇总是与风险并行。在这一过程中,由于毗邻内地、血脉相连、关系建构能力强、文化相通、特定商业经验丰富等多方面的原因,香港企业始终走在其他"外国"企业前面,愿意开展投资,承担风险。无论是在轻工制造业、基础设施、运输还是房地产领域,香港企业都能比其他国家的企业先行一步,为中国提供服务,并对中国的发展机会善加利用。这不但让中国受益良多,也使香港企业的业务范围不断扩大,广度远非其仅在香港本地开展业务所能相比。中国香港企业在中国的投资取得了丰硕成果,与中国内地经济的一体化推动了中国经济的现代化和国际化。

宝洁公司的案例体现了大型公司对东道国所能产生的全方位影响。在培育供应商、指导培训经销商、培训员工、引进现代化广告宣传和市场营销技巧、培养本地研发能力、引进先进的人力资源和管理体系以及实现中国管理人员的国际化方面，宝洁公司一直走在前面。此外，它还是绿色生产标准、公共卫生教育和中国可持续发展报告方面的企业领军者。最后，宝洁公司通过各种产品开发和推广活动，改变了数百万中国人的生活方式。宝洁公司在中国的影响十分广泛，几乎涉及公司能与周围社会接触的每一个层面。

马士基的情况则有所不同。虽然马士基在中国的活动与其他外国企业有很多相似之处，但是马士基的突出贡献在于其物流部门提高了中国内部的通达性，而其航运和物流活动改善了中国与世界各地的连通性。在中国开展生产和销售活动的企业，如宝洁和三星，知名度相对较高，而为中国提供重要通道帮助中国成为全球经贸强国的公司的知名度却相对较低。如果没有马士基等跨国公司所提供的经验和国际网络，中国在建立合适的连接渠道以及在国际市场发挥自身优势方面，都会遇到非常多的困难。马士基的案例表明，在中国与世界市场相连的过程中，外国企业发挥自身价值，起到了重要的推动作用并带来了广泛的影响。

三星初到中国时只是为出口而生产，后转向为中国和世界生产。三星认识到，中国不仅是重要的生产地，而且还是开展研发和高级管理等各种企业活动的基地。在转变过程中，三星可以说是在中国建立了"第二个三星"，并将一部分最高级的管理人员派遣至中国常驻。不过，三星的案例也表明，主要跨国企业还可以选择其他国家作为投资目的地。中国的成本越来越高，市场形势越来越严峻，或者对外国公司的态度不再像原来那么友好，外国公司就会前往其他国家进行投资。一些公司有足够的能力在新的国家进行投资，吸引足够多的供应商、合作伙伴以及相关方加入，确保投资的成功。而且，大型公司在别的国也还可以像在中国一样，开展投资、培育供应商、发掘劳动力、开发技术，并从事教育、企业社会责任等多种相关活动，从而使这些国家更具竞争力。

因此，公司案例研究表明外国企业对中国发展的影响程度之深，同时也引发我们思考，如果外国企业出于各种缘由减少对中国的投资，那么中国经济将去向何方？

案例研究还表明了中国对外资企业的重要性。借助内地的资源、劳动力和基础设施，香港企业在轻工制造业中的销售和利润迅速扩大。而在其他一系列行业里，香港也因内地这个巨大的"本土市场"而做到了之前不可能做到的事情。对于三星、马士基和宝洁这样的公司，中国也成为他们最大的或者第二大的市场、生产基地和/或管理中心。这些案例同时表明，在中国进入一个新发展时期的今天，外国公司也必须继续调整战略，以适应中国的发展。

注　释

1. 本节总结自 Enright 等，1997；Enright 等，2005；Enright 等，2003；恩莱特·司各特咨询公司，2010；大量作者的采访。
2. 参见第二章。
3. 由香港工业总会赞助的研究已得出类似的估计结果（Wong, 2003）。
4. 基于国际机场协会（Airports Council International）的统计数据。
5. 香港政府统计处。
6. "红筹"公司指在中国境外注册成立、在外地证券交易所（通常为中国香港）上市并受中国政府实体控制的中国公司。
7. "H 股"公司指在中国内地注册成立、在外地证券交易所（通常为中国香港）上市，并受中国政府实体或个人控制的公司。
8. 有关该论点的早期版本参见 Enright 等，2005；Enright 等，2003。
9. 1988 年平均官方汇率为 3.7221 人民币兑 1 美元。
10. 该数值从宝洁公司 2015 年《年度报告》所提供数据计算得出。该报告表明，全球销售额为 805.1 亿美元，其中大中华地区销售额占全球销售额的 8%。
11. 据世贸组织统计，2004 年中国出口额为 5930 亿美元，2012 年中国出口额为 20,490 亿美元。
12. 恩莱特·司各特咨询公司的估算。
13. 采用马士基（2014b）提供的市场份额及物流成本估算；世界贸易组织贸易统计数据；以及 Enright, Scott & Associates 公司对中国出口利润的估算。
14. 由企业执行委员会公司（CEB）进行评估。该公司主要从事人才管理，并与 90% 的财富 500 强企业合作。
15. 由 Enright, Scott & Associates 进行估算。

参考文献

AAHK, 2014, *Annual Report* 2014, Airport Authority of Hong Kong.

APM Terminals, 2009, *Awards*.

Beattie, A. C., 2012, 'Early Foothold in China PaysOff', *Advertising Age*, 29 October.

Bich, T., 2015, 'Samsung plots energy and insurance sector expansion', *Vietnam Investment Review*, 30 September.

CCRCSR, 2014, 'Samsung Electronics Announces Child Labor Prohibition Policy in China', *CCR CSR*, 8 July.

Chen, J., Q. Huang, H. Peng, and H. Zhong, 2015, 'China Samsung: To Foster a Favorite Brand for Chinese People and Contribute to Chinese Society', in J. Chen, Q. Huang, H. Peng, and H. Zhong, eds, *Research Report on Corporate Social Responsibility of China*, Berlin, Springer, p. 263 – 82.

Cheng, J. Y. S. and P. Zheng, 2001, 'Hi – Tech Industries in Hong Kong and the Pearl River Delta: Development Trends in Industrial Cooperation', *Asian Survey*, 41 (4), p. 584 – 610.

Cheung Kong Infrastructure, 2015, *Our Business*.

China Customs, 2012, *China Customs Statistical Yearbook 2012*.

China Statistics Press, 2009, *The Basic Matrix, Input – Output Tables of China 2007*, Beijing, China Statistics Press.

Choi, C. H., 2003, 'The China Strategies of Korea's Winning Companies', *Nomura Research Institute Paper No. 67*, 1 August, p. 2 – 4.

The Chosunilbo, 2015, 'Samsung's Vietnam Plants Set Ambitious Sales Target', *The Chosunilbo*, 3 June.

CLP, 2015, *Our Operations: Power Generation*.

Comtois, C. and B. Slack, 2000, 'Hong Kong: Adding Value to China – Transport Hub and Urban Super – Region', *China Perspectives*, 29, May – June.

Coolidge, A., 2014, 'Procter & Gamble's Global Reach Changing', *USA Today*, 7 September.

Damco, 2013, *Sustainability Progress Report 2013*.

Damco, 2014, 'Damco Supports Chinese Company Kerui to Go Global', *Damco Press Release*.

Dyer, D., F. Dalzell, and R. Olegario, 2004, *Rising Tide: Lessons from 165 Years of Brand Building at Procter & Gamble*, Boston: Harvard Business School Press.

Enright, M. J., E. E. Scott, and K. M. Chang, 2005, *Regional Powerhouse: The Greater Pearl River Delta and the Rise of China*, Singapore, Wiley.

Enright, M. J., E. E. Scott, K. M. Chang, and W. Zhu, 2003, *Hong Kong and the Pearl River Delta: The Economic Interaction*, Hong Kong, 2022 Foundation.

Enright, M. J., E. E. Scott, and D. Dodwell, 1997, *The Hong Kong Advantage*, Hong Kong, Oxford University Press.

Enright, Scott & Associates, 2010, *Hong Kong Manufacturing SMEs: Preparing For the Future*, Hong Kong, Federation of Hong Kong Industries.

Fujitsu, 2010, *Foreign Companies Accelerating R&D Activity in China*, Fujitsu Research Institute, 13 May.

Galley, M., 2014, *Shipbreaking: Hazards and Liabilities*, Cham, Springer, 2014.

GIM, 2014, 'P&G Launched a Laboratory Cooperated with Guangdong Institute of Microbiology', *Guangdong Institute of Microbiology Press Release*, 16 December.

Goh, G., 2015, 'Samsung and Leo Burnett to kickstart entrepreneurs in Vietnam', *Campaign Asia – Pacific*, 26 November.

Grant, J., 2005, 'Switch to the Low – Income Customer', *Financial Times*. 14 November.

Greener Buildings, 2011. 'P&G Commits to LEED for Factory in China and All New Facilities', *Greener Buildings*, 25 February.

Guan, G., 2015, 'Chinese Companies in Central Africa Overcome Logistics Challenges', *Damco Blog*, 16 June.

Hexter, J. and J. Woetzel, 2007, *Operation China: From Strategy to Execution*, Boston, Harvard Business School Press.

HKCSD, 2002, Hong Kong Special Administrative Region Government, Census and Statistics Department.

HKCSD, 2014, *Employment by Industry*, Hong Kong Census and Statistics Department.

HKTDC, 2001, *The Two Cities – Shanghai and Hong Kong*, Hong Kong Trade Development Council,

March.

HKTHB, various years, *Port and Cargo Statistics*, Hong Kong Transport and Housing Bureau.

Hong Kong Commercial Daily, 2002, 'Lu Ruihua Expects Guangdong's Exports to Increase 10% this Year', *Hong Kong Commercial Daily*, 6 June.

Hong Kong Stock Exchange, 2015, *HKEx Monthly Market Highlights*, 30 September.

Hopewell Holdings, 2015, *Corporate Profile*.

Huang, J., 2013, 'Developing Local Talent for Future Leadership', *China Business Review*, 1 January.

Invest Guangzhou, 2013, 'Samsung Guangzhou Mobile R&D Center: Localization leads to Growth', *Invest Guangzhou*, 12 September.

IS Maritime 360, 2015, 'Former trainee to lead Maersk Line for North China', *IHS Maritime 360*, September.

Jakobs, K., 2015, *Modern trends surrounding information technology standards and standardization within organizations*, Hershey PA, IGI Global.

JOC Group, 2013, *Key Findings on Terminal Productivity Performance Across Ports, Countries and Regions*, July.

Jung, Y. J., 2015, 'Exponential Growth, Number of Samsung Employees Exceeds 300,000', *Business Korea*, 24 April.

Kang, H., 2015, *Global Cooperation and Corporate Internationalization Strategy – Samsung Electronics' Manufacturing Complex in Vietnam*, Samsung Economic Research Institute.

Kantar, 2010, *Who Are Winning the Chinese Consumers*?

Kwong, R. and J. A. Song, 2012, 'Samsung's China Strategy pays off', *Financial Times*, 20 May.

Knowledge@ Wharton, 2010, 'Rethinking the Power of Money: How Has the Financial Crisis Affected HR Management in China?', *Knowledge@ Wharton*, 5 October.

Lakshmi, A., 2015, 'Maersk Line Gets New Head in China', *MarineLink.com*, 22 May.

Lam, E., 2005, *Moving Forward with You*, HACTL, 13 April.

Lee, C. S. E., 2013, 'The role of corporate social responsibility in China's sustainable development', in B. Wu, S. Yao, and J. Chen, eds, *China's Development and Harmonization: Towards a Balance with Nature, Society and the International Community*, London: Routledge, p. 207 – 17.

Lee, D., 2006, *Samsung Electronics: The Global Inc*, YSM.

Lee, M. and M. Kim, 2013, 'How Samsung is beating Apple in China', *Reuters*, 26 July.

Lee, M. J., 2014, 'Samsung, LG Gun for China President Xi's Attention', *The Wall Street Journal*, 4 July.

Leung, C. K. 1993, 'Personal Contacts, Subcontracting Linkages and Development in the Hong Kong – Zhujiang Delta Region', *Annals of the Association of American Geographers*, 83 (2), p. 272 – 302.

Li, J., 2006, 'On Display', *China Daily*, 26 June.

Lockett, H., 2014, 'How marketing and market forces created a China boom for formula and disposable diapers', *China Economic Review*, 20 October.

Lu, H. and L. Ma, 2015, 'Samsung production line put into operation in Xi'an', *China Daily*, 20 April.

Lu, H. and L. Ma, 2014, 'Samsung chip facility opens in Xi'an', *China Daily*, 11 May.

Madden, N., 2014, 'P&G's Take on Targeting China's Fast – Changing Consumers', *Advertising Age*, 20 August.

Maersk, 2009, *Sustainability Report 2009.*

Maersk, 2013, 'Damco retains woman talent in China', *Maersk Stories*, 29 October.

Maersk, 2014a, *A leading trade nation.*

Maersk, 2014b, *A leading trade nation: Technical Report.*

Maersk, 2014c, *Exploring Maersk in China.*

Maersk, 2014d, 'Zooming in on critical suppliers', *Sustainability Report.*

Maersk, 2015a, 'Maersk to move China office from HK to Beijing', *Maersk Press Release*, 7 May.

Maersk, 2015b, 'Switching jobs, staying aboard', *Maersk Post*, August.

MarEx, 2016, 'Maersk to Help Ship Breakers', *The Maritime Executive*, 11 February.

Middleton, J., 2007, 'Samsung intros TD – SCDMA/HSDPA multimode handset', *Telecoms*, 12 November.

Millward, S., 2013, 'China Mobile turns on nation's first 4G network, but still no sign of iPhone deal', *Tech In Asia*, 18 December.

MTR Corporation, 2014, *Annual Report 2014.*

Moon, I., 2002, 'How Samsung Plugged into China', *Bloomberg Business*, 3 March.

Neal, A., 2007, 'Maersk in China builds talent pipeline to meet challenge of rapid growth', *Human Resource Management International Digest*, 15 (7), p. 5 – 10.

Neff, J., 2015, 'P&G Recovers U. S. Diaper Lead, But Kimberly – Clark Gains in China', *Advertising Age*, 25 March.

Ngoc, N. T. B., 2015, 'Samsung keen on bigger play in Vietnam, mulls investments in energy & insurance sectors', *Deal Street Asia*, 9 September.

Nhan Dan, 2015, 'Samsung devises measures to boost Vietnam's electronics industry', *Nhan Dan*, 15 July.

Nicholson, L., 2014, 'China outlines plan to modernise shipping industry, shares jump', *Reuters Business News*, 3 September.

NWS Holdings, 2015, *Business: Infrastructure.*

P&G, 2008, 'P&G China was crowned the "2008 Best HR of China"', *P&G Press Release*, 23 October.

P&G, 2009, 'P&G Joins as Official Premier Sponsor of the USA Pavilion at the Shanghai World Expo', *P&G Press Release*, 15 November.

P&G, 2010a, 'P&G Again Ranks in 2010 Hurun CSR Top 50', *P&G Press Release*, 5 August.

P&G, 2010b, 'P&G China Wins Platinum Award for Sustainability', *P&G Press Release*, 15 November.

P&G, 2010c, 'P&G Facilitates Energy Saving and Emission Reduction in Supply Chain', *P&G Press Release*, 10 June 2010.

P&G, 2010d, 'P&G Makes New Stride in Innovation in China Ministry of Commerce Highly Commends P&G's Contribution to China', *P&G Press Release*, 23 August.

P&G, 2010e, 'P&G Promises "Full Court Press" in China', *P&G Business Daily Update*, 19 August.

P&G, 2011a, 'P&G China honored as Top 100 China Green Company in 2011', *P&G Press Release*, 29 April.

P&G, 2011b, 'P&G Listed among Best Employers in China by Universum', *P&G Press Release*, 7 June.

P&G, 2011c, 'P&G Signed MOU with Chinese Science Academy on Cooperation', *P&G Press Release*, 10 October.

P&G, 2012, 'P&G China Won 2012 International Green Design Award', *P&G Press Release*, 19 December.

P&G, 2013, 'P&G Opened Experience Center on Taobao', *P&G Press Release*, 30 July.

P&G, 2014a, 'P&G Included in the China Top 100 Green Companies 2014', *P&G Press Release*, 19 May.

P&G, 2014b, 'P&G Listed among Best Employers in China by Universum again in 2014', *P&G Press Release*, 8 October.

P&G, 2014c, 'P&G Recognized as a Green Shipper by the China Green Freight Initiatives', *P&G Press Release*, 17 July.

P&G, 2014d, *P&G Sustainability Report 2013*.

P&G, 2015a, *Brand List*.

P&G, 2015b, 'Brands under P&G Included in China Brand List by MIIT', *P&G Press Release*, 16 April.

P&G, 2015c, *Building a Sustainable Future*.

P&G, 2015d, 'P&G China Pilot Program Cultivates Environmental Protection Leader', *P&G Press Release*, 5 June.

P&G, 2015e, *P&G China, Public Service*.

P&G, 2015f, 'P&G Win in Internet Marketing by Creation', *P&G Press Release*, 23 October.

P&G, 2015g, 'P&G won 5 Awards at the Effie Awards (Greater China)', *P&G Press Release*, 2 November.

Park, Y. W. and P. Hong, 2011, *Building Network Capabilities in Turbulent Competitive Environments: Practices of global Firms from Korea and Japan*, New York, CRC Press.

Penhirin, J., 2004, 'Understanding the Chinese Consumer', *McKinsey Quarterly*, July, p. 46 – 57.

Reingold, J., 2011, 'Can P&G Make Money in Places Where People Earn $2 a Day?', *CNN Money*, 6 January.

Roberts, D., 2007, 'Scrambling to Bring Crest to the Masses in China', *BusinessWeek*, 24 June.

Samsung, 2011, 'Samsung's China Dream: From "Made in China" to "Created in China"', *Samsung Village*, 19 May.

Samsung, 2012a, 'Samsung Breaks Ground for Memory Manufacturing Complex in China', *Samsung Press Release*, 12 September.

Samsung, 2012b, *Sustainability Report 2012*, Samsung Electronics.

Samsung, 2012c, 'Winners of Samsung Smart App Challenge 2012 Unveiled', *Samsung Developers*, 15 November.

Samsung, 2013a, 'Samsung Electronics China hosts Samsung Developers Training', *Samsung Developers*, 8 August.

Samsung, 2013b, 'Samsung Electronics China Hosts the Second Round Samsung Developers Training Beijing', *Samsung Developers*, 4 November.
Samsung, 2014a, *Global Harmony, Sustainability Report 2014*, Samsung Electronics.
Samsung, 2014b, 'Samsung Ranks No. 1 for CSR in China for Two Years in a Row', *Samsung Village*, 25 November.
Samsung, 2014c, *Talent Management Facts and Figures*, Samsung Electronics.
Samsung, 2015a, *Annual Report 2014*, Samsung Electronics.
Samsung, 2015b, *Awards and Recognitions*, Samsung Electronics.
Samsung, 2015c, *China History*.
Samsung, 2015d, *Global Harmony, Sustainability Report 2015*, Samsung Electronics.
Seo, J. Y., H. K. Park, and J. Y. Lee, 2014, 'Korean conglomerates to woo Chinese delegation', *The Korea Herald*, 3 July.
Shanghai Daily, 2015, 'Han Zheng meets with Maersk Group CEO', *Shanghai Daily*, 1 April.
Shao, F., 2014, 'A Fast and Economic Rail SolutionBetween China and Europe', *Damco Blog*, 7 October.
Shipping Online CN, 2009, 'Maersk wins social responsibility award for Sichuan quake role', *Shipping Online. CN.* 25, August.
Sun, X., 2014, 'Samsung supports vocational skills competition', *China Daily*, 14 August.
Tibken, S., 2015, 'Schooling Vietnam: How tech companies are training the next wave of workers', *Cnet*, 22 July.
Vietnam News, 2015, 'Samsung R&D centre hitting stride', *Vietnam News*, 3 December.
Vincent, J., 2015, 'Samsung shipped 20,000 milling machines to Vietnam to match the iPhone's metal', *The Verge*, 12 May.
Walfish, D., 2001, 'P&G China Lab Has Global Role', *Research - Technology Management*, 44 (5), p. 4 – 5.
Wang, J., 1994, 'Expansion of the Southern China Growth Triangle', in M. Thant, M. Tang, and H. Kakazu, eds, *Growth Triangles in Asia: A New Approach to Regional Cooperation*, Hong Kong, Oxford University Press, p. 151 – 75.
Wang, J., 2003, 'Framing Chinese Advertising: Some Industry Perspectives on the Production of Culture', *Journal of Media and Cultural Studies*, 17 (3), p. 247 – 70.
Want China Times, 2015, 'Samsung strengthens grip on China's industrial chain', *Want China Times*, 21 February.
Wei, M., 2009, 'China issues 3G licenses to main carriers', *Reuters*, 7 January.
Wentz, L., 2009, 'Top 100 Global Advertisers Heap Their Spending Abroad', *Advertising Age*, 30 November.
Wong, R., 2003, *Made in PRD: The Changing Face of HK Manufacturers*, Federation of Hong Kong Industries.
World Maritime News, 2011, 'Maersk Line Receives Shipping Line of the Year Award in Shanghai, China', *World Maritime News*, December.
World Maritime News, 2013, 'Maersk Line Wins China Freight Industry Awards', *World Maritime News*, June.

Wu, B., 2014, 'China Mobile to have 80 million TD – LTE users at end of 2014', *Digitimes*, 29 December.

Xinhua, 2013, 'Chinese vice premier meets Samsung vice chairman', *Xinhua*, 21 June.

Yang, C., 2013, 'Samsung gives back through social responsibility initiatives', *China Daily*, 28 June.

Yang, C., 2015, 'From China to Belarus: Damco is a Vital Link in Carmaker Geely's Supply Chain', *Damco Blog*, 29 September.

Yeung Y., 1994, 'Infrastructure Development in the Southern China Growth Triangle', in M. Thant, M. Tang, and H. Kakazu, eds, *Growth Triangles in Asia: A New Approach to Regional Development*, Oxford, Oxford University Press, p. 114 – 50.

Young, S., 2006, 'Market Dynamics of Toothpaste in China', *Personal Care*, January.

Zawadzki, S. and R. J. Bartunek, 2016, 'Maersk to scrap ships at certain Alang sites, NGO dismayed', *Reuters*, 12 February.

Zheng, F. and R. Pearce, 2012, 'The growth and strategic orientation of multinationals' R&D in China', in R. Pearce, ed, *China and the Multinationals: International Business and the Entry of China into the Global Economy*, Cheltenham UK, Edward Elgar.

中国新闻网:《中国三星第十次荣获"最受尊敬企业"殊荣》, 中国新闻网, 2015 年 7 月 31 日。

化妆品观察:《品牌:2014 渠道策略——玉兰油》, 化妆品观察, 2015 年 7 月 26 日。

凤凰财经:《宝洁:在中国全方位"本土化"》, finance.ifeng.com, 2012 年 2 月 10 日。

广州日报:《广州是宝洁中国"起点"》,《广州日报》, 2015 年 1 月 3 日。

李建平、阎小培、周春山:《跨国公司在珠江三角洲的投资现状与发展趋势探析》,《广东发展导刊》2002 年第 1 期。

新浪财经:《三星本土化战略提速》, 新浪财经, 2014 年 3 月 19 日。

每经网:《拼低价、拓渠道宝洁经销商试水网店》, 每经网, 2009 年 6 月 5 日。

网易财经:《资生堂宝洁"渠道下沉"战略直指二三线市场》, 网易财经, 2010 年 5 月 25 日。

浦东时报:《孙继伟会见宝洁(中国)董事长一行》,《浦东时报》, 2014 年 12 月 12 日。

新浪财经:《宝洁转型倚重互联网:砍掉 40% 广告代理商》, 新浪财经, 2015 年 8 月 11 日。

大公报:《港商内销潮蓄势待发》,《大公报》, 2002 年 1 月 22 日。

大公报:《粤港贸易去年 387 亿美元》,《大公报》, 2002 年 4 月 10 日。

新华网:《宝洁"甩包袱"产品互联网化发力高端市场》, 新华网, 2015 年 4 月 30 日。

云南网:《昆明重大项目集中开工 57 项目总投资 163 亿元》, www.yunnan.cn, 2012 年 11 月 5 日。

中华网:《习近平在中韩经贸合作论坛发表重要讲话》, http://www.china.com, 2014 年 7 月 4 日。

中山大学:《香港与珠江三角洲经济互动研究》, 中山大学城市与区域研究中心, 2002 年。

第七章

外商在中国投资的计量分析[1]

引　言

　　关于外商投资对中国经济的影响，有许多计量经济学方面的文献。这些文献往往影响了很多中外政策界有关外资的探讨和争论，因而具有十分重要的意义。不过，这些文献的技术性较强，而且大部分为中文著作，普通国外读者很难接触到。虽然如此，如果人们想了解外商投资对中国的影响，或者对讨论中国外资政策背后的影响因素感兴趣，那么就有必要了解这些文献。我们将在本章介绍这些文献，并且阐述我们自己所做的关于外商投资和外资企业对中国经济影响的计量经济学分析结果。之所以这样做是因为通过这种分析，我们可提供关于外商投资对中国经济影响的更多见解，而这些见解无法通过其他方式获得。

　　有关外商在中国直接投资的计量经济学文献涵盖非常广泛的问题，包括外商投资对中国整体经济的影响以及对生产率、产业结构、创新、贸易、国内投资、就业和工资、不均衡现象、环境等各方面的影响。还有很大一部分文献关注外商投资对本土企业发展与效益的影响，这不足为奇，因为中国领导人一直希望外资能够激励中国企业提高效益。研究者还验证了外商投资所带来的影响是否取决于以下因素：投资来源国、外资进入的模式（合资还是外商独资）、所处行业、投资地点以及本土企业的类型（国有企业还是私营企业）等。此外，文献还研究了中国地方经济的哪些不同特点会影响从外商投资中获益的能力，如地方的体制力量、技术水平、基础设施和技术能力等等。有些文献还关注社会问题，如地区不平衡、收入差距、环境问题等等，探讨在中国致力于解决这些问题时，外商投资是提供了帮助还是造成了阻碍。

　　在梳理相关文献时，我们尽力把那些发表在著名刊物上、被引用次数较多以及涉及特别重要问题的论著包括在内，同时也会平衡中英文文献的比例。当然，我们不可能涵盖所有文献，尤其是当我们把重点放在计量文献，而不是更多的一般文献时，更是如此。我们也总结了自己的分析结果，其中包括受广泛关注的问题，对已有成果的检验（有时会选取较长的时间段，使用不同的变量，或使用不同的统计技术）以及我们可以找到数据进行研究的问题。[2]我们的分析结果涵盖了外商投资和外商投资企业对中国经济发展产生的多方面影响，完整分析结果可另行获取。[3]

中英文文献基本上都认同：外商投资对中国的经济增长、生产率、创新能力、贸易、工资、环境绩效（与本土企业相比）等方面产生了积极影响。但是，在关于外商投资对中国国内投资、就业以及中国企业的能力等方面的影响的结论，也存在一些分歧。比如，一些文献指出外商投资有时候可能会排挤国内投资，而且会对中国的某些地区产生消极影响，这些地区或是存在国内公司与外国公司之间过于直接的竞争，或是缺乏从外商投资中获益的能力。我们的分析涵盖的时间段较长且运用了现代的统计技术，分析结果为外商投资所产生的积极影响提供了更为有力的依据。我们发现，外商投资的有一些"不利的"影响（比如，对一些地区的就业产生了消极影响），在很多情况下其实也是外商直接投资带来的"积极"影响（生产率的提高可以用更少的工人实现相同的产出水平）所产生的"负面"结果。大量历史数据验证的总体结果充分说明了外商投资带来的广泛影响。

有关外商投资对中国经济影响的文献中，有非常大的一部分以中文发表。这些文献侧重于外商投资对经济增长、生产率、创新、产业结构、国内投资、就业与工资、不均衡、贸易、环境、金融以及其他方面的影响。中文文献特别关注以下问题：外商投资对本国企业生产率、创新、出口倾向以及效率等方面的影响；外商投资是促进还是阻碍了国内投资；是增加还是减小了地区差异；对环境产生的影响是积极的还是消极的等等。

背　　景

计量分析试图采用各种统计技术，就一组变量（如代表外商投资的变量）对另一组变量（如经济表现）所产生的历史影响得出结论。这类分析能够得到统计学上的可靠结果，这是案例分析或故事叙述性文章所无法做到的。但是，这种分析方法亦会受数据可用性和数据分析工具的限制。其基本思路是，存在一些因变量，它们的值被假设为一系列独立解释变量的函数。解释变量通常分为"控制变量"（指那些显而易见的变量或者由前期研究得出的变量）和"自变量"（具体研究的主要对象）。

所研究的关系通常表示为以下公式：

$$因变量 = f(控制变量) + g(自变量) + 误差项$$

公式中，f 和 g 代表相关变量的函数关系。虽然我们用的是"加和"公式来演示，但实际上根据需要被测定的特定关系，可以采用多种不同的函数形式。根据不同的变量形式、函数形式，数据是纵向的（同一变量的时间序列）、截面的（同一时间各省份、各城市或各行业的相同变量）还是面板的（既有纵向，又有横向），以及所研究的关系是由单个方程还是由多个方程来表示，都可以采用不同的计量和统计技术来估算因变量和解释变量之间的主要关系。

在解释计量分析结果时必须小心谨慎。首先，研究使用的模型往往是真实情况的简化版。而且研究人员常常不得不使用替代变量来代表实际上不能被测量的变量。计量检验不提供某种关系的"证据"，而是从统计学的角度提供支持或不支持某一命题的证据。如果因变量和解释变量之间的关系在95%概率下显示为正相关（或负相关），则这种关系被称为"统计显著性"。影响即使非常小，也可以具有"统计显著性"；没有发现"统计显著性"并不意味着关系不存在，而仅是表明现有的数据和分析技术无法为这种关系的存在提供支持。

在评述外商投资对经济表现的影响时也须慎之又慎，因为外商投资所带来的影响可能会在较长的周期内显现出来。用当期外商直接投资作为解释变量或许只能得到建设新工厂的影响，而不能体现之后几年工厂运营所产生的影响。一些居中因素也会影响外商投资影响的结果，比如对绝对值变量（给定年份的外商直接投资额）系数的解释不同于比率变量（外商直接投资/国内生产总值，或外商直接投资/总投资）系数解释。此外，外商投资对经济变量的影响值可能随时间而变化，也可能因给定模型的具体规定而改变。

经济增长

有几篇研究发现，外商投资对中国的国民经济增长或人均经济增长有正向影响，但也有许多研究发现外资的贡献有限，甚至产生了负面影响。一些论文把各省经济的增长作为外商投资的函数，进行了比较验证，基本上都发现外资对各省经济增长有积极贡献。然而，一些研究人员也发现，某些类型的外商投资及某些地区的外商投资存在负面影响。这表明，外商投资和经济增长之间存在着潜在的复杂关系，这种关系不仅与外国企业的活动有关，也与外资企业是否取代了本地企业的活动有关。

英文文献

Whalley 和 Xin（2010）发现，在中国的外商投资企业对2003年和2004年中国经济增长的贡献超过40%，如果没有外商投资，中国国内生产总值的总增长率可能要降低3.4个百分点。Zhao（2013）得出的结论是，1978—2008年，外商直接投资占固定资产投资之比每提高1%，中国的国内生产总值就增长0.14%。Chaudhry 等人（2013）和 Nica（2013）也发现，外商投资与国内生产总值的增长和人均国内生产总值的增长之间存在较强的正相关关系。另一方面，

Liu 等人（2014）发现，外商直接投资对国家实际国内生产总值增长的影响是不明确的，给定年份的外商直接投资对下一年的实际国内生产总值增长有正向影响，但对再下一年有负的影响。Yalta（2013）没有发现外商直接投资与国内生产总值在 1982—2008 年期间统计上显著的相关性，并认为这一结果是因为外商直接投资在地区层面上具有不同的影响，从而互相抵消。Wei（2010）发现，1970—2006 年外商直接投资对国内生产总值增长影响不明确或具有轻微的负面影响，可能是因为 20 世纪 80 年代外商直接投资大量进入之前，中国的基数非常低。

其他论文在地区和省级层面上研究了外商投资对中国的影响。Jiang（2015a）的结论是，1996—2011 年，在中国地方层面，每个工人所占有的外商直接投资存量对全要素生产率增长和产出增长有着统计显著性正向影响。Zhang（2006）得出结论：1992—2004 年，外商直接投资促进了中国各省的经济增长；正效应随着时间的推移而增长；对沿海地区的影响比内陆省份更强。Chartas（2013）发现，1985—2010 年，外商直接投资对中国各省的经济增长产生了统计显著性正向影响。1999—2010 年间的影响比前期更大，对沿海省份的影响比内陆省份更大。Yao 和 Wei（2007）在研究 1979—2003 年中国各省产出增长中发现，技术进步对年经济增长总量的贡献是 3.5% 至 4.3%，而同期外商直接投资对技术进步的贡献达 30%。

中文文献

钟昌标（2010）认为，外商直接投资存量不仅对某一省份的经济产出有着正向影响（1986—2008 年），同时也间接带动了其他省份的经济产出（1993—2008 年）。魏后凯（2002）指出，1985—1999 年，外商直接投资对中国东部地区的国内生产总值增长有正向影响，但对西部地区经济增长的影响不具统计显著性。郭熙保和罗知（2009）认为，1999—2006 年，外商投资和国内投资都促进了中国各省的经济增长，但外商投资对国内生产总值增长的边际贡献更大。高铁梅和康书隆（2006）指出，1997—2004 年，外商直接投资每增加 1%，国内生产总值就增长 0.02%，虽然具有统计显著性，但影响很小。马岩（2006）发现，外商直接投资与国内生产总值之比每提高 1%，在单一年份（2001 年）分析中，人均国内生产总值增长会提高 0.065%；在 1983—2003 年的时间序列分析中，人均国内生产总值增长提高了 0.671%；在 1991—2002 年的 28 个省份面板数据分析中，人均国内生产总值增长则提高了 0.367%。

靳娜和傅强（2011）认为，外商直接投资与国内生产总值存在具有统计显著性的正相关关系，就国内生产总值增长而言，吸收能力较强的省份从外商直接投资中获益更多。程鹏和柳卸林（2010）发现，1985—2008 年，外商直接投资对广东国内生产总值增长的影响短期为正，长期为负；对江苏国内生产总值增长的影响则在短期为负，长期为正。关于对广东影响的这一结果有些出人意料，因为在整个改革时期，外商投资一直对广东的经济和迅速发展中起着重要作用。尽管这篇论文可能不能代表中国的主流观点，但还是值得关注。

文献结论

大部分文献表明，外商投资对中国的经济增长和成就产生了显著的正向影响，但也有一些值得注意的例外。外资影响取决于当地经济的发展水平以及外资的类型、行业和来源。应该指出的是，在全国范围内验证外商投资对经济表现的影响，其结果由于样本规模小而变得比较复杂。省级层面的研究其实更多的是验证外商投资对各省的相对贡献，而不是绝对贡献。在诠释验证结果时也要考虑表示外资的变量的不同，解释相对变量（外商直接投资/国内生产总值或外商直接投资/总投资）得到的结果与解释绝对值变量（给定年份中吸收的外商直接投资）得到的结果可能不尽相同。还必须注意，外商投资对经济表现的影响可能存在不确定的时间滞后。

项目结论

王成歧、张建华和安辉（2002）关于外商直接投资对中国经济增长影响的研究是早期比较具有影响力的研究之一。他们使用了1990—1998年的省级数据，假设国内生产总值增长取决于国内投资增长、外商直接投资增长、就业增长和人力资本水平。他们的计量模型中包括反映当地市场化、出口增长和进口增长的控制变量，还加入了外商直接投资与人力资本、市场化和国内投资的交互项，以考察这些因素是否影响从外商直接投资中获益程度。结果表明，外商直接投资增长与国内生产总值增长在省级层面呈正相关关系。此外，外商直接投资对东部地区的国内生产总值增长有较大的正向影响，对中部地区有温和的正向影响，对西部地区有较小的正向影响。他们的结论还表明人力资本并没有促进外商直接投资的影响，但较高的市场化率（指存在较多的私营部门）却能增加外商直接投资的影响。

我们采用1986—2013年省级面板数据，重新进行了王成歧、张建华和安辉所做的测试，由于数据限制，我们的测试范围涵盖27个省份，不包括海南、重庆、西藏和青海。我们得出的很多结果都与上述三人在论文中得出的结果相似。比如，我们的结果表明，在1986年至2013年这段更长的时期内，外商直接投资增长与国内生产总值增长呈正相关，且具有统计显著性；与三人论文的结果类似，我们的结果并没有发现具有统计显著性的外资对国内投资的挤入或挤出作用；我们还发现更高水平的市场化增强了外商直接投资对国内生产总值增长的正向影响。与上述三人的论文不同的是，我们的结果表明，较高水平的人力资本水平可以提高外商直接投资对国内生产总值增长的贡献。我们还发现，外商直接投资对中国东部地区的国内生产总值增长产生了很强的正向影响，但对中西部地区的正向影响却小得多。

我们进一步研究了外商直接投资在特定时期（1985—1991年、1992—2001年、2002—2008年、2009—2013年）对国内生产总值增长的影响，以了解在政策、环境、吸收能力发生变化的情况下，外商投资对中国的影响。以这一设想为基础，我们得出的结果显示，最近一个时期（2009—2013年），外商直接投资增长和国内生产总值增长之间的关系最强。这一结果很值得注意，因为外商直接投资在中国资本形成总额和固定资产投资中所占的比重已经在降低。虽然人们普遍认为外商直接投资对中国经济的影响正在减弱，但我们的结果表明，近年来外商直接投资对国内生产总值的影响比以前更为直接。

生产率

研究者通过验证外商直接投资对创新、技术能力或人力资本的影响，直接或间接考察外商直接投资对中国、中国各地区、中国各产业和中国企业生产率的影响。生产率通常以全要素生产率（TFP）或劳动生产率来衡量。衡量外商直接投资的变量则包括外商直接投资的年流入量及其滞后项、外商直接投资占国内生产总值、工业产出或工业增加值的比重，或累计外商直接投资存量。主要结论是，在地区和企业层面，外商直接投资对生产率和创新总体上产生了积极影响，但也并非总是如此。有些研究者发现有正相关关系，有些认为没有明显相关性，有些则甚至发现了负相关的关系。此外，这种影响因各地区的吸收能力、产业类型、投资公司的来源和战略而有所不同。

英文文献

Hong 和 Sun（2011）发现，在1980年到2005年期间，外商直接投资对中国各地区内部和跨地区的全要素生产率都产生了具有统计显著性的正向溢出作用。作者发现，外商直接投资占固定资产投资总额的比例增加10%，将使全要素生产率和人均收入的增长超过1%。作者得出结论认为，外商直接投资会对经济增长作出重要贡献，而且生产率提高的贡献大于通过资本积累所作出的贡献。Zhao 和 Niu（2013）发现，1990—2009年，由于外国公司的生产率更高，外商直接投资通过增加资本和提高中国的全要素生产率，对中国经济作出了贡献，不过影响很小。

Zhang 等人（2014）发现，外商直接投资在 1998 年至 2012 年期间为中国各省提高技术效率提供了重要推动力，但其影响因外资来源国和投资所在地特征（如市场化程度和人力资本水平）而异。Du 等人（2011）发现，在同一行业内，来自经合组织国家的投资提高了国内企业的技术效率，但来自中国香港、中国澳门和中国台湾的投资却产生了负面影响或没有影响。Tian 等人（2015）发现，与外商独资企业相比，合资企业更有可能产生外商直接投资的正向技术溢出，外商独资企业更有可能形成市场和技术攫取效应。Zhang（2014）发现，外商直接投资对中国的产业绩效有很大正面影响，并且对低技术行业的影响要大于中高技术行业，外商投资与地方能力之间的互动会增进这种影响。Zhao 和 Niu（2013）发现，外商直接投资的流入对中国资本密集型产业、资源密集型产业和劳动密集型产业的发展具有统计显著的正向直接效应和外溢效应，资本密集型产业受益最大。

Liu 等人（2014）发现，1978—2011 年外商直接投资对东部或者沿海地区的全要素生产率增长有正向影响，对中部地区影响不大，对西部地区和全国范围内产生负面影响。Huang 等人（2012）发现，1985—2008 年中国各省外商直接投资、地区创新、外资产生的生产率溢出效应之间有统计上显著的正相关关系，但只有当地区创新水平达到最小阈值，外商直接投资在该地区才能产生正向溢出，当地区创新达到第二较高阈值时，溢出效应会显著提高。Fu（2008）发现，1998—2004 年外商直接投资对中国各省的地区创新能力有显著的正向影响。外商直接投资强度也与外资引进省份的创新效率呈正相关关系，但这种正向效应的强度因该省份的吸收能力和创新互补能力而异。

一些研究人员对外商投资是否能通过横向联系（同一行业内溢出），后向联系（向上游供应链溢出）和前向联系（向下游企业溢出）产生正向溢出进行了研究。Jeon 等人（2013）发现了负向的横向联系（显然是由竞争效应驱动，并且在低技术产业中最突出）和正向的后向和前向溢出。Long 和 Miura（2010）发现，水平溢出既有正向也有负向，但垂直溢出通常是正向的。Zhang（2005）发现外商投资对全要素生产率有显著且正的后向溢出和聚集效应，但可能由于没有前向联系的出口导向型外资企业占很大比例，所以前向溢出有限。Du 等人（2011）发现外商直接投资对本土企业有正的后向溢出，来自经合组织国家的外商直接投资有正的横向溢出，而来自中国香港、中国台湾和中国澳门的外商直接投资则没有。作者发现，外商直接投资对国有企业有特别大的正后向溢出，但非国有企业只有正向的横向溢出。这意味着，在国有企业作为供应商时会从中受益，而作为与外国企业直接竞争的企业时则没有受益。

中文文献

孙晓华等人（2012）发现，2000—2009 年外资企业的研发投资对中国 15 个制造业的全要素生产率有显著的正向影响。陈继勇和盛杨怿（2008）指出，1992—2006 年本地研发资本存量和外商直接投资都对中国各省的生产率产生了积极影响，中国东部地区比其他地区受到的影响更为显著。覃毅和张世贤（2011）发现，2000—2007 年外商直接投资对国内企业产生了正向的横向和后向溢出，但也产生了负向的前向溢出。外商直接投资通过示范—效仿和竞争效应提高了同一行业国内企业的全要素生产率和技术效率，并通过技术共享和制定规范提高上游公司效率。负向的前向溢出意味着外资企业的市场影响力和本地联系不足，抵消了对下游产业的所有正向影响。王争等人（2009）发现，2004 年在全国经济普查覆盖的企业中，只有对较高生产率的中国企业，外商直接投资才存在正的横向溢出。对于中高生产率企业和中低生产率企业，后向和前向溢出效应的影响往往是负向的，这表明私营企业需要达到一个发展阈值才能来吸收外商直接投资的横向和后向溢出。杨红丽和陈钊（2015）发现，2000—2006 年，外商直接投资对中国工业企业有正的横向溢出，这种正效应主要来自间接影响（外商直接投资对上游企业产生正向溢出，而上游企业对其下游客户有正向溢出）。此外，他们发现来自港澳台地区的外商直接投资的溢出效应远低于来自其他经济体的外商直接投资。

路江涌（2008）发现，1998—2005 年，外商投资对同一城市和同一行业内的国内私营企业有正向溢出效应，对具有较强吸收能力的企业和能从外资企业吸引员工的企业，溢出效应更大。对同一行业和城市内的国有企业，溢出效应为负。路江涌还发现，在全国范围内，外商直接投资在同行业内具有负向溢出效应，如果外国企业和国内企业之间的产品相似性更高、竞争更直接，则负效应更大。显然，在一个城市内，示范/效仿效应占主导地位，但在全国范围主要是竞争效应。王瑜（2009）发现，2005—2006 年，外商投资对本地高技术产业的企业技术进步有负面影响，而对低技术行业的影响不显著。对本地劳动密集型产业的企业技术进步影响不显著，对资本密集型产业有负面影响。结果表明，外国企业和本土企业在高技术产业中的技术差距过大，在许多情况下本地企业难以逾越，因此因竞争效应而受到损害，而在资本密集型产业占重要地位的国有企业则存在阻碍进步的内部障碍。

文献还表明，由人力资本、基础设施和开放水平等所反映出的吸收能力影响着中国各省从外商投资的技术外溢中获益的能力（赖明勇等人，2005；李杏，2007）。谢建国和吴国锋（2014）发现，1992—2012 年外商直接投资大大提高了中国的全要素生产率，但是这种效果只有当本地经济发展水平、基础设施和人力资本水平超过一定的门槛值时才表现出来。何兴强等人（2014）发现存在一个双阈值效应，2003—2007年，在经济发展水平、人力资本和基础设施方面达到第一个阈值的省份，有一定的外资技术溢出效应，而在那些达到第二个阈值的省份，技术溢出效应更加显著。

覃毅和张世贤（2011）发现，2000—2007年外商直接投资对中国企业全要素生产率的影响取决于产业性质。在所研究的23个产业中，有18个产业存在正的水平溢出，16个产业对全要素生产率有正的后向溢出，对下游产业全要素生产率则有负的前向溢出。外商直接投资对11个产业（多为劳动密集型产业）的内资企业技术进步具有正的水平溢出，对9个产业（多为机械和设备工业）具有负向效应。在对上游产业的企业技术进步的影响方面，10个产业为正向溢出，11个为负向溢出。在对下游产业内资公司技术进步的影响方面，11个产业为正向溢出，12个为负向溢出。结果清晰地表明，外商直接投资的溢出效应可能因不同产业和不同溢出路径（水平、前向或后向）而有显著差异。

文献结论

有关外商投资对中国生产率影响的研究表明，外商投资在一定程度上提高了中国的生产率，部分原因是外资企业平均而言要比中国同类企业的生产效率高。外商投资对中国国内企业生产率的影响同时表现出了很强的正相关和负相关。有令人信服的结果显示，通过水平和后向关联，外商投资能产生正向外溢且以正向外溢为主，而前向关联溢出或者不存在，或者为负。这可能与产业结构、市场重心（如外资企业更偏重国际市场和国内消费市场，而不是国内工业市场）和业务联系等有关。外商投资的影响因产业和地域的不同而各异，有更强吸收能力的地区从外商投资中获益更多（阈值效应）。外商投资的影响还会因外商投资与当地公司之间的地理距离而不同。国内私营企业似乎比国有企业获益更多，但是企业所有制、规模、外溢路径、外资进入方式和外资来源都会使外资产生不同影响。外商投资影响不大或产生负面影响的原因之一是外国企业和本地企业进行竞争，如果外国企业夺取本地企业的市场份额，那么外商投资就会对生产率产生负的影响。值得注意的是，这里存在一个目标的差异，外商投资企业通常希望保护其技术优势和其他优势，而中国的政策则明确希望获得最大的外商投资企业外溢效应。

项目结论

生产率的增长通常有三部分：劳动生产率、资本生产率和全要素生产率。劳动生产率通常以每工时国内生产总值或从业人员的人均国内生产总值来衡量。

资本生产率通常以每单位资本的产出来衡量。多要素生产率（MFP）或全要素生产率指的是，除了劳动、资本、中间产品产出等项变动率之外的其余增长部分，一般解释为技术和组织创新等要素对经济增长的贡献，但也可能包括出口、人力资本、外商直接投资和制度等其他要素。

全要素生产率分析

用全要素生产率进行分析有两种方法。一种方法是，首先用资本存量和劳动投入数据计算全要素生产率的值，然后将全要素生产率作为因变量在第二步中进行分析。另一种方法是，将资本存量和劳动投入数据作为自变量，国内生产总值增长作为因变量，用生产函数进行回归分析，外商直接投资变量设置为对全要素生产率的影响（Hong 和 Sun，2011；Yao 和 Wei，2007）。

Yao 和 Wei（2007）是首先使用一步法的作者之一。作者使用 1979—2003 年间省级面板数据建立了一个模型，将国内生产总值与资本存量、总劳动力、人力资本指标、外商直接投资、出口、汇率和交通基础设施关联起来，测试了外商投资的两种影响，即在现有生产前沿线内提高效率和对生产前沿线的移动作用。Yao 和 Wei 发现，在全国范围内，外商直接投资与总投资比率及其与时间趋势的交互项对产出有显著的积极影响。他们的研究结果表明，技术进步对每年总体经济增长的贡献为 3.5% 至 4.3%，而外商投资对总技术进步的贡献达 30%。鉴于外商直接投资占总投资的比例仅约 5%，因此外资对技术进步的重要贡献强有力地支持另一假设，即外商直接投资是中国生产前沿线的移动器，促进了中国潜在产出能力的提高。

按照 Yao 和 Wei 的方法，我们建立了一个类似的模型，并将时间跨度拓展为 1985 年至 2013 年，研究了 27 个省的省级数据。较长时间段的研究结果与 Yao 和 Wei 的结果相似，但幅度较小。这表明，在较长时间内，外商直接投资的前沿线移动作用可能减小。将使用单一国家折旧率估算的资本存量替换为使用省份具体折旧率估算的资本存量（应该是更准确的估计），并将仅基于出口的贸易变量替换为基于进口加出口的贸易变量，结果并没有变化。

在两步法中，首先估计全要素生产率，然后将其作为因变量，加上外商投资变量和控制变量，进行回归分析。Zhao 和 Niu（2013）使用两步法，先估算出全要素生产率，然后用 1990—2009 年的省级数据建立一个简单的三变量模型，用于检验外商投资企业相对于内资企业生产率优势所产生的直接效应，以及外商投资企业对本地经济的间接技术溢出效应。作者发现，外商投资对中国整体经济以及分别对第一、第二和第三产业的技术进步产生了积极影响。然而，作者也表示影响系数很小，中国企业和外资企业的生产率差距正在缩小，并且相对较小的溢出表明外商直接投资流入的总体质量不高。

我们重复了此项研究，将时间跨度拓展至 1985—2013 年，估算全要素生产率、检验外商直接投资在中国各省的外溢效应。初步分析表明，对于延长的时间序列，有必要采用不同于 Zhao 和 Niu（2013）的统计技术。[4]结果表明，外商投资的部门不仅比国内企业有更高的生产率，而且对国内企业有正向溢出，这有利于中国经济。我们接着扩展了模型，纳入更多控制变量，以获得资本存量、研发支出、政府支出、当地经济的市场化、基础设施、贸易开放程度以及人力资本等因素的影响，从而更清晰地分离出外商直接投资对全要素生产率的影响。运用几种不同的外商直接投资变量指标，我们得出外商直接投资和全要素生产率之间有很强的正相关。在分地区的检验中，我们发现在东部和西部地区，外商直接投资对全要素生产率有强烈的正相关，并且对东部地区的影响更大，但在中部地区，外商投资对全要素生产率产生了轻微的负面影响。

劳动生产率

外商投资也能够通过示范效应、竞争效应以及从外资企业到本地企业的工人流动，提高本地企业的劳动生产率，促进当地经济的发展。我们建立了一个包括资本存量、外商直接投资、教育水平、开放程度、政府支出、市场化和基础设施的模型，检验外商投资对中国劳动生产率的影响。分析分别验证了对全国和对三个主要地区劳动生产率的影响。结果显示，在控制其他变量后，外商直接投资存量比重越高的地区，劳动生产率越高。

创 新

研究人员还研究了外商投资是否促进了中国本土企业的创新活动。传统的观点似乎是，外商投资会带来技术能力和竞争压力，从而刺激像中国这样的发展中经济体的创新。另一方面，中国也存有一些疑虑：外国公司不会带来最先进的技术，很多外商投资都投向技术水平相对较低的产业和活动中，外国公司极力保护自己的技术，也因此限制了对本土企业的外溢。

英文文献

Cheung 和 Lin（2004）分析了 1995—2000 年的省级数据，发现外商直接投资对中国企业的创新活动有正向外溢效应。Teixeira 和 Shu（2012）利用 2005—2007 年对大型企业和创新型企业（包括本国企业和外资企业）的一项调查，分析企业层面上外商直接投资、人力资本和创新之间的关系。他们发现，由于外资企业倾向于在国外完成人力资本密集型任务，与本土企业相比，不太需要提高中国人力资本,因此外商投资对企业人力资本水平的直接影响为负。另一方面,通过研发活动投资以及对通用人力资本的整体影响(如正规教育),外商直接投资对人力资本的间接影响为正。

中文文献

刘星和赵红(2009)研究了2000—2006年外商投资对中国各省创新能力的影响,发现外商投资对中国企业的设计专利有显著的正向影响,对发明专利的影响较小但仍是正向的,但是对本土企业的实用新型专利的影响为负。在中国东部地区,外商投资对所有类型的专利都有正向影响,在中部地区有较小的正向影响,而对西部地区的影响为负向。李晓钟和张小蒂(2008)在研究了2002—2006年中国29个省份地区的数据后发现,外商投资对本土企业的创新(以技术许可和专利来衡量)有正向影响。这种正向影响在东部地区较强,中部地区较小,对西部地区的影响在统计上不显著。此外还发现,外国公司从本土企业聘用人才,会造成本国公司的创新水平下降。侯润秀和官建成(2006)得出的结论与刘星和赵红(2009)、李晓钟和张小蒂(2008)的结论相似。他们发现,外商投资与当地企业的专利申请活动有正向联系,中国最具创新性的地区从外商投资中获益最多,而创新最不活跃的地区获益最少。

另一方面,张海洋(2008a)发现,要素禀赋和技术机会对中国企业的创新能力有正向影响,但外商投资的影响并不显著。冼国明和薄文广(2005)发现,当外商直接投资侧重于中国市场且技术差距较小时,外商投资与国内企业创新活动的增加有相关性。但是当技术差距较大或者外商直接投资是出口导向型时,就不会产生影响。蒋殿春和夏良科(2005)分析了1998—2002年外商投资对本国产业创新能力的影响,发现负面影响主要是因为竞争效应导致一些本国企业退出竞争,或大幅度降低了生产规模。

文献结论

文献显示外商投资对中国的创新和创新能力有正向影响,但是这些研究结果也存在多面性。一方面,外商投资增加了本土企业的专利申请活动,这种影响在中国的发达地区最大。另一方面,这些益处也有限制条件。如果外国企业和本国企业之间的技术差距太大,或者这个地区没有足够的创新能力,再或者有其他障碍阻挡本国企业的创新,那么外商投资对当地的创新能力就不会产生影响,甚至会有消极影响。这似乎说明了中国为什么对高技术领域向外国企业开放有些勉强,而且也可以解释中国为什么要推动外国企业在中国开展更多创新活动,并与中国企业分享这些技术和创新活动成功。

项目结论

人们往往认为外商投资对东道国的创新有正向影响，特别是工业化国家对发展中国家的投资。当然，创新可以发生在商业活动的任何方面，包括新技术、新的生产和管理流程或新的业务实践。不过大多数关于外商投资对创新影响研究都集中在以专利申请来衡量的技术创新。这是一个非常不完善的创新指标，因为许多科学创新没有被授予专利或无法获得专利，简单的专利数量不能说明其重要性，专利也不能捕捉到商业体系、战略、管理、政府关系及其他领域的大范围潜在创新。但是，它是一个常用指标。

刘星和赵红（2009）的一篇关于外商投资对中国创新影响的论文比较具有代表性。他们通过分析研发投入、外商直接投资溢出、人均收入以及相关政策和环境因素，评估了外商直接投资对创新能力的影响。其思想是，创新过程受到研发投入、经济发展水平（作为一个地区有效利用研发投入的能力的代表）以及该地区教育背景（也用于代表吸收能力）的影响。使用2000年至2006年中国31个省份的数据，作者发现外商直接投资对中国的整体创新能力有显著的正向影响。

我们使用1999年至2013年的省级面板数据重复了刘星和赵红（2009）的检验。由于一些年份数据缺失而剔除了西藏和青海，保留29个省。初步分析表明，需要运用不同于原论文的统计方法。[5]即使如此，也可以证实外商直接投资对中国的专利申请有正向影响的结论。我们还进行了使用滞后变量的研究（假设研发投入和外商直接投资对专利申请的影响有滞后期），剔除了冗余变量，增加了一个技术进口变量。在对2001—2013年28个省份的分析中，我们确认了外商直接投资与专利申请之间的正相关关系。

为了克服专利指标的缺陷，我们还分析了外商投资对技术市场合同成交额（流出）额（TTV）的影响。技术市场交易流出额记录通过许可、租赁或其他形式进行的技术转让合同销售额进行跟踪。虽然信息是由中国统计局收集的，但据我们所知，还没有其他研究使用技术交易价值来分析外商直接投资对中国经济影响的研究。由于创新投入和外商直接投资可能需要一年多的时间才能对科技产出产生影响，我们使用外商直接投资和研发支出以及滞后两年的人员变量，并在分析中加入一个技术进口变量（TECIMP）。值得注意的是，外商直接投资变量对中国各省的技术交易价值产生负面影响。这表明，虽然外商直接投资对中国各省的专利申请有正向影响，但外商直接投资显然对各省销售技术的价值产生了负面影响。这可能表明，外国公司没有动力在外地销售本地开发的技术，或者说外商直接投资或外商直接投资溢出所产生的技术在公开市场上并不是特别有价值。

贸　易

中国开放外商投资的一个原因是中国可以先通过外资企业出口，再通过本土中国公司出口，建立起出口经济。研究人员倾向于关注外商投资对整体出口的影响，对本土企业出口的影响，以及对中国经济的整体出口结构的影响。他们还研究了来自不同来源国、通过不同的溢出机制、对不同所有权结构的本土公司，外商直接投资所产生的影响。同样，与外资对中国经济贸易影响受到同样或者更多关注的问题是，外商投资是否改善了中国企业的业绩和能力。研究一致表明，外商投资在整个改革期间一直是中国出口的重要驱动力，外商投资对中国企业的出口强度和出口参与度产生了正向影响。

英文文献

Zhang（2015）发现，2005—2011 年外商投资是中国出口的主要驱动因素。不过外商投资对出口能力的贡献比对出口升级的贡献更大，这一结论符合这样一个观点，即外国公司利用中国出口劳动密集型产品，而高技术产品则更多面向国内市场。Sun（2010）发现，2000—2003 年，在中国制造行业，外商直接投资的存在对企业成为出口商的几率有显著影响，但这种影响与公司规模呈正向，与企业年龄、资本强度及平均工资呈负向。外商投资也对国内企业的出口强度有显著影响，规模较大、年代较久、资本密集度较高、平均工资较高的国内企业，受外商直接投资的正向影响较小。一般认为，这些企业与外商投资企业更相似，因此可以向外资企业学习借鉴的东西不多。

Chen 等人（2013）发现，2000—2003 年外商直接投资对同一行业和上游行业的中国本土企业出口业绩有正向影响，但对下游行业本地企业的出口业绩有负面影响。正向的水平溢出来自技术溢出（包括通过逆向工程进行效仿，工人从外资企业流动到国内企业）和出口相关信息溢出（包括泄露或溢出的出口市场情报、国际营销技巧以及来自外资企业出口经营的其他信息）。从外资企业到上游国内企业的正向溢出来自外资企业向本地供应商转让技术，从而提高国内企业的生产率、竞争力和出口业绩。由于产品质量标准、技术水平和业务成本的差异，外资企业更多地互为供应商，因此外资企业对下游行业国内企业出口业绩有负效应。

Wang 等人（2014）研究了外商直接投资对中国本土企业出口和内销的影响，发现外资企业的存在总体上可能对本土企业的国内销售产生负面影响，但对其出口产生正向影响。作者发现，来自港澳台地区的投资企业比其他国家和地区投资的企业更有可能产生这种模式的影响。Buck 等人（2007）发现，在中国的外资企业引起的市场竞争、信息外部性、市场准入和劳动力市场溢出,有助于提高中国企业出口的动机和能力。Fu(2011)发现,由于出口加工企业与当地企业的互动有限,在2000—2007年,从事出口加工的外商直接投资对本土企业出口的溢出效应要比其他外商直接投资产生的溢出效应少。

Li等人(2007)对外商投资提高了中国的贸易水平,但恶化了贸易条件这一看似悖论的现象进行了研究。作者的结论是,外商投资被吸引到中国劳动密集型、低附加值、高度竞争的部门,充分利用丰富的劳动力供应。同时,外资企业往往进口生产资料和先进的部件,这类产品很少降价,但常有质量提升和价格上涨。作者似乎忽视了外商直接投资刺激了中国的出口,也刺激了同期净出口的大幅增长,因此,即使贸易条件(单位出口额与进口额相比)下降,中国还是可以基于这些出口购买更多进口商品。因此,作者是在研究一个很大程度上不存在的问题。

中文文献

宋红军(2013)对2001—2009年行业面板数据的研究发现,外商直接投资对中国企业出口产生了正向影响,对已经发展了自身创新能力的企业影响最大,这些企业能够更好地吸收外资企业的溢出。王蕙和郭显光(2007)发现,外商投资和外商投资企业对1980—2004年中国的进出口产生了积极影响,并且1996—2004年间这种影响有所增加。王少平和封福育(2006)得出了相似的结果,他们发现,从1992年到2003年,在全国范围内,外商投资和外商投资企业对进出口产生了正向影响。在地区层面,只有东部地区的正向结果具有统计显著性。杨全发和陈平(2005)在1979—2003年的数据中得出了相似的结果。姚远(2007)发现,1994—2004年中国三个主要地区的外商投资与出口之间存在正相关关系,其中外商投资对东部地区影响最大。

一些研究者更关注外商投资对中国整体出口结构的影响。周游(2014)发现,1990—2011年外商直接投资对资本密集型产品出口的比重(论文中用于衡量出口结构改善的指标)有显著的正向影响。胡方等人(2013)也发现了外商在中国直接投资和资本密集型出口之间的正相关关系。丁一兵和傅缨捷(2012)发现外商在中国投资和出口之间存在正相关关系,对低技术产品出口影响最大,其次是高科技产品出口,然后是中等技术产品出口。他们的结论是,外商投资使中国的出口形态多样化,但对中国出口结构升级的影响有限,部分原因是高科技产品出口主要通过出口加工的模式实现。来自日本、中国澳门、中国香港、中国台湾、韩国和新加坡的外商直接投资对出口的影响大于来自其他地区的投资,因为这些国家和地区多投资于出口导向型企业。

文献结论

文献表明,外商直接投资对外资企业所在同一产业(通过横向联系)和上游产业(通过后向联系)的本土企业出口业绩具有正向影响。这些影响是效仿、劳动力市场效应、信息溢出以及在某些情况下直接技术共享的结果。正向的横向影响往往超过了外资企业竞争产生的负效应。另一方面,外资企业的前向联系对本土企业出口业绩没有影响或产生负的影响,其原因在于间接竞争效应、本地关联不足或大部分外商投资是出口加工企业,很显然,出口加工企业在中国很少或没有前向联系。外商投资对本土企业出口的影响取决于本土企业的规模、年龄、资本强度、平均工资、所有权结构和地理位置。中文文献中提到,外商直接投资没有促进中国出口结构的"升级",但产业升级的衡量指标还比较粗糙,未必包含有价值的信息。"资本密集型"产品的出口是否是一种升级,和与之对比的其他类别的产品有关。"高科技"产品的出口可能反映出一种升级或者没有反映,这取决于这些产品是包含有中国自主开发的技术,还是仅仅装配进口组件。衡量指标选择方面的挑战使文献得出的有关"升级"的结论存有疑问。

项目结论

王少平和封福育(2006)使用1992—2003年的省级数据发现,外商直接投资在全中国和东部地区具有统计上显著的出口创造效应,但外商直接投资对中国中部和西部地区出口的影响在统计上不显著。我们采用与王少平和封福育相似的模型,并将省级数据扩展到1985—2013年,发现当期外商直接投资对贸易有统计上显著的正向影响,但外商直接投资滞后两年则没有统计上的显著影响。我们调查了一个更复杂的模型,纳入国内生产总值、就业、工资、人力资本、市场化、基础设施和实际汇率,判断解释变量对出口和总贸易的影响。外商直接投资变量的系数在两个模型中都是正向的且具有统计显著性,表明外商直接投资是中国出口和总贸易的贡献者,也就是说,具有较高外商直接投资水平的省份也有较高的贸易水平,鉴于前一章中已经阐述了外商投资企业在中国贸易中的重要性,这一结论并不意外。

国内投资

另外有一系列文献研究了外商投资对中国国内投资的影响。研究人员研究了外商投资无论是在同一行业、垂直相关行业或水平相关行业,是否会比没有外商投资时更能刺激本土投资，形成"挤入"效应，或外商投资是否会减少本来可能发生的本土投资，形成"挤出"效应。虽然从表面上看，这与外资对中国经济的整体影响相比似乎是次要问题，但事实上中国希望外商投资帮助增强本土经济实力，而不是用外商投资来取代本土投资。因此，许多中国学者对这一问题给予更多关注也并不奇怪。

英文文献

在一项针对中国1991—2008年间三个地区300个城市的研究中，Zhang（2001）发现外商直接投资对东部地区国内投资的长期影响为负（挤出效应）。而在中部地区，外商投资则对国内投资有显著的正向影响（挤入效应）。外商投资对西部地区的国内投资的影响不具显著性。作者提出，这些发现与某种观点相一致，即外商直接投资更有可能取代经济发达地区的国内投资，因为发达地区的产业结构更成熟，生产接近满负荷，而中国西部地区投资很少，难以产生影响。研究证明，上述结果主要受2001年前那段时间的影响，而在那之后的时期，外商投资在东部地区的消极影响减少了，但对中部地区仍有正向影响，对西部地区仍然没有影响。Liu等人（2014）对1978—2001年的研究得出了相似的结果，并总结说，外商直接投资在全国范围内和东部地区对国内投资的挤出效应极大地削弱了本来所预期的外商直接投资对产出增长的正向影响。He（2012）总结说，外商投资会挤出中国国内投资，而放松金融管制则增加了这种挤出效应。但是，作者把对外国企业的优惠政策视为金融管制的放松，因此放松金融管制使国内企业处于劣势。

与此相反，Wu等人（2012）发现外商投资对长江三角洲地区有长期的挤入效应。作者声称，外商直接投资每增长一个单位，就会带动国内投资增长2.42个单位。一些文献表明，在全国范围内，外商直接投资加快了资本形成，补充了国内投资，因此会刺激经济加快增长，使本土经济发展壮大（Nica, 2013；Wei, 2010；Tang, 2007）。

中文文献

杨柳勇和沈国良（2002）分析了1983—1999年全国外商直接投资的数据，认为外商投资对国内投资有显著的挤出效应。他们认为造成这一结果的原因是外商投资集中于高度竞争产业，而且外资企业不像本地企业那样与本地供应商有关联。不过这篇文章用"比率"变量来表示国内投资和外国投资，因此，若外商直接投资与国内生产总值之比提高，那么国内投资与国内生产总值之比必然就会降低。这就使得"挤出效应"的结论存在疑问。高铁梅和康书隆（2006）

发现，1997—1999 年外商直接投资具有挤出效应，而 2000—2004 年却产生挤入效应，由此说明之前几年给予外资企业的优惠政策使其比国内公司占有更多优势。但是，这些政策发生了变化，中国企业逐渐发展起来，更多外资企业进入中国，外国企业产生了新的前后关联，从而刺激了国内投资。王媛、熊芳洁和杨亚飞（2015）的结论则几乎与此相反。他们发现，1990—2001 年外商投资对国内投资在统计上有显著的正效应，而 2002—2011 年却有显著的负效应。两篇文章都表明，影响随时间而变化。鉴于中国这些年来发生的巨大变化，这一结论不足为奇。

冼国明和欧志斌（2008）的研究支持挤入效应假说。他们分析了 2003—2006 年的数据，发现外商直接投资流入总体上对国内投资有正向影响，对准入壁垒较低的产业有显著的正效应，对准入壁垒较高的产业有负向影响，但不具统计显著性。徐颖君（2006）认为，外商投资在全国范围内造成挤入效应，而在地区层面，14 个省显示出显著的挤入效应，8 个省有显著的挤出效应，7 个省没有明显影响。值得注意的是，样本中的 11 个沿海省市中，8 个省显示出了挤入效应，但是广东、天津和江苏这三个吸收外商直接投资最多的省市则显示出了挤出效应。

王志鹏和李子奈（2004）提出，如果文章使用相对变量（外商直接投资与国内生产总值或总投资的比率）而不是绝对变量（外商直接投资额）分析挤入效应和挤出效应，则可能会产生误读，因为如果分子的影响为正，但是分母的正向影响更大的话，相对变量的系数可能为负。他们自己的研究发现，外商直接投资在全国范围内以及在中国东部地区，对国内投资有统计上显著的挤出效应，但对中国中部地区却有统计上显著的挤入效应，对中国西部地区没有统计上的显著影响。

文献结论

外商投资对国内投资有挤入效应还是挤出效应，这是个值得关注的问题，而这个问题的研究结论也需要谨慎解读。一方面，外商投资能帮助建立新的供应链，创造新的商业活动，构建与外国市场的联系。另一方面，也会使国内企业失去市场占有率。关于外商投资对中国国内投资影响的文献结论不一。不过，有些文献存在一些问题。例如，大部分学者使用投资率、总投资率、外商投资和国内投资与国内生产总值的比率作为指标，用以检验外商投资的挤入和挤出现象。用这些指标进行分析的困难在于，无法区分外商投资是真的挤出了国内投资，还是虽然增加了国内投资，但其程度要小于其他国内投资带来的挤入效应（即，国内投资比外商投资引来更多的国内投资）。因此，必须谨慎解读有关外商投资挤出或挤入的研究结论。

这些文献没有指出在外资流入之前是否存在国内投资总体不足，特别是在本土企业没有广泛发展起来的产业和地方。例如，在中国改革开放之前的经济表现不佳的广东省，其省内经济主要是靠外商投资发展起来的。在这样的情况下，是否存在外资替代本地投资的问题。另一个问题是，被外商投资"挤出"的国内资本是否仅是被配置到了其他经济活动中，而且极有可能配置到了其他省份的经济活动中，却没有被各种研究纳入分析？例如，假设沿海地区的外商投资导致国内资本转移到中国的中西部地区，那么本节所引论文中的一些检验可能会在地区层面上显示出"挤出"效应，虽然在全国范围内没有产生负影响，甚至产生了正影响。"挤入"与"挤出"的结果显示出其受到特定模型、时间序列和研究地区的影响。一些研究人员声称，早期出现的"挤出"现象可能是由于在竞争激烈的行业和最先开放的较发达地区，外资企业与国内企业展开竞争。随后，外商投资的性质发生了变化，中国企业参与竞争的能力也发生了变化，两者之间的平衡发生了潜移默化的改变。

项目结论

对于使用外商直接投资和投资的相对变量的模型分析得出"挤入"与"挤出"的结果，王志鹏和李子奈（2004）提出了明确的质疑。他们用1987—2001年覆盖中国30个省份的面板数据，使用外商直接投资、投资、国内生产总值的相对值和绝对值变量，用一个相对简单的模型进行检验。他们发现，外商直接投资在全国范围内对国内投资有统计上显著的负面效应（挤出）。在地区分析中，他们发现外商直接投资对东部省份的国内投资有显著的挤出效应，而对中部省份存在明显的挤入效应，对西部省份在统计上没有明显结论。这一结果表明，东部地区经济发展水平和本土企业水平较高，使得国内企业和外资企业可能会针对同一市场，但本土企业仍然没有足够的竞争力与外资企业竞争。作者声称，给予外资企业的优惠税收政策造成了不公平环境，加剧了国内企业的劣势。

我们用1985—2013年27个省份的面板数据重复了王志鹏和李子奈（2004）的研究。初步分析显示，需要对这些数据使用不同于王志鹏和李子奈的统计技术。[6]在使用恰当的统计技术和延长时间序列后，我们的结论表明，在全国范围内，外商直接投资流入对国内投资有挤入效应，这与王志鹏和李子奈的结论恰好相反。我们注意到，一些文献声称外商直接投资在全国范围内对国内投资有挤出，而且有关外商直接投资的文献研究得出最重要的"负面"结论，而我们的分析正好与这种结论相反。

由于王志鹏和李子奈的模型非常简单，我们随后在罗长远（2006）、王志鹏和李子奈（2004）、王媛、熊芳洁和杨亚飞（2015）的研究基础上，建立起一个包括更多控制变量的模型。正如王志鹏和李子奈（2004）所建议的，我们采用国内投资、外商直接投资和国内生产总值的绝对值而不是比率，控制变量包括政府支出、开放度、市场化、金融机构贷款条件及交通基础设施。利用来自1985—2013年间27个省份的数据，我们发现，在同一地区内和全国范围内，外商直接投资对国内投资有正效应，再次与王志鹏和李子奈的原始结论相反。

然后，我们检验了跨地区影响。其中的逻辑是：即使外商直接投资在一个省或地区取代或挤出投资，释放出的资本也可能被中国其他省份或地区利用，从而在这些省份或地区产生一般的方法所没有捕捉到的效益。据我们所知，之前还没有文章公开发布过这种检验，因此我们的检验是对文献研究的一个重要贡献。我们特别检验了东部地区的外商直接投资对中西部地区的国内投资的影响。我们发现，当期进入东部地区的外商直接投资对中西部的国内投资有统计上显著的正向影响，但前一年的外商直接投资对中西部地区的国内投资有统计上显著的负向影响。因为正向影响的幅度大于负向影响，所以总体效果是正向的。原因可能是，东部地区的外商投资释放了当期国内资本，用于中西部地区投资，但之后在东部地区建立起来的竞争性生产能力可能会对未来其他地区的国内投资产生负面影响。但是，总体影响再次呈正向。我们相信，这种跨地区结论应当是首次出现在文献研究中。

就业和工资

很多研究者认为，外商投资对中国的就业来说是一把双刃剑。一方面，外商投资通过兴建和配备新设施产生对劳动力的需求，并且通过与当地经济的上下游联系间接产生劳动力需求。另一方面，外商投资可能减少就业，因为外资企业劳动生产率提高到一定程度就会减少对劳动力的需求，挤出当地企业或迫使当地企业提高效率，也会减少对劳动力的需求。问题是如何准确地建模、测量并检验这些潜在的矛盾影响，得出明确的结论。文献研究的结果不一，外资企业的就业增长率高于国内企业，并且外商直接投资在一个行业中的份额与中国私营企业的就业增长存在正相关性，但对中国的总体就业水平而言，外商投资的影响有限。

通常假设外商投资的增加会提高东道国的工资水平。然而，工资水平的测量方式会影响研究结果。例如，中国劳动密集型产业的外商投资吸引了数千万农民工进城。如果这些人的工资低于之前普遍的城镇人均工资，那么外商直接投资看似降低了一般水平的（城镇）人均工资，即使这些新的城镇职工的收入与其之前的收入（一般是无法测量的）相比会大幅上升。

英文文献

根据1998—2001年和2001—2004年间的企业信息，Karlsson（2009）等人考察了外商直接投资对中国就业的影响。作者发现，外资企业和国内私营企业的就业同步增长，而国内非私营企业的就业则下降。作者只在控制了企业存活率变量后，才发现外资企业的就业增长高于国内私营企业。结论便是，由于外资企业的存活率较高，其就业增长高于参照组。作者发现，可能是因为溢出和学习或示范效应比竞争效应更重要，外商直接投资对国内私营企业的就业增长有积极的、间接的影响。Liu等人（2015）考察了外资并购的就业影响，发现外国企业的并购提高了被收购企业的就业规模，但对其就业增长并没有影响。这表明外资并购的就业影响是一次性的。

Hale和Long（2011）研究发现，外商投资企业对熟练和非熟练劳动力支付了更高的人均工资。然而，外商投资企业和本地企业之间对普通工人的工资差异比对熟练工人要小得多。另一个值得注意的结果是，一个城市中的外商投资对国内私营企业技术工人的工资和素质产生了较强的正面影响，但对国有企业工人的影响要小得多。作者声称，这可能是由于，与其他中国企业相比，国有企业具有受保护的市场、软预算约束及严格的内部制度。Zhao（2001）得出的结论是，由于熟练劳动力在国有企业中占有重要地位且大多数已被国有企业雇用，因此外商投资企业不得不支付更高的工资，但非熟练劳动力却由于数量相对充足而没有这样的待遇。Liu等人（2015）研究发现，外资并购国内企业对目标企业的工资水平有显著的正面影响，但对工资增长影响不大（影响显然是一次性的）。

中文文献

王智勇（2015）研究发现，1989—2010年间，外商投资对中国就业产生了积极的影响，尽管这种影响在2005年以后呈下降趋势。作者声称，后一结果可能是由于后期外商投资侧重于劳动密集程度不高的产业和活动。李莺莉等人（2014）研究发现，1998—2010年外商投资对中国各省就业产生了正向影响，对东部省份影响最大，西部省份影响最小。温怀德和谭晶荣（2010）研究发现，1985—2008年外商投资对全国范围内的就业产生了积极影响，但在中国加入世贸组织后，这种影响的效果减弱。在东部地区，入世前对就业的影响是正向的，但之后的影响不显著。而对中西部地区而言，外商投资的影响是正向的，但只在入世后这种影响才变得显著。

王剑和张会清（2005）研究发现，1983—2002年外商直接投资对中国就业有正向直接影响和负向间接影响（通过挤出和竞争）。但正向直接影响超过了负向影响，1994—2002年外商直接投资创造了470万个工作岗位。阎敏和郭婷（2012）研究发现，1998—2012年外商直接投资对中国各省就业的直接影响在统计上不显著，但对就业有显著的正向间接影响，且后者大于前者，因而总体为正向结果。两篇论文的研究结果不同，可能是由于时间序列不同、用于衡量外商投资影响的变量不同，以及难以将就业的直接和间接影响分开。

毛日升（2009）发现外商直接投资对劳动密集型行业的就业有负面影响，可能是由于有限的溢出效应、外资企业竞争或挤出本地企业，减少了就业。在资本密集行业中，短期影响是负向的，但长期影响是正向的。罗军和陈建国（2014）发现，2002—2012年，在人力资本有限的中国省份，外商直接投资对低技能就业有正效应，而对高技能就业有负效应；在人力资本水平较高的省份，外商投资对高技能就业有正影响，对低技能就业有负影响。第一组结果显然是由于外国公司在内陆省份只进行低端活动，而在沿海省份进行高端活动造成的。

研究者还调查了外商投资对中国工资的影响。徐圣（2015）发现，1995—2007年外商投资对中国工资收入比有负面影响。另一方面，王小洁、李磊和刘鹏程（2015）发现，在中国服务业中，外国企业比国内企业有更高的劳动报酬占比，而且外国企业的到来导致本地公司提高了劳动报酬占比。王小洁、李磊和刘鹏程只研究了服务业，因此这个结果与徐圣（2015）的结论并不矛盾。乔木等人（2015）发现，从1978到1994年，外商投资对于中国各省的劳动报酬占比有正向影响。若按地区划分，对东部省份的影响是负向的，但对中国其他省份的影响是正向的。梁永强（2010）发现，2000—2003年外商投资对中国企业的工资水平有正向影响。邵敏和包群（2010）总结认为，1999—2006年，在中国36个产业中，外商投资对非熟练工人工资有强烈正向影响，对高技能工人工资的影响不显著，总体对当地工资有正向影响。但造成这一结果是由于外商投资对非熟练劳动力的工资产生了积极影响，但对熟练劳动力的工资产生了消极影响。许和连等人（2009）分析了1999—2001年工业企业年度调查数据，发现外资企业比当地企业支付的工资更高，并且当地企业会据此调整，也支付更高的工资，这些影响因地区不同而异。陈怡和周曙东（2009）也得出了相似的结论。杨泽文和杨全发（2004）也发现，外商直接投资对当地工资有正效应，但他们认为这种作用只出现在1997年之后。

文献结论

文献表明，外商投资总体上对中国就业和工资起到了积极作用。也就是说，外商投资以直接或间接方式创造就业岗位，足以弥补由于竞争效应和更高的生产效率所造成的就业岗位减少。外商投资对于工资也有正向影响，虽然整体经济增长可能比外商投资本身对工资的影响更大。外资对工资和就业的影响随时间而变化，而值得关注的一点是，当中国经济进一步发展，从劳动力过剩转变为劳动力短缺时，外商投资还能在多大程度上继续发挥这些影响。在诠释外商投资对就业和工资的影响时还存在一个问题：首先，研究这一议题的外国文献并不太多；同时，中国的特定环境可能会影响分析结果。在中国，曾主导中国经济并担负巨大社会就业责任的国有企业进行了一系列改革，导致工人大规模下岗。另一个问题是，由于人口政策和经济增长，近些年来中国的劳动力变得相对短缺，这也意味着与过去相比，今后外商投资对就业和工资的影响将发生很大变化。

项目结论

李莺莉、王开玉和孙一平（2014）使用1998—2010年间的省级面板数据，用一个简单模型来研究外商直接投资对中国就业和平均工资的影响。他们发现，外商直接投资对中国各省的就业有正向影响，但是比国内投资的贡献要小。在东部地区，外商直接投资对就业的贡献最大，中部地区次之，西部地区最小。作者进一步发现，外商直接投资的流入在全国范围内和东部地区提高了平均工资水平，但在中西部地区反而降低了平均工资。中西部平均工资的降低可能是由于外商投资让更多人成为正式员工或城市劳动力，但这些新雇用的劳动力的平均工资低于之前的水平。因此，这一结果并不表明外商投资压低了工资水平，而是增加了正式员工或城市劳动力。

我们用李莺莉、王开玉和孙一平的分析方法，将数据扩大到包括1985—2013年的省级面板数据，结果发现外商直接投资在全国范围内以及中西部地区对就业有正向影响，但对东部地区的就业有负向影响。这表明，在更长的时间段里，外商直接投资可能会因较高的生产效率和在东部地区遇到的竞争而减少就业。国内投资对全国和所有三个地区的就业都有统计上显著的较大的影响。外商直接投资对全国和东部地区的平均工资有很强的正向影响，对中西部地区平均工资有正向影响，但统计上不显著。当我们把相同时间段的研究结果与李莺莉、王开玉和孙一平的分析结果进行比对时，发现外商直接投资对就业的影响在统计上不显著，表明统计方法上的一些差异可能会影响分析结果。我们增加了几个控制变量，包括国内生产总值、出口、进口、平均工资、教育水平、政府支出、交通基础设施以及私营企业就业占比，发现外商直接投资对就业的影响明显是负的。但是必须谨慎看待这一结论，因为外商直接投资表现出了对其他变量的正向影响，所以外商直接投资的部分影响可能在分析过程中被那些变量吸收了。

王剑和张会清（2005）使用1983—2002年的数据，估计外商直接投资对就业的直接影响，以及通过影响国内投资和劳动生产率而对就业产生的间接影响。他们发现，外商直接投资对就业有正向的直接影响，并通过挤出国内投资和提高劳动生产率（因而减少每单位产量的劳动力需求）产生负向的间接影响。我们参考他们的研究建立模型，将就业与国内投资、外商投资、平均工资和劳动生产率关联起来，估算外商直接投资对就业的直接和间接影响，我们还建立起包括各种控制变量的第二个模型，然后用 1985—2013 年数据运行这些模型。我们得出了相似的结论，即外商直接投资对就业有正向的直接影响，但对因轻度挤出一些国内投资以及提高了劳动生产率，而对就业有负向的间接影响，但总体影响是正向的。

不均衡性

中国的城乡之间、沿海与内陆地区之间、沿海地区之间，在人均收入、经济增长、生产效率等方面都存在很大差异。许多因素造成了这些差异，如地区最初的发展水平、地理位置、自然资源、政府政策、国内投资以及文化因素。还有一种观点认为，外商投资可能是这种不均衡的根源，并出现了一些研究这一问题的文献。阅读中文文献可能会有这样一种感觉，即在某种意义上，外商投资应该为这种不均衡负些责任，或者也可以说，希望外商投资能够帮助减少这种不均衡。但是，另一方面，外商投资在中国是受到限制的，特别是地域上的限制。而且，外商投资者也会更多地考虑市场因素，并在选择生产场所时更加青睐有合适劳动力和基础设施的地区，这和本地企业没有本质区别。因此，从这个角度来看，外商投资或许增强了影响吸收外资的本地条件的差异。

英文文献

有关外商投资对地区差距影响的实证研究得出的结论不尽相同。Liu 等人（2014）得出的结论是，外商直接投资增加了沿海地区总投资，但减少了内陆地区总投资，外商直接投资通过实物资本的积累扩大了东西部的差距。Dayal-Gulati 和 Husain（2000）的研究表明，1978—1997 年外商直接投资的流入加剧了各省间的不均衡。Tang（2007）也发现，外商直接投资加大了地区间收入差距，对于中国地区收入不均衡有显著影响。

另一方面，Yu 等人（2011）发现，1990—2005 年外商直接投资存量差异所造成的不均衡仅占中国各省区收入不均衡的 2%。50% 以上的各省间收入不均衡是由于总投资额的不同，其中主要是国内投资额的不同。其他两个影响地区收入不均衡的重要决定因素是地理位置和教育水平。Yu 等人认为，外商直接投资存量不应被看作造成中国地区收入不均衡的原因，中国政府应该增加对较落后省份的国内实物资本投资和人力资本投资。Wei 等人（2009）以及 Yao 和 Wei（2007）分析了 1979—2003 年的数据，发现造成地区收入不均衡的原因是外商直接投资分布不均衡，而不是外商直接投资本身。因此，他们认为，为了减少地区不均衡，应该鼓励外商直接投资，并且通过优惠政策、政府干预以及加强内陆地区吸引和吸收外资的能力建设投资，来引导外资进入中西部地区。

中文文献

于峰和卢进勇（2014）研究了 1995—2010 年中国省级收入分配后认为，外商投资与中国收入不均衡的加剧有关联，因为外商企业往往集中在中国的低技术产业，而在其他国家从事高附加值活动，因此其对当地企业的溢出有限。彭文慧（2013）发现，外商投资与城乡收入差距扩大之间存在关联，因为大多数投资集中在城市，进入城市的农民工往往只能从事低收入工作，城市居民则从事高收入工作。盛斌和魏方（2012）发现，1998—2010 年外商投资倾向于能缩小城乡收入差距，这一点在东部地区尤为明显。作者断言，出口加工业吸引了大量农民工来到城市，他们可以获得比从事农业更高的工资。另一方面，农民工通常从事低工资工作，处于竞争性劳动市场，而城市工人通常担任高技能职位，由于技术工人短缺，这些职位的工资水平相应较高，因而拉大了收入差距。

陈怡等人（2009）研究了 1998—2006 年的 29 个行业后发现，外商投资可能会在总体上提高制造业的工资水平，缩小相同省份制造业工人之间的差距。因为大多数外商投资流向东部地区，结果加大了地区间工资的不均衡。沈毅俊和潘申彪（2008）发现，1987—2003 年间，外商投资与中国各省收入差距扩大存在关联，影响最大的是东部地区，其次是西部地区，最后是中部地区。周华（2006）在分析 1985—2003 年各省数据后也得出了相似的结论。戴枫等人（2007）发现，1979—2004 年外商投资与收入差距扩大相关联，影响最显著的是同一城市内的城镇内部收入不均衡，其次是全国总体差距（全国范围内的收入分配），最后是城乡收入比。张全红和张建华（2007）研究了城市贫困人口，发现外商直接投资的流入提高了最贫困群体（收入最低的 5%、10%、20% 的群体）的收入占比，这意味着外商直接投资的流入至少将中国城市的收入不均衡缩小了五分之一。不过，收入最低的 10% 的个体的获益不如收入最低的 10%—20% 的个体。

文献结论

文献显示，外商投资之所以加剧中国收入的不均衡，主要是因为外商投资对所在地区产生的正向影响，而不是因为对其他地区产生负向影响。由此引发了这样的疑问：外商是否有能力为这种往往是由其他因素造成的地区收入差距负责？或者是，是否更多地方有责任让自己对外国企业更具有吸引力，并增强必要的吸收能力，从而能最大限度地从外商投资中获益。实际上，外商投资的区位选择受各省的政府政策、市场状况、劳动力状况、基础设施状况和国内投资状况的影响。与外商投资相比，这些因素对不均衡的影响更大。中国希望外商投资有助于缩小省际差距，就这一点来说，需要先解决上述基础问题。

项目结论

分析外商投资是否或多或少造成中国的不均衡，有一种方法是考察对中国各省收入潜在趋近性的影响，看外商投资是使中国各地区的收入缩小，还是使之扩大。Wei、Yao 和 Liu（2009）使用 1979—2003 年覆盖中国各地区的面板数据，发现最初的贫困省份的增长率比不上最初的富裕省份，因此无法赶上富裕省份的收入水平；外商直接投资加剧地区发展不均衡，主要是因为大部分外商直接投资进入了更加富裕的东部地区。

我们用 1989—2013 年期间 27 个省份的面板数据重复了 Wei、Yao 和 Liu 的分析，并将数据按每四年划分为五个不重叠的时间间隔（1989—1993 年、1994—1998 年、1999—2003 年、2004—2008 年、2009—2013 年）。我们的研究结果表明，外商直接投资对所有地区的收入增长有正向影响，但中国各省的收入本身并未缩小，反而是逐渐扩大。我们增加市场化和政府支出的控制变量，并替换了一些变量的指标，结论却没有改变。所以，不管从哪个方面来说，关于缩小与扩大的结果并没有显示出外商直接投资对某一省份来说是"坏的"，而是说明了大部分外商直接投资进入了比较富裕的地区（同样也是最早向外资开放的地区）可能会加剧现有的不均衡。

另一个问题是，外商投资与中国同一地区不同省份间的收入水平差异是否有直接关联。我们建立了另一个模型，考察东部、中部、西部地区之间以及地区内部的收入差异是否与外商投资有关。外商直接投资对中国各省的人均国内生产总值正相关，某一省份的外商投资水平越高，则其收入水平就越高。这一影响同样存在于不同地区间，这再一次表明外商直接投资对引资省市和地区有正向影响，但由于外商直接投资首选流入富裕地区，因而地区间的不均衡有所加剧。

环　境

近年来，外商投资对中国环境的影响成为外商直接投资研究的重点，一方面是因为中国经济增长对环境造成影响；另一方面是因为可持续发展正日益成为中国的政策重点。文献研究的结论不尽相同。一些关注中国开放初期的研究认为，来自亚洲其他地区的投资存在"污染避难所"假说的现象，即外国公司在环保法规不够严格的地区从事污染环境的活动。有论文发现，一些产业中，外资企业增加与污染增加相联系。这并不奇怪，因为较高水平的经济活动通常与较高水平的污染相关联。将外资企业的环境绩效与国内企业的环境绩效相比较，总体而言，来自经合组织国家的企业环境绩效最好，其次是其他外国企业，最后是本土企业。

英文文献

Di（2007）发现，1992—1995年污染行业的外资企业倾向于在排放成本较低的省份设厂，"较脏"的企业往往在欠发达省份投资，污染密集型行业的企业比其他行业的企业对当地法规更敏感，而且污染行业的企业在选址设厂时，往往选择其对当地政府有更大议价能力的省份。Dean（2009）等人发现，1993—1996年污染行业的港澳台地区的企业会回避环境法规较严格的省份，其他外资企业没有这个现象。Cole等人（2011）发现，2001—2004年工业产出的增长与工业污染的增加有关；海外投资与污染增加在统计上显著相关，但是除了石油残渣排放领域外，国内投资与污染增加的相关程度要更高。作者认为，第二个结论是由于在排放石油废料的行业中，外商投资的比例特别高。Zhang（2008b）发现经济增长与中国环境退化有关，内资企业污染最为严重，港澳台地区的企业次之，来自其他国家（大多来自经合组织国家）的投资污染最轻（除了与石油有关的排放）。作者根据这些结果指出，"其他"企业有更好的环保实践，但产业结构和地方法规也可能会影响排放。

Wang和Chen（2014）考察了2000—2009年中国各城市情况后发现，如果以二氧化硫排放量来衡量，与本地企业相比，外商直接投资加重了污染。作者认为，环境法规薄弱、其前后矛盾以及当地政府片面追求经济增长，成为外商直接投资带来环境负外部性的原因。He（2008）发现，1993—2001年外商直接投资对中国城市空气污染有正向但微小的影响，其原因主要是规模效应（即经济活动越多，污染越多）。Jiang（2015b）在研究了1997—2012年间中国各省的数据后发现，外商直接投资与更高水平的二氧化硫排放相关，其影响途径包括：开发更多的自然资源，对产业结构产生影响（由于外商直接投资，污染行业的产出相对增长），以及对全要素生产率产生影响（全要素生产率提高与经济发展正向关联，但也产生更多污染）。Song、Tao、Wang（2015）也发现外商投资、经济增长和环境污染之间的联系，并得出结论，只有四分之一的中国省份达到了发展门槛，可以受益于外商投资对创新能力的外溢，而不会危害环境。

Yang等人（2013）对1992—2008年外商投资和国内投资对中国各省环境污

染的影响进行了比较,并将影响原因分解为经济规模、行业组成和污染强度。作者发现,就评估的大多数,但不是全部污染物来说,外商投资的污染水平低于内资企业。就排放的固体废弃物而言,外资企业比同等规模的内资企业减少63%,工业粉尘排放量减少了80%。作者认为,从环境角度来说,应该鼓励外商投资。

中文文献

何禹霆和王岭(2012)考察了1997—2010年间中国各省城市化和外商投资对环境污染的影响。他们发现,由于经济活动效应,外商投资与更高程度的水污染相关,但与其他一些污染物没有明显关系。这篇文章在分析时没有包含国内投资,所以无法阐述外商投资是更多还是更少地造成了污染。苏振东和周玮庆(2010)同样发现,外商直接投资增长1%,污水排放量会平均增长0.035%。沙文兵和石涛(2006)对1999—2004年间外商投资对中国各省废气排放的影响进行观察,发现外商资产增加1%,废气排放量会增加0.35%,作者没有对国内投资进行比较。卢进勇等人(2014)将外商投资与国内投资对废水排放和二氧化硫排放的影响进行了对比。他们发现,同一个城市内,外商直接投资和国内投资都会增加废水排放,国内投资对环境的影响小于外商投资;而二氧化硫排放量的结果则显示,外商投资比国内投资的环境影响小。

杨仁发(2015)对2004—2012年间227个城市的研究发现,外商直接投资对环境的影响取决于外商直接投资的数量和集中度。低于最低门槛值时,外商投资会加剧污染;在两个门槛值之间时,外商直接投资会加重污染,但影响变小;跨越第二门槛值时,外商直接投资会改善污染状况。杨杰和卢进勇(2014)分析了2000—2011年中国247个城市的数据,发现外商投资与环境污染呈负相关(即外商投资集中度越大,污染越小),而且在人均收入水平越高的地区,外商投资对人均废水排放量的这一影响会更大。郭沛等人(2013)采用1999—2010年间全国各省数据进行研究,发现外商直接投资对二氧化碳排放量的影响为负(即减少排放)。作者强调,他们发现外商投资促进了二氧化碳排放量的绝对减少,而不是相对减少。

肖明月和方言龙(2013)对1995—2009年间东部11个省份的研究发现,外商直接投资与污染减少有关,影响程度因地区而异,外商直接投资减少了环渤海地区人均碳排放,但增加了长三角地区的人均碳排放。作者认为,后一个结论可能是因为国有企业在环渤海地区占更重要地位,并且外资企业比国有企业的环境绩效更好;而在长三角地区,本地私营企业可以更快地适应市场,从而缩小与外资企业环境绩效的差距,降低了外资的影响效果。姚奕和倪勤(2013)研究发现,1996—2008年外商投资与中国各省的碳强度(碳排放/国内生产总值）下降有关。

盛斌和吕越（2012）研究发现，通过规模效应（更多的经济活动）和结构效应（改变产业结构），外商投资增加了二氧化硫排放水平，但通过技术效应（外资企业采用更先进的技术，本地企业亦作出调整采用此类技术）减少污染的影响更大。他们的结论是，外商直接投资的强度增加1%，规模效应使SO_2排放量增加0.1%，结构效应使SO_2排放量增加0.17%，技术效应则使SO_2排放量减少1.15%，最终使排放量净减少0.87%。郭红燕和韩立岩（2008）对9种不同污染物进行了类似的效应分解（规模、结构和技术），发现通过规模效应，外商直接投资提高了污染水平，但是通过结构和技术效应降低了污染水平，总体上减少了污染。于峰和齐建国（2007）对SO_2排放量进行了类似的分析，发现通过规模效应和结构效应，外商直接投资提高了污染水平，但通过技术效应降低了污染水平，但是这一次，前两种效应（更多的污染）超过了后者。

文献结论

关于外商投资对中国环境影响的中英文文献得出了多样化的结果。规模效应（更多的经济活动）和产业结构效应（一些外国企业对污染较大的行业进行投资）使外商投资加重了中国污染物的排放。此外，一些外国企业似乎在某种程度上根据环境法规的严格性（或缺乏程度）选择在中国的投资地点。另一方面，与本地企业相比，外国企业的污染程度较低，并且从其母国引进了更高的环境标准。此外，当外资企业存在时，由此产生的技术改进、效仿、环境标准和专有技术确实可以减少污染的绝对量（相比没有外资企业存在的情况）。虽然这样的结果适用范围有限（过多的外商直接投资并不会减少污染），但这依然是在许多研究根据数据得出的结果。相比另一结果，即外资工厂可能比当地拥有并经营类似工厂的企业产生的污染更少，这一结果的数量更多。这表明，外商投资企业可能在中国大力改善环境绩效的宏伟目标中发挥了重要作用。

项目结论

我们在文献中各类模型的基础上建立模型，运用2000—2013年间31个省的面板数据，考察了外商直接投资对中国环境质量的影响。我们使用人均SO_2和单位国内生产总值SO_2作为因变量，因为这些是可以获得最完整数据的变量。当然，这种简单检验要比文献中的许多检验范围窄。代表总资本形成、人均国内生产总值、教育水平、贸易绩效、政府支出、基础设施和技术进步的控制变量也包括在内。结果表明，无论我们使用外商直接投资在总投资中所占的份额、外商直接投资存量，还是外商直接投资存量在总资本存量中的份额的数据，外商投资对污染的影响都是负面的（即污染减少）。在每种情况下，研究结果都表明外商投资与污染呈负相关，而国内投资与污染呈正相关，这说明外商投资企业的环境绩效明显优于当地企业。这一发现与有关外资企业与国内企业环境绩效对比的文献结果不谋而合。

本章小结

文献所得出的几个主要结论符合人们的预期。大多数研究发现，外商投资的流入对中国的经济产出和经济增长有显著的积极贡献。这一结果贯穿于中国改革开放的不同阶段。外商投资对经济增长的影响因中国境内吸收投资的地区以及投资企业的特点而不同。一些研究发现，外商投资对经济增长的贡献大于国内投资，而另一些研究则得出了相反的结论。

有一些结论出人意料，例如一篇论文显示，外商投资对广东经济的长期影响为负，而另一篇论文发现，出口导向型投资和高科技产业投资对经济增长有负面影响。之所以出现这两种情况，可能是因为实际使用的变量不能很好地衡量设定中的概念。这两个例子虽然不能代表所有的文献，但是也提醒我们，要慎重评估论文中的研究结果和发现。

关于外商投资对中国生产率影响的英文文献表明，外商投资提高了中国的生产效率，部分原因是外国企业的生产率高于中国同行，部分原因是对当地企业的外溢效应。国内私营企业似乎从外溢效应中的获益要多于国有企业。然而，外溢效应因企业所有权、企业规模、溢出渠道、外商投资者的进入模式和外商投资的来源国别而不同。之所以得出外商投资影响不显著或甚至具有负面影响的结果，原因之一是外资企业与当地企业进行竞争。如果外资企业从当地企业夺取市场份额，那么外商投资对生产率的影响可能是负面的。此外，一些地区可能缺乏从外商投资的外溢效应中获益的吸收能力。

在中文文献中，外商直接投资对中国生产率的影响大部分也是积极的。外商投资企业一般比国内企业的生产率更高，所以推动了中国总体生产率的提高。外商投资对中国国内企业的生产率产生了一些积极影响，但同时也有消极影响。有令人信服的证据表明，通过横向和后向联系会产生正向溢出效应，大多数时候的情况如此，但也有前向溢出没有产生影响或者是产生负向影响的情况。这可能是由于行业结构、市场焦点（例如，国外公司专注的是国际市场和国内消费市场，而不是国内工业市场）以及商业联系的缘故。外商投资影响因行业和地区而异，具有较高吸收能力的地区从外商投资中受益最多（有一些门槛效应）。此外，外商投资对生产率的影响可能因外商投资与当地企业之间的地理距离而不同。结果再次表明，外商投资对总体生产率有积极的影响，但不是对所有的地区和企业都有类似影响。

关于创新，英文文献显示，通过效仿、示范效应和外溢效应，外商投资对中国的整体创新以及中国企业有显著的正向影响。中文文献也表明，外商投资对中国创新及创新能力具有积极的影响，但是也有一些不一致的结果。一方面，外商投资增加了当地企业的专利活动；另一方面，如果外国企业和本地企业之间的技术差距太大，或者该地区没有足够的创新能力，或者当地企业有其他创新障碍，那么外商投资可能对本土创新能力没有影响或有负面影响。这或许解释了中国为什么不愿意向外资企业开放一些高科技部门，以及希望外资企业在中国开展更多的创新活动，并与中国企业分享技术和创新成果。

中英文文献都表明，外商直接投资也是中国贸易的重要驱动力。外资企业大幅提高了中国的出口额、进口额和净出口地位，也极大地刺激了本土企业的出口。文献表明，一方面，外商投资企业对同行业（通过横向联系）和上游产业（通过后向联系）本土企业的出口业绩有正向影响；另一方面，由于间接竞争效应、缺乏本地联系以及外商投资中很大一部分进行出口加工（很显然，出口加工在中国几乎没有前向关联），外商直接投资的前向联系对本土企业出口业绩没有影响或产生负面影响。外商投资对本土企业出口的影响取决于本土企业的规模、年龄、资本密集程度、平均工资、所有制结构和地理位置。

关于外商投资对中国投资的影响，许多文献重点研究外商投资是带动了国内投资还是减少了国内投资。外商投资对国内投资的影响具有多重性。在英文文献中，一些研究表明，外商投资对整个中国以及中国东部有"挤出"效应，特别是在改革初期，并且外商投资者享有的优惠政策可能使国内企业处于劣势地位。其他研究发现，外商投资加速资本形成，补充国内投资，从而刺激了更强劲的经济增长以及更强大的本土经济。中文文献也显示了多样化的结果。一些文章认为，改革初期外商投资对本地投资有负面影响，1999年之后出现了逆转。另一些文章则出现了相反的研究结果。但两者都指出，相关的影响取决于时间和政策组合，其影响因行业进入壁垒性质的不同而不同；若按地区划分，外商投资对中国大约一半的省份产生了正向影响，对大约四分之一的省份产生了负面影响，对另外大约四分之一的省份则没有显著影响。这样的结果似乎易受特定模型设定、时间周期和调查地区影响，这意味着必须谨慎地阐释所有特定分析的结果。

关于外商投资对就业和工资的影响，英文文献研究普遍发现，外资企业的就业增长率较高，并且外商直接投资在某一行业中的份额对中国私营企业的就业增长有正向影响，但对中国的总体就业水平而言，外商投资的影响是有限的。中文文献表明，外商投资对中国的就业和工资有正向影响。这意味着，不管外商投资对当地企业有无挤出效应，通过直接和间接形成的就业，外商投资抵消了由于竞争效应和企业的高效率而造成的就业减少。虽然总体经济增长可能是影响工资的更大的因素，但外商投资对工资的影响也是正向的。外商投资对工资的影响随时间推移而不同。值得思考的是，随着中国经济进一步发展以及中国从劳动力过剩转向劳动力短缺的过程，外商投资还能在多大程度上产生这些影响。

中英文文献都表明，外商投资导致了中国地区的发展不均衡，这主要是因为外商投资对引资地区所产生的正向影响，而不是因为对其他地区的负向影响。外商投资的投资区域选择会受到不同省份的政府政策、市场状况、劳动力状况、基础设施状况和国内投资的影响，相比外商投资这一因素，这些因素对发展不均衡的影响要更大。中国希望外商投资能帮助缩小各省之间的差距，就此而言，需要解决这些基本动因，使欠发达的省份对外商投资更具吸引力。

关于外商投资对中国环境的影响，中英文文献都得出了不同的结果。在一些研究中，由于规模效应（更多的经济活动）和产业结构效应（一些外国企业对污染较大的行业进行投资），外商投资加剧了中国污染物的排放。此外，一些外国企业似乎部分根据环境法规的严格性（或缺乏程度）来选择中国的投资地点。另一方面，与本土企业相比，外国企业的污染程度较低，并且从其母国带来了更高的环境标准。在某些情况下，研究人员发现，通过竞争、替代和效仿效应，外商投资实际上导致了排放量的净减少。这一领域研究结果的差异反映了在中国的外商投资企业的多样性、行业差异以及中国各省的差异，包括当地环境法规及其执行情况的差异。

中英文文献研究都发现，外商投资的影响可能会因投资来源国而有所不同。来自港澳台地区的投资对国内企业的生产率溢出效应较小，甚至是负向的，而来自其他地区的投资通常有正向的、较大的影响。来自港澳台地区的投资对本地企业的国内销售产生了负面影响，而且更有可能避开那些环境法规及其执行力度较严格的省份。与其他国家的投资相比，亚洲经济体的投资对中国的出口产生较大影响。在效率方面，经济合作与发展组织国家的投资对中国企业的生产率外溢产生了较大的正向影响，但通过竞争效应对技术能力造成了一些负面影响。研究还发现，相比来自其他地方的投资或当地企业的投资，经合组织国家的投资产生的污染要少。

中英文文献研究发现，外商投资的影响可能会因引资省份或地区的不同而不同。一般来说，在经济增长、生产率、出口、创新和就业方面，中国经济最发达的东部地区比其他地区更能受益于外商投资。另一方面，外商投资给东部地区企业的投资带来了负面影响，而在中国其他地区的影响却是正面的。出现这样的结果，一方面可能是因为东部地区较强的吸纳能力；另一方面则可能是因为已有的较为齐备的工业基础受到了外来竞争的伤害。

我们自己的研究结果支持外商投资对绝大多数所研究的经济表现指标的正向影响。我们发现，外商投资对国内生产总值及其增长、生产率、创新（按专利申请衡量）、贸易、国内投资、工资和环境均产生了积极的影响。我们的研究还发现，外商投资与技术市场合同成交额（流出额）之间存在负相关关系，这可能表明，在所研究的时间段，外资技术并没有被广泛地出售给技术开发领域之外的行业。就业方面的研究有着多重的结果。经过进一步的解析，我们发现，外商投资对就业产生了正向的直接影响，但也产生负面的间接影响，部分原因是因为外资提高了一些地区的劳动生产率（因而减少了对劳动力的需求）。我们还注意到，我们的研究结果与一些文献中发现的外资在全国范围内具有"挤出"效应的结论相反，同时支持另一部分文献中的"挤入"效应结论。此外，我们发现了一种新的效应，即通过挤入效应或释放一个地区的资本用于另一个地区，外商在一个地区的投资实际上会刺激其他地区的投资。

我们注意到，计量经济学文献与国际新闻中出现的关于在中国的外商投资和外国企业的情况大不相同，也与个别企业的故事、轶事和在商业新闻中发现的案例研究大不相同。同时，计量经济学文献还与对外国企业的调查存在很大差别，因为这些调查主要侧重于在中国经营的外国企业所面临的机会和挑战。本章所呈现的关于外商投资有力影响了中国经济的结论，加上其他章节相关内容，既表明中国从对外开放中获益良多，也反映了中国开放政策的高度智慧。

注　释

1　恩莱特·司各特咨询公司的张朝辉博士承担了本章的辅助工作。
2　数据来源包括：中国在线数据、中国经济数据库数据、31个省的统计年鉴、教育统计年鉴、劳动统计年鉴、科技统计年鉴、工业企业科技活动统计年鉴、固定资产投资统计年鉴、中国对外经济贸易统计年鉴、中国利用外资统计、中国分省份市场化指数报告（1997—2009年）。
3　详情请参考恩莱特·司各特咨询公司2016年出版的《外商投资对中国的影响：第三阶段：计量检验》，香港，韩礼士基金会。
4　我们使用系统广义矩方法进行分析。
5　我们使用的是系统广义矩法，而不是Liu和Zhao的广义最小二乘法。
6　我们使用系统广义矩法来分析，而Wang和Li使用横截面加权法分析全国样本，使用似然不相关回归（SUR）的方法进行地区分析。

参考文献

Buck, T., X. Liu, Y. Wei, and X. Liu, 2007, 'The trade development path and export spillovers in China: A missing link?', *Management International Review*, 47, p. 683–706.

Chartas, V., 2013, *The Impact of Foreign Direct Investment on Economic Growth in China*, Master's Thesis, Erasmus School of Economics.

Chaudhry, N. I., A. Mehmood, and M. S. Mehmood, 2013, 'Empirical relationship between foreign direct investment and economic growth: An ARDL co-integration approach for China', *China Finance Review International*, 3 (1), p. 26–41.

Chen, C., Y. Sheng, and C. Findlay, 2013, 'Export spillovers of FDI on China's domestic firms', *Review of International Economics*, 21 (5), p. 841 – 56.

Cheung, K. Y and P. Lin, 2004, 'Spillover effects of FDI on innovation in China: Evidence from the provincial data', *China Economic Review*, 15, p. 25 – 44.

Cole, M. A., R. J. R. Elliott, and J. Zhang, 2011, 'Growth, foreign direct investment, and the environment: Evidence from Chinese cities', *Journal of Regional Science*, 51 (1), p. 121 – 38.

Dayal – Gulati, A. and A. M. Husain, 2000, 'Centripetal forces in China's economic take – off', *IMF Working Paper*.

Dean, J. M., M. E. Lovely, and H. Wang, 2009, 'Are foreign investors attracted to weak environmental regulations? Evaluating the evidence from China', *Journal of Development Economics*, 90, p. 1 – 13.

Di, W., 2007. 'Pollution abatement cost savings and FDI inflows to polluting sectors in China', *Environment and Development Economics*, 12, p. 775 – 98.

Du, L., A. Harrison, and G. Jefferson, 2011, 'Do institutions matter for FDI spillovers? Implication of China's special characteristics', *Policy Research Working Paper no. 5757*, World Bank Working Paper.

Enright, Scott & Associates, 2016, *The Impact of Foreign Investment on China: Phase 3: Econometric Tests*, Hong Kong, The Hinrich Foundation.

Fu, X., 2008, *Foreign direct investment, absorptive capacity and regional innovation capabilities: Evidence from China*, OECD Global Forum on International Investment.

Fu, X., 2011, 'Processing trade, FDI and the exports of indigenous firms: Firm – level evidence from technology – intensive industries in China', *Oxford Bulletin of Economics and Statistics*, 73, p. 792 – 817.

Hale, G. and C. Long, 2011, 'Did foreign direct investment put an upward pressure on wages in China?', *IMF Economic Review*, 59 (3), p. 404 – 30.

He, J., 2008. 'Foreign direct investment and air pollution in China: Evidence from Chinese cities', *RégionetDéveloppement*, 28, p. 132 – 50.

He, Q., 2012, 'Gradual financial liberalization, FDI, and domestic investment: Evidence from China's panel data', *Journal of Developing Areas*, 46 (1), p. 1 – 15.

Hong, E. and L. Sun, 2011, 'Foreign direct investment and total factor productivity in China: A spatial dynamic panel analysis', *Oxford Bulletin of Economics and Statistics*, 73 (6), p. 771 – 91.

Huang, L., X. Liu, and L. Xu, 2012, 'Regional innovation and spillover effects of foreign direct investment in China: A threshold approach', *Regional Studies*, 46 (5), p. 583 – 96.

Jeon, Y., B. I. Park, and P. N. Ghauri, 2013, 'Foreign direct investment spillover effects in China: Are they different across industries with different technological levels?', *China Economic Review*, 26, p. 105 – 17.

Jiang, Y., 2015a, 'Potential effects of foreign direct investment on development', in Y. Jiang, ed, *China: Trade, Foreign Direct Investment, and Development Strategies*, Oxford, Chandos, Chapter 5.

Jiang, Y., 2015b, 'Foreign direct investment, pollution, and the environmental quality: A model with empirical evidence from the Chinese regions', *International Trade Journal*, 29 (3), p. 212 – 27.

Karlsson, S. , N. Lundin, F. Sjöholm, and P. He, 2009, 'Foreign firms and Chinese employment', *World Economy*, 32 (1), p. 178 – 201.

Li, H. , P. Huang, and J. Li, 2007, 'China's FDI net inflow and deterioration of terms of trade: Paradox and explanation', *China & World Economy*, 15 (1), p. 87 – 95.

Liu, Q. , R. Lu, and C. Zhang, 2015, 'The labour market effect of foreign acquisitions: Evidence from Chinese manufacturing firms', *China Economic Review*, 32, p. 110 – 20.

Liu, X. , Y. Luo, Z. Qiu, and R. Zhang, 2014, 'FDI and economic development: Evidence from China's regional growth', *Emerging Markets Finance & Trade*, 50 (Supplement 6), p. 87 – 106.

Liu, X. and H. Zhao, 2009, '[Empirical research on the impact of FDI on China's indigenous innovation capability]', *Management World*, no. 6, (in Chinese).

Long, C. and H. Miura, 2010, 'Where to find positive productivity spillovers from FDI in China: Disaggregated analysis', *Hong Kong Institute for Monetary Research Working Paper*.

Nica, A. , 2013, *Essays on the Impact of Foreign Direct Investment and Saving in China*, PhD Thesis, University of Iowa.

Song, M. , J. Tao, and S. Wang, 2015, 'FDI, technology spillovers and green innovation in China: Analysis based on Data Envelopment Analysis', *Annals of Operations Research*, 228, p. 47 – 64.

Sun, S. , 2010, 'Heterogeneity of FDI export spillovers and its policy implications: The experience of China', *Asian Economic Journal*, 24 (4), p. 289 – 303.

Tang, S. , 2007, *Foreign Direct Investment and its Impact in China: A Time Series Analysis*, PhD Thesis, Griffith University.

Teixeira, A. A. C and L. Shu, 2012, 'The level of human capital in innovative firms located in China. Is foreign capital relevant?', *Journal of the Asia Pacific Economy*, 17 (2), p. 343 – 60.

Tian, X. , V. I. Lo, and M. Song, 2015, 'FDI technology spillovers in China: Implications for development areas', *Proceedings of the Australasian Conference on Business and Social Sciences 2015*, Sydney.

Wang, D. T. and W. Y. Chen, 2014, 'Foreign direct investment, institutional development, and environmental externalities: Evidence from China', *Journal of Environmental Management*, 135, p. 81 – 90.

Wang, J. , Y. Wei, X. Liu, C. Wang, and H. Lin, 2014, 'Simultaneous impact of the presence of foreign MNEs on indigenous firms' exports and domestic sales', *Management International Review*, 54, p. 195 – 223.

Wei, H. , 2010, *Foreign Direct Investment and Economic Development in China and East Asia*, PhD Thesis, University of Birmingham.

Wei, K. , S. Yao, and A. Liu, 2009, 'Foreign direct investment and regional inequality in China', *Review of Development Economics*, 13 (4), p. 778 – 91.

Whalley, J. and X. Xin, 2010, 'China's FDI and non – FDI economies and the sustainability of future high Chinese growth', *China Economic Review*, 21 (1), p. 123 – 35.

Wu, G. , Y. Sun, and Z. Li, 2012, 'The crowding – in and crowding – out effects of FDI on domestic investment in the Yangtze Delta Region', *China: An International Journal*, 10 (2), p. 119 – 33.

Yalta, A. Y. , 2013, 'Revisiting the FDI – led growth hypothesis: The case of China', *Economic Modelling*, 31, p. 335 – 43.

Yang, B., S. Brosig, and J. Chen, 2013, 'Environmental impact of foreign vs. domestic capital investment in China', *Journal of Agricultural Economics*, 64 (1), p. 245 – 71.

Yao, S. and K. Wei, 2007, 'Economic growth in the presence of FDI: the perspective of newly industrializing economies', *Journal of Comparative Economics*, 35 (1), p. 211 – 34.

Yu, K., X. Xin, P. Guo, and X. Liu, 2011, 'Foreign direct investment and China's regional income inequality', *Economic Modelling*, 28, p. 1348 – 53.

Zhang, C., B. Guo, and J. Wang, 2014, 'The different impacts of home countries characteristics in FDI on Chinese spillover effects: Based on one – stage SFA', *Economic Modelling*, 38, p. 572 – 80.

Zhang, J., 2008b, *Foreign Direct Investment, Governance, and the Environment in China: Regional Dimensions*, PhD Thesis, University of Birmingham.

Zhang, K. H., 2006, 'Foreign direct investment and economic growth in China: A panel data study for 1992 – 2004', *Working Paper*.

Zhang, K. H., 2014, 'How does foreign direct investment affect industrial competitiveness? Evidence from China', *China Economic Review*, 30, p. 530 – 39.

Zhang, K. H., 2015, 'What drives export competitiveness? The role of FDI in Chinese manufacturing', *Contemporary Economic Policy*, 33 (3), p. 499 – 512.

Zhang, N., 2011, *Foreign Direct Investment in China: Determinants and Impacts*, PhD Thesis, University of Exeter.

Zhang, Y., 2005, 'Do domestic firms benefit from foreign direct investment? The case of China', Chapter 3, *Essays on Industrial Organization in China's Manufacturing Sector*, PhD Thesis, University of Pittsburgh.

Zhao, Q. and M. Niu, 2013, 'Influence analysis of FDI on China's industrial structure optimization', *Procedia Computer Science*, 17, p. 1015 – 22.

Zhao, S., 2013, 'Privatization, FDI inflow and economic growth: Evidence from China's provinces, 1978 – 2008', *Applied Economics*, May, 45 (13 – 15), p. 2127 – 39.

Zhao, Y., 2001, 'Foreign direct investment and relative wages: The case of China', *China Economic Review*, 12 (1), p. 40 – 57.

陈继勇、盛杨怿：《外商直接投资的知识溢出与中国区域经济增长》，《经济研究》，2008年第12期。

陈怡、周曙东：《外商直接投资对内资企业工资影响的研究——基于中国省际面板数据的实证分析》，《南京农业大学学报（社会科学版）》，2009年第2期。

陈怡、周曙东、王洪亮：《外商直接投资对我国收入差距的影响——基于制造业工资基尼系数的实证分析》，《世界经济研究》，2009年第5期。

程鹏、柳卸林：《外资对区域经济可持续增长影响的差异性研究——基于广东和江苏的实证研究》，《中国工业经济》，2010年第9期。

戴枫、王艳丽、姜秀兰：《外资对东道国收入分配的影响：基于中国的实证分析》，《国际贸易问题》，2007年第9期。

丁一兵、傅缨捷：《外商直接投资流入对中国出口品技术结构变化的影响——一个动态面板数据分析》，《世界经济研究》，2012年第10期。

高铁梅、康书隆：《外商直接投资对中国经济影响的动态分析》，《世界经济》，2006年第4期。

郭红燕、韩立岩：《外商直接投资、环境管制与环境污染》，《国际贸易问题》，2008年第8期。

郭沛、蒋庚华、张曙霄：《外商直接投资对中国碳排放量的影响——基于省际面板数据的实证研究》，《中央财经大学学报》，2013年第1期。

郭熙保、罗知：《外资特征对中国经济增长的影响》，《经济研究》，2009年第5期。

何兴强、欧燕、史卫、刘阳：《外商直接投资技术溢出与中国吸收能力门槛研究》，《世界经济》，2014年第10期。

何禹霆、王岭：《城市化、外商直接投资对环境污染的影响——基于1997—2010年中国省际面板数据的经验分析》，《经济体制改革》，2012年第3期。

侯润秀、官建成：《外商直接投资对我国区域创新能力的影响》，《中国软科学》，2006年第5期。

胡方、连东伟、徐芸：《外国直接投资对中国出口贸易结构的影响》，《国际商务》（对外经济贸易大学学报），2013年第1期。

蒋殿春、夏良科：《外商直接投资对中国高技术产业技术创新作用的经验分析》，《世界经济》，2005年第8期。

靳娜、傅强：《基于技术吸收能力的外商直接投资对经济增长研究的影响》，《研究与发展管理》，2011年第23（2）期。

赖明勇、包群、彭水军、张新：《外商直接投资与技术外溢：基于吸收能力的研究》，《经济研究》，2005年第8期。

李杏：《外商直接投资技术外溢吸收能力影响因素研究——基于中国29个地区面板数据分析》，《国际贸易问题》，2007年第12期。

李晓钟、张小蒂：《外商直接投资对我国技术创新能力影响及地区差异分析》，《中国工业经济》，2008年第9期。

李莺莉、王开玉、孙一平：《东道国视角下的外商直接投资就业效应研究》，《宏观经济研究》，2014年第12期。

梁永强：《外商直接投资流入对中国内资企业就业和工资水平影响的计量分析》，《现代财经》（天津财经大学学报），2010年第5期。

刘星、赵红：《外商直接投资对我国自主创新能力影响的实证研究——基于省级单位的面板数据分析》，《管理世界》，2009年第6期。

路江涌：《外商直接投资对内资企业效率的影响和渠道》，《经济研究》，2008年第6期。

卢进勇、杨杰、邵海燕：《外商直接投资、人力资本与中国环境污染——基于249个城市数据的分位数回归分析》，《国际贸易问题》，2014年第4期。

罗长远：《外商直接投资对中国私人资本成长的影响：基于1987—2001年省际面板数据分析》，《世界经济》，2006年第1期。

罗军、陈建国：《外商直接投资、人力资本门槛与就业——基于门槛效应的检验》，《世界经济研究》，2014年第7期。

马岩：《外商直接投资对我国经济增长的效应》，《统计研究》，2006年第3期。

毛日升：《出口、外商直接投资与中国制造业就业》，《经济研究》，2009年第11期。

彭文慧：《外商直接投资影响我国城乡收入差距的实证研究》，《中央财经大学学报》，2013年第1期。

乔木、李广泳、高淑娟：《外商直接投资对中国劳动收入份额影响的时间和空间效应》，《国际经济合作》，2015年第2期。

覃毅、张世贤：《外商直接投资对中国工业企业效率影响的路径——基于中国工业分行业的实证研究》,《中国工业经济》, 2011 年第 11 期。

沙文兵、石涛:《外商直接投资的环境效应——基于中国省级面板数据的实证分析》,《世界经济研究》, 2006 年第 6 期。

邵敏、包群:《外资进入对国内工资的影响: 基于工业行业的经验研究》,《国际贸易问题》, 2010 年第 11 期。

沈毅俊、潘申彪:《外商直接投资对地区收入差距影响的实证分析》,《国际贸易问题》, 2008 年第 2 期。

盛斌、吕越:《外国直接投资对中国环境的影响——来自工业行业面板数据的实证研究》,《中国社会科学》, 2012 年第 5 期。

盛斌、魏方:《外国直接投资对中国城乡收入差距的影响: 中国省际面板数据的经验检验》,《当代财经》, 2012 年第 5 期。

宋红军:《外商直接投资对中国内资企业出口规模影响的实证分析》,《西安财经学院学报》, 2013 年第 3 期。

苏振东、周玮庆:《外商直接投资对中国环境的影响与区域差异——基于省际面板数据和动态面板数据模型的异质性分析》,《世界经济研究》, 2010 年第 6 期。

孙晓华、王昀、郑辉:《R&D 溢出对中国制造业全要素生产率的影响——基于产业间、国际贸易和外商直接投资三种溢出渠道的实证检验》,《南开经济研究》, 2012 年第 5 期。

王成岐、张建华、安辉:《外商直接投资、地区差异与中国经济增长》,《世界经济》, 2002 年第 4 期。

王蕙、郭显光:《外国直接投资对我国进出口规模的影响——基于虚拟变量、协整及格兰杰检验的实证研究》,《国际贸易问题》, 2007 年第 3 期。

王剑、张会清:《外国直接投资对中国就业效应的实证研究》,《世界经济研究》, 2005 年第 9 期。

王少平、封福育:《外商直接投资对中国贸易的效应与区域差异: 基于动态面板数据模型的分析》,《世界经济》, 2006 年第 8 期。

王小洁、李磊、刘鹏程:《外资进入、劳动收入份额与技能工资溢价——来自 2008 年服务业企业普查数据的经验分析》,《商业经济与管理》, 2015 年第 280（2）期。

王瑜:《外商直接投资对我国工业技术进步的影响》,《世界经济研究》, 2009 年第 2 期。

王媛、熊芳洁、杨亚飞:《基于面板数据的外商直接投资对国内投资影响的实证研究》,《武汉理工大学学报》, 2015 年第 37（1）期。

王智勇:《外资如何影响中国就业?——基于 1989—2010 年地市级面板数据的研究》,《产经评论》, 2015 年第 1 期。

王志鹏、李子奈:《外商直接投资对国内投资挤入挤出效应的重新检验》,《统计研究》, 2004 年第 7 期。

王争、孙柳媚、史晋川:《外资溢出对中国私营企业生产率的异质性影响——来自普查数据的证据》,《经济学》（季刊）, 2009 年第 1 期。

魏后凯:《外商直接投资对中国区域经济增长的影响》,《经济研究》, 2002 年第 4 期。

温怀德、谭晶荣:《中国对外贸易、外商直接投资对就业影响的实证研究——基于加入世贸组织前后东、中、西部数据的比较》,《国际贸易问题》, 2010 年第 8 期。

冼国明、薄文广:《外国直接投资对中国企业技术创新作用的影响——基于产业层面的分析》,《南开经济研究》, 2005 年第 6 期。

冼国明、欧志斌:《外商直接投资对中国国内投资的挤入和挤出效应及进入壁垒对该效应的影响——基于行业面板数据的重新检验》,《世界经济研究》,2008年第3期。

肖明月、方言龙:《外商直接投资对中国东部地区碳排放的影响——基于STIRPAT模型的实证分析》,《中央财经大学学报》,2013年第7期。

谢建国、吴国锋:《外商直接投资技术溢出的门槛效应——基于1992—2012年中国省际面板数据的研究》,《世界经济研究》,2014年第11期。

许和连、亓朋、李海峥:《外商直接投资、劳动力市场与工资溢出效应》,《管理世界》,2009年第9期。

徐圣:《外商直接投资的阶段性与区域性特征》,《世界经济研究》,2015年第3期。

徐颖君:《外国直接投资对中国国内投资的影响:挤入还是挤出?》,《国际贸易问题》,2006年第8期。

阎敏、郭婷:《外商直接投资对中国劳动就业的影响效应实证研究——基于面板VAR模型的动态分析》,《统计与信息论坛》,2012年第7期。

杨红丽、陈钊:《外商直接投资水平溢出的间接机制:基于上游供应商的研究》,《世界经济》,2015年第3期。

杨杰、卢进勇:《外商直接投资对环境影响的门槛效应分析——基于中国247个城市的面板数据研究》,《世界经济研究》,2014年第8期。

杨柳勇、沈国良:《外国直接投资对国内投资的挤入挤出效应分析》,《统计研究》,2002年第3期。

杨全发、陈平:《外商直接投资对中国出口贸易的作用分析》,《管理世界》,2005年第5期。

杨仁发:《产业集聚、外商直接投资与环境污染》,《经济管理》,2015年第2期。

杨泽文、杨全发:《外商直接投资对中国实际工资水平的影响》,《世界经济》,2004年第12期。

姚远:《外国直接投资对我国进出口影响的区域差异分析》,《国际贸易问题》,2007年第10期。

姚奕、倪勤:《外商直接投资对碳强度的影响——基于中国省级动态面板数据的实证研究》,《数理统计与管理》,2013年第1期。

于峰、卢进勇:《外商直接投资对中国省域内收入分配的影响研究》,《浙江工商大学学报》,2014年第3期。

于峰、齐建国:《我国外商直接投资环境效应的经验研究》,《国际贸易问题》,2007年第8期。

张海洋:《外国直接投资对我国工业自主创新能力的影响——兼论自主创新的决定因素》,《国际贸易问题》,2008年第1期。

张全红、张建华:《外国直接投资对我国城镇贫困的影响——基于1985—2005年家户调查数据的协整分析》,《国际贸易问题》,2007年第9期。

钟昌标:《外商直接投资地区间溢出效应研究》,《经济研究》,2010年第1期。

周华:《外商直接投资对东道国收入分配影响的长期效应:以中国为例》,《南开经济研究》,2006年第5期。

周游:《外商直接投资、知识产权保护与出口产业结构调整——基于联立方程和VAR模型实证分析》,《中国软科学》,2014年第11期。

第八章

外商在中国投资的前景

引　言

　　本书各章从几个方面论述了外商投资对中国经济和经济发展产生的巨大影响。首先，本书论述了中国对外商投资所采取的循序渐进的态度和策略，并阐明个中原因。同时亦指出，自改革开放以来，外商在中国的直接投资额已接近1.6万亿美元，虽然总体投资数额巨大，但是近年来，与中国经济的总投资相比，外商投资的数额实际很小。其次，本书运用创新性变通的经济影响评估方法进行分析，结果发现外商投资和外商投资企业对中国产生的重大影响远非几组原始投资数据所能彰显。本书更进一步阐述了外资和外资企业还给中国经济带来各种催化影响和溢出效应，这些影响难以量化。中国四大领先城市未来进一步发展经济的首要举措也聚焦于吸引更多的外商投资。本书还指出，学术界和智库文献的研究重点倾向于外商投资对中国企业的影响而非对中国经济的影响，因此，必须审慎看待此类文献得出的研究结论。

　　本章重述以上研究成果的几个要点，并探讨外商在中国投资的未来发展前景。作为本书的结尾，本章还指出了本书对中国政府及其政策制定、其他国家政府、外资企业及代表外资企业的相关方的借鉴意义。

中国对外资的态度与策略

　　自改革开放以来，中国对外资一直采取渐进性开放的策略。鉴于中国19世纪和20世纪初接受外国投资的经验，这种方式合乎情理。当时，外国在中国广泛投资铁路、港口基础设施和现代制造业等领域，帮助中国实现经济现代化。但另一方面，外国投资也与中国被迫开放鸦片贸易、外国人享有特别优惠和治外法权及外国列强的炮舰外交紧密相连。20世纪50—70年代期间，中国身处地缘政治时期，外交处于孤立状态，基本上不可能打破之前的观念，因此，长久以来，中国对参与国际事务的态度即使不是心存疑虑，也是格外谨慎。同时，作为社会主义经济体，中国在开放之初缺乏涵盖非国有企业的经济法律监管体制，实行逐渐开放的做法完全可以理解。有鉴于此，中国采取在地域、行业和企业组织形式上逐步对外资开放的策略，这也并不足为奇。中国最初对外商投资主要采取限制和控制措施，之后才逐渐从事前审批转向事后监管。外国公司及政府如果想理解中国对外国投资的看法以及其未来的管理思路，就需要了解这一背景。

中国的外商投资法律监管体制也影响了外来投资的企业类别。早期，只有中国香港和台湾公司愿意冒险来中国大陆投资，香港公司是迫于经济压力而采取的不得已之举。对政策明晰和低风险有较高要求的外国企业，则等到中国的外商投资制度日臻完善，基础设施、生产能力和市场改观到足以改善风险收益率后，才开始进行投资。正如中国试图把经济开放程度限制在其可控范围之内一样，外国投资者的投资力度也仅限于其能经得起风险的程度。中国从始至终都面临着这样的压力：要想吸引更高价值的商业活动和投资，就必须进一步对外资开放，调整外商投资法律监管体制。这个相互发现和适应的过程一直持续到今天，并将在可预见的未来内继续影响中国的外商投资政策。

外商投资对中国经济的影响

中国的经济改革开放开创了新纪元。在改革开放的35年间，中国的经济实际增长了28倍，外商直接投资从无到有，达到了大约每年1,000亿美元的水平。经济开放以来，中国累计吸收外商直接投资额约为1.6万亿美元。即便如此，与中国各种形式的总投资相比，外商投资依旧是沧海一粟。

单从外商投资占资本形成总额或固定资产投资的比重来看，可能有人会下结论说，外商投资和外商投资企业对中国的发展影响不大，重要性也在降低。但是，本书的研究结果却恰恰与此相反。我们对传统的经济影响分析方法进行变通并用于本书的研究。我们发现，近年来外资企业的建立、运营及其供应链贡献了中国国内生产总值的27%和就业的33%。虽然一些数据是粗略估计值，但也表明了我们可以从另一个起点来探讨外资企业对中国经济产生的巨大影响。

上述估计不包括外商投资和外资企业给中国带来的诸多催化影响，这些影响源自外商投资和外资企业的下列活动：在中国建立供应链，促使其参与国际竞争；建立分销渠道，提高分销能力；促进中国的技术开发；培育本土分拆企业；将现代管理教育引入中国；为中国企业打入国际资本市场提供渠道；为中国新兴企业筹集风险资本和私募股权；发展物流系统和必要的基础设施，助力中国发展为贸易大国；将现代环境标准和社会责任做法引入中国。此外，在帮助中国健全法律监管体制方面，外资也提供了建议和经验，促进了中国本土民营企业的发展，上述估计并不包括这部分价值的影响估值。企业案例研究也表明，外商投资企业对中国的影响是多方面的，包括在中国众多行业中有着举足轻重的地位；引入新产品和新种类，提高了消费者的生活质量；为中国员工提供机会；将中国企业推向全球市场；在增强中国企业整体商业能力方面作出重大贡献。

这些成就离不开中国的政策鼓励和支持，离不开企业数以千万计的中国员工的辛勤劳动。同时，这些成就也得益于外商投资企业的倾力相助。本书的贡献之一便是展现外资在中国的成就之大，对中国的影响之深。如果列出那些并未包含在我们量化估计中的影响，那么我们可以清楚地看到，量化估计并未高估，甚至可以说是大大低估了外资所取得的成就和所产生的影响。

问　题

上述结论引出了以下问题：中国需要外商投资带来的资金吗？中国企业和本土投资就不能承担外资企业所承担的功能吗？外资企业会取代中国企业吗？在合资企业里，中国合作伙伴的价值被低估了吗？在经济相对落后时，中国可能会受益于外商投资，那么现在中国已经发展到不再需要外商投资的程度了吗？

在改革开放初期，中国引入外商投资是为了无须通过购买或支付许可技术费而获得更先进的技术，提高生产力水平。然而，中国因"缺钱"而需要外来投资的日子早已远去。中国自己正成为资本输出国，外商投资在资本形成总额和固定资产投资中的比例也相当低，这些都表明，外资投入中国的资本金本身早已不是外资对中国发展的主要贡献。因此，当前和未来外商投资和外资企业对中国的价值一定体现在其他方面。

有些人可能认为，就算没有外资企业，中国本土企业也会填补空白。对这个问题，最直截了当的回答是，如果中国企业具备外资企业那样的生产力和效率，那么它们早就开始行动了。外商投资企业比国内企业更受优待的时代已一去不复返，扶持主要产业本土企业发展的制度已经取代了为外资提供更多优惠的制度。外资企业愿意亏本几年，以在中国立足的日子也成为过去时，在中国业绩不佳的外资企业或者裁员，或者退出中国市场。获得成功的外资企业还愿意这么做，是因为它们拥有本土企业所缺乏的技术和能力。中国企业已取得了长足进步，但在很多行业里，它们的效率仍然比不上世界领先企业。甚至中国本土许多成功企业，如阿里巴巴、腾讯等，也都依赖外国风险投资、私募股权和资本市场。中国企业达到世界水平的最佳途径是与外资企业竞争，向外资企业学习。保护性策略或许能让企业成为追随者，却不会让它们成为领导者。

中国会发展到不需要外商投资和外资企业的程度吗？毫无疑问，中国经济和中国企业将持续发展壮大。然而，即使中国企业和本土投资可以提供今天外资企业和外国资本所提供的一切，中国向外资企业和外商投资开放仍然是有意义的。任何一个经济体，不管其规模有多大，都不能想出推动经济发展所需的所有办法；也没有一个经济体能使其拥有的公司在所有行业都处于世界领先地位。从历史上看，中国曾是经济和技术的引领者，后来却在经济和技术上落后于人，很大一个原因就是闭关锁国，缺乏对外联系与交流。如果中国重新走上自我封闭的老路，那无疑是一个莫大的讽刺。

外商在中国投资的未来

尽管我们得出了上述结论，但外商投资和外资企业在中国的发展前景并不明朗。许多外国分析师和管理人员认为，中国针对外资企业采取的多项法律行动，部分是出于对中国企业的偏袒。此外，中国的本土企业还通过国家银行部门、开发投资基金，获得支持并享受国内优惠待遇。但也应该认识到，受到调查的中国公司数量远高于外国公司，而许多国家都会支持本土企业的发展。此外，虽然中国的官方、学术界和分析人员的主流观点认同外资对中国意义非凡，但在一些圈子里也有少数观点认为，外资企业对当下中国经济的积极贡献有限，在未来更非必需。还有人认为，外资企业是阻挡中国企业成功的"拦路虎"，或外资企业谋求过高利润，牺牲了中国企业和消费者的利益。媒体对外资企业的攻击，在外国人看来，似乎是在提醒这些企业，它们在中国不过是匆匆过客而已。但是，我们应该认识到，其实中国公司同样也受到新闻媒体的指责。

与此同时，中国经济增速放缓，许多行业的产能过剩，经济正经历艰难转型，中国企业逐步成为强大的竞争对手。这意味着，在中国的外商投资的市场基础正在变化。一些知名外资企业已经决定退出中国市场，还有许多公司削减了计划投资。国内生产总值每年增长10多个百分点，许多行业每年增长20几个百分点的时期已经成为过去。许多被外资企业纳入投资决策的中国优势也失去了昔日的魅力。所有这些因素都导致外资企业开始重新评估它们的中国投资计划。

另一方面，中国管理外资的法律监管制度日益成熟，越来越向公认的"国际惯例"靠拢。如果《外国投资法草案》以目前的形式或类似的形式颁布，那么，中国管理外资和外资企业的法律制度将与许多国家差别不大。除了那些列于负面清单中，受到禁止或需要特别审批的行业和活动外，外商投资将不需要事前批准。可能影响到国家安全的外商投资，也会受到审查。除此之外，外资企业将与中国本土企业一样，受相同的《公司法》《反垄断法》《劳动法》《环境法》及其他法律约束，这些法律与很多国家的同类法律相似。中国的仲裁规则已经与别的国家看齐。的确，在所有这些领域，中国都在一心一意走向"国际规范"。

然而，就管理外商投资的法律制度而言，中国与发达国家之间的差异将继续存在。假如当前实施的外商投资产业限制和禁止目录在新的《外国投资法》

框架下转为负面清单,那么,这个清单会比发达国家的清单长得多。对于外商投资所涉及的国家安全,由于历史和政治体制的不同,中国领导人对这类国家安全内容的释义也不会与其他国家完全相同。中国《反垄断法》中的豁免和适用除外特例与发达国家的规定也不尽一致。此外,外国人通常难以预测或理解中国的法律程序和结果,在这样一个国家,法律最终如何执行,也是一个问题。

即便如此,中国管理外资的法律和监管制度将与改革开放之初截然不同,而且越来越为国际投资者所熟悉。外商投资审批程序也在改变,以往要求所有投资都要事先获得批准,现在大部分投资只需通报,这种转变意义重大,不应低估。以往需要直接审批和控制的体系正在转变为通过法律程序对企业具体行为进行监控和规范的体系,在这一转变的初始阶段,法律的执行过程会向外资企业释放明确的信息,即尽管商业计划不再需要事先允许和批准,但也不意味着外资企业可以为所欲为。对此,人们不必觉得奇怪,因为你必须把当前的情况和形势看成一个不断演进的过程的一部分。可以看到,中国的"十三五"规划和其他重要规划表明,对外开放依旧是未来中国的一贯政策。

意 义

本研究具有几方面的意义。

首先,本研究对中国的政策制定和中国政府具有重要意义。过去三十五年间,中国可能是全球范围内外商投资的最大受益国。外商投资对中国的积极影响远远超出了邓小平等中国对外开放设计师们的想象。而最重要的原因当然在于中国能不断完善政策法规,大力投资基础设施和人力资本,中国的官员也善于学习并不断改进管理水平。同时,中国成功地控制了对外开放的进程。很显然,中国既没有丧失主权,也没有让外资企业获得重要控制权。也就是说,中国从外商投资中获得了诸多益处,却没有引发通常与外商投资相关的重大风险。随着国力与日俱增,中国对外资的管理体制得以从事前审批转向事后监管。正是因为这一转变,更多的能助力中国发展的拥有新思想和新方法的公司进入了中国,这一点意义重大。没有任何一个国家,哪怕是像中国这样的大国,能想出其所需要的所有办法。外商投资和外资企业带给中国的诸多益处是人们所不曾料到的,同理,未来外商投资和外资企业会给中国带来何种福祉,也是中国所无法完全预见或规划的。

其次,本研究对外国政府而言意义重大,尤其是其他发展中国家政府。外商投资可以通过建立外资企业、运营和供应链,从多个方面促进东道国的发展进程。外资企业还能以多种方式产生广泛的催化影响和溢出效应,比如建立分销渠道、提供技术和管理技能、连接世界市场、帮助东道国融入国际金融网络以及提出相关的商业和经济发展政策。一方面,这些好处显而易见,因此我们很难理解为何有些国家不愿加大对外资开放的力度。另一方面，许多国家对外资企业存在这样的疑虑：它们剥削当地劳动力和资源，不考虑东道国的长期利益；损害本土企业；破坏环境；占领当地市场，滥用市场地位；难于管理。但中国的经验表明，在吸收外资的过程中，可以在获得益处的同时克服上述弊端。

当然，中国在很多方面都是一个特例。第一，中国市场规模巨大，因此，与其他投资目的地相比，外国投资者愿意在中国投入更多的资源来开拓市场，愿意承受更大的不确定性和更多的限制，也愿意付出更多努力来为东道国的发展规划作出贡献。第二，相比大多数发展中国家，中国的国有企业和私营企业更为强大，因而外资企业获得主导权的可能性更小。第三，中国还拥有比其他发展中国家更强的行政能力，能够更好地管理外资企业以及本国私营企业。不管怎样，中国的外商投资经验可供其他国家参考借鉴，尤其是在获益的同时，既没有丧失主权，也没有被外国投资所控制这一点。

再次，本研究对在外国，特别是在中国有投资利害关系的外国企业、商会及政府具有借鉴意义。这首先当然是因为许多外商投资企业在中国经营的过程中获得了巨大收益。很多企业已经把中国作为其全球战略的重要组成部分，而中国的外商投资来源国也因出口上升和管理类工作的增加而受益匪浅。在世界许多地方，外资企业正面临着越来越大的压力。随着民族主义的抬头，许多国家对外商投资和外资企业的审查比过去更为严格。这一波民族主义源于多种因素：全球经济放缓，东道国经济压力增大；东道国对转让定价和税收安排的担忧；以及某些外商投资企业自身的行为问题。许多外资企业以及代表外资企业的商会和政府，由于没有必要的工具来"证明自己有用"，无法估算出自己为东道国经济所做的贡献。除了关注投资和就业方面的统计数据，很少有外资企业去量化它们带来的其他贡献，也很少有企业重视它们对东道国各个方面的影响，比如对东道国供应链、消费者福利、分销渠道、技术能力、管理技巧、环境意识及企业社会责任活动方面的影响。本书提供的计量工具和研究结果可供在中国的外资企业及相关各方证明自己的积极影响，还可推而广之，供在其他国家投资的上述各方证明自己的价值。其实，外资企业以及代表它们的商会和政府具有证明自己价值的能力并且有这样的意愿，这才是最重要的，因为这将使目前与外商投资对东道国经济影响有关的讨论和评价发生改变。

我们希望上述各方能考虑本书的研究意义，以便充分理解外商投资对中国及世界各国经济发展与繁荣所发挥的巨大作用。

附录

正文引用中部分译名对照表

(按出现先后排序)

第二章
美国国务院	U. S. State Department
中国商务部	Ministry of Commerce
国务院	State Council
毕马威	KPMG
《人民日报》	People's Daily
德勤全球	Deloitte Touche Tohmatsu
香港政府统计处	HKCSD

第三章
经合组织	OECD
世界银行	World Bank
世界贸易组织	WTO

第四章
北京大学	Peking University
广州招商网	Invest Guangzhou
巴斯夫	BASF
《中国经济评论》	China Economic Review
麦肯锡公司	McKinsey
彭博社	Bloomberg
西门子	Siemens
清华大学	Tsinghua University
福特汽车	Ford
丰田汽车	Toyota
德勤	Deloitte
安永会计师事务所	Ernst & Young
中欧国际工商学院	CEIBS
国际商学院促进协会	AACSB
欧洲质量改进体系	EQUIS

前瞻商业资讯有限公司	Qianzhan Business Information Co.
波音公司	Boeing
亚什兰	Ashland
《上海日报》	Shanghai Daily
拜耳	Bayer
壳牌	Shell
英国石油公司	BP
通用汽车	General Motors
索尼	Sony
汇丰银行	HSBC
西图公司	CH2MHILL
亚洲企业社会责任	CSR Asia
瑞典驻华大使馆	Embassy of Sweden in Beijing
雀巢	Nestlé
航运在线	Shipping Online
上海美国商会	American Chamber of Commerce in Shanghai
富士康	Foxconn
上海市市长办公室	Office of the Mayor of Shanghai
奥特斯公司	AT&S
香港职工会联盟	Hong Kong Confederation of Trade Unions
BBC 新闻	BBC News
《经济学人》	The Economist

第五章

中国经济数据库	CEIC
深圳	Shenzhen
天津	Tianjin
《中国日报》	China Daily
香港贸发局	HKTDC
《中国经济评论》	China Economic Review
投资上海	Invest Shanghai
上海实业	Shanghai Industrial
上海贝尔有限公司	Alcatel – Lucent Shanghai Bell
中国电信	China Telecom
上海市政府	Shanghai Government
上海	Shanghai
重庆	Chongqing

荷兰领事馆	Netherlands Consulate
中国国家旅游局	CNTA
《魅力重庆》	Chongqing Currents
中法水务	Sino – French Water
英文旺报	Want China Times
重庆新闻	Chongqing News
重庆市政府	Chongqing Government

第六章

《香港商报》	Hong Kong Commercial Daily
香港运输及房屋局	HKTHB
香港证券交易所	Hong Kong Stock Exchange
香港地铁公司	MTR Corporation
香港机场管理局	AAHK
新创建集团	NWS Holdings
长江基建	Cheung Kong Infrastructure
合和实业	Hopewell Holdings
中电集团	CLP
宝洁	P&G
坎特传媒	Kantar
《每日经济新闻》	National Business Daily
中国统计出版社	China Statistics Press
马士基	Maersk
中国海关	China Customs
丹马士	Damco
JOC集团	JOC Group
世界海事新闻	World Maritime News
马士基集装箱码头公司	APM Terminals
三星	Samsung
富士通	Fujitsu
瑞联稚博	CCR CSR
广州招商网	Invest Guangzhou
新华社	Xinhua
《朝鲜日报》	The Chosunilbo
越南新闻	Vietnam News